LETTRES

SUR

LES ARTS IMITATEURS.

T. I.

1158

DE L'IMPRIMERIE DE LA V.ᴱ. JEUNEHOMME,
RUE DE SORBONNE, Nᵒ. 4.

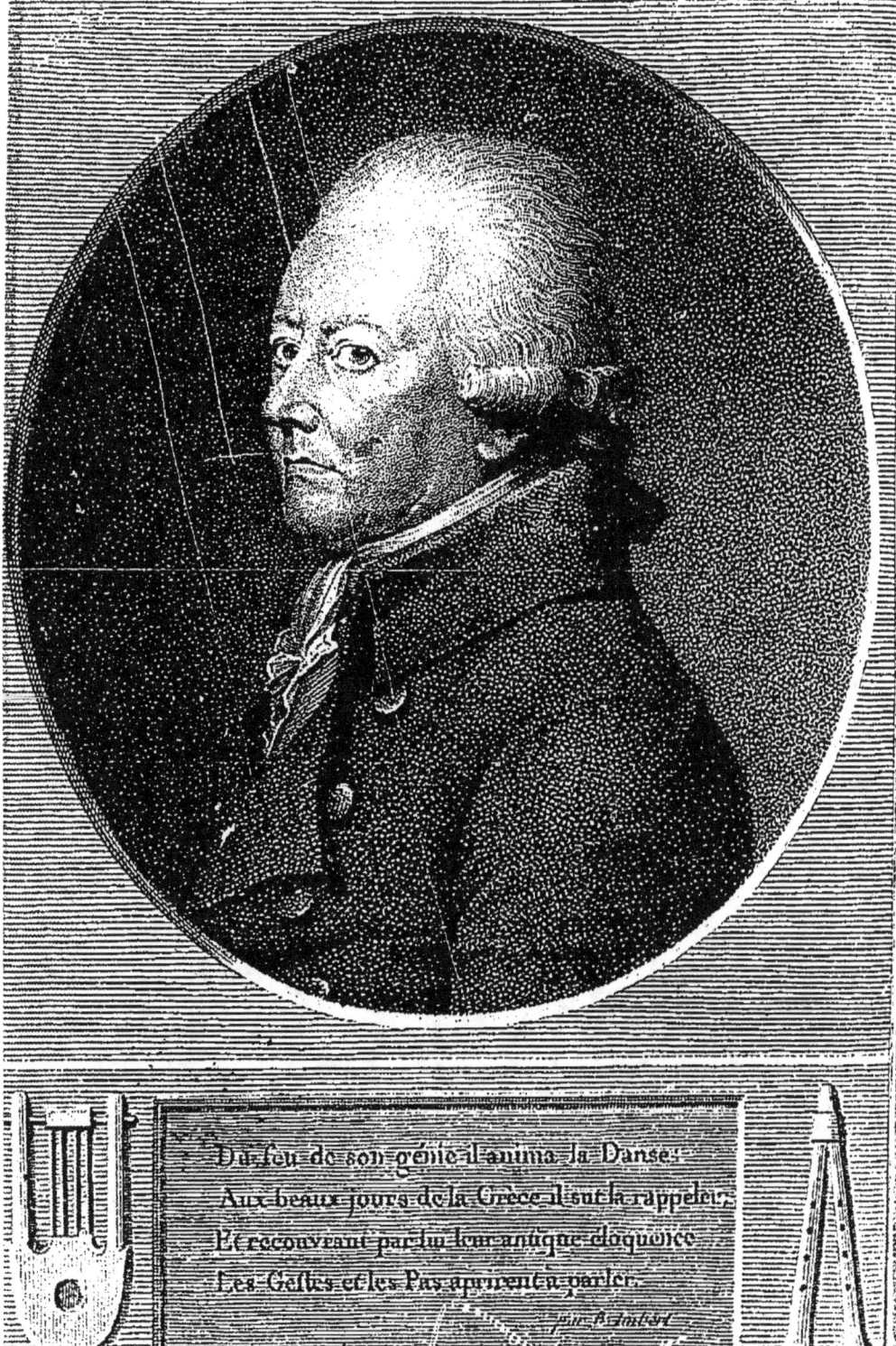

Du feu de son génie il anima la Danse.
Aux beaux jours de la Grèce il sut la rappeler.
Et recouvrant par lui leur antique éloquence
Les Gestes et les Pas apprirent a parler.

par B.Imbert

LETTRES

SUR

LES ARTS IMITATEURS

EN GÉNÉRAL,

ET

SUR LA DANSE EN PARTICULIER,

DÉDIÉES A SA MAJESTÉ L'IMPÉRATRICE
DES FRANÇAIS ET REINE D'ITALIE.

PAR J.-G. NOVERRE,

ANCIEN MAÎTRE DES BALLETS EN CHEF DE
L'ACADÉMIE IMPÉRIALE DE MUSIQUE, CI-
DEVANT CHEVALIER DE L'ORDRE DU CHRIST.

Ornées du Portrait de l'Auteur.

TOME PREMIER.

〰〰〰〰

A PARIS,

Chez LÉOPOLD COLLIN, Libraire, rue Git-le-Cœur, n°. 4.

A LA HAIE,

Chez IMMERZEEL et Compagnie, Venestraat, n°. 147.

1807.

A SA MAJESTÉ

L'IMPÉRATRICE ET REINE,

Madame,

Tous les Arts, tous les Talens doivent leur hommage à Votre Majesté Impériale, tous aspirent à l'honneur de déposer aux pieds de leur auguste Protectrice le tribut de leur respect, et les fruits de leurs veilles.

En daignant me permettre, Madame, de faire paroître mon Ouvrage sous vos auspices, c'est lui assurer le *plus brillant succès, et cette faveur est la récompense la plus flatteuse et la plus honorable de ma longue carrière.*

Les bienfaits, MADAME, que votre main répand sur les talens, ceux qu'elle accorde aux infortunés qui réclament vos bontés, rendent VOTRE MAJESTÉ IMPÉRIALE aussi chère à tous les Français, qu'ils sont fiers de la gloire et des triomphes de votre Illustre Epoux, Vainqueur et Pacificateur de l'Europe.

Je suis avec le plus profond respect,

MADAME,

De Votre Majesté Impériale et Royale,

Le très-humble, très-obéissant
et fidèle Sujet,

NOVERRE.

PRÉFACE.

LORSQUE je me proposai d'écrire sur un art, objet constant de mes études et de mes réflexions, j'étois loin de prévoir le succès et l'effet de mes Lettres sur la Danse, quand elles parurent en 1760. Elles furent accueillies avec intérêt par les gens de lettres et par les personnes de goût, mais en même temps avec un sentiment de dépit et d'humeur de la part de celles pour qui elles étoient principaleme. composées. Elles soulevèrent presque tous les danseurs des spectacles de l'Europe, et notamment ceux de l'Opéra de Paris, théâtre qui étoit, qui est, et qui sera long-temps le premier et le plus magnifique des temples de Therpsicore, mais celui dont les prêtres ont le plus de prétention et d'irritabilité. On

cria à l'anathême, on me traita d'inno-
vateur, et l'on me regarda comme un
homme d'autant plus dangereux , que
j'attaquois des principes consacrés par
leur ancienneté.

Lorsqu'on a vieilli dans un art dont
on a dès l'enfance adopté et pratiqué la
routine, on se détermine difficilement
à retourner à l'école : la paresse et l'a-
mour propre se trouvent également
blessés; il en coûte autant pour oublier
ce qu'on a su, que pour apprendre ce
qu'on ne sait pas encore. Les révolutions, de quelque genre qu'elles soient,
n'offrent aux personnes d'un âge fait
que l'amertume , le regret et le dégoût;
les générations suivantes sont les seules
qui jouissent de ce que ces révolutions
peuvent avoir d'utile ou d'agréable.

Briser des masques hideux, brûler
des perruques ridicules, supprimer les

paniers incommodes, bannir les hanches plus incommodes encore, substituer le goût à la routine; indiquer un costume plus noble, plus vrai et plus pittoresque; exiger de l'action et du mouvement dans les scènes, de l'ame et de l'expression dans la Danse; marquer l'intervalle immense qui sépare le mécanisme du métier, du génie qui le place à côté des arts imitateurs; c'étoit m'exposer à la mauvaise humeur de tous ceux qui respectoient et vénéroient les anciens usages, quelque barbares et ridicules qu'ils pussent être. Aussi, lorsque d'un côté je recueillois les éloges et les suffrages des artistes de tout genre, j'étois de l'autre en butte à l'envie et à la satire de ceux pour qui j'écrivois.

Cependant, comme dans tous les arts les observations et les principes puisés dans la nature finissent toujours par l'emporter, en criant que j'avois tort,

en combattant mes idées, on les adop-
toit par degrés, on se rapprochoit de
moi pas à pas, on faisoit insensiblement
des réformes; et je me vis bientôt se-
condé par des artistes dont le goût et
l'imagination étant au-dessus de leur
art, se trouvèrent bien supérieurs aux
sentimens de l'envie et de la jalousie.

M. Bocquet qui avoit saisi et adopté
mes vues; M. Dauberval, mon élève,
qui lutta constamment contre les préjugés, l'habitude et le mauvais goût;
M. Vestris lui-même qui fut frappé à
son tour des vérités que j'avois ensei-
gnées, lorsqu'il les vit en pratique à
Stuttgard; tous ces artistes, devenus depuis si célèbres, cédèrent à l'évidence,
et se rangèrent alors sous mes drapeaux.
L'Opéra prit bientôt une nouvelle forme
quant au costume, à la pompe, et à la
variété des Ballets; la Danse de ce spectacle sortit enfin, à cette époque, de sa

longue enfance, apprit à parler le langage des passions qu'elle n'avoit encore que balbutié ; et, quoique susceptible d'une plus grande perfection, elle devint néanmoins la plus brillante de l'Europe.

Si l'on réfléchit sur ce qu'étoit l'Opéra en 1760, et sur ce qu'il est aujourd'hui, il sera difficile de ne pas reconnoître l'effet qu'ont produit mes Lettres. Aussi ont-elles été traduites en Italien, en Allemand et en Anglais. La gloire de mon art, mon âge, et d'assez nombreux et brillans succès me permettent de dire que j'ai fait dans la Danse une révolution aussi frappante et aussi durable que celle que Gluck a opérée depuis dans la musique. Les succès même qu'obtiennent aujourd'hui mes imitateurs, sont le plus grand éloge des principes que j'ai posés dans mon ouvrage. Aujourd'hui que j'en donne une nouvelle édition, on y trouvera des passages qui ne seront plus d'accord avec l'état actuel de notre Opéra; mais j'ai cru devoir les y laisser pour donner aux personnes qui voudront bien me lire une idée des réformes qu'il a fallu faire, des préjugés et des habitudes qu'il a fallu vaincre.

Mes Lettres n'étoient pourtant que le frontispice du monument que je me proposois d'élever à la Danse en action, et que les Grecs avoient nommé *Pantomime*.

En la renfermant dans l'acception seule du mot, la Danse n'est que l'art de former avec grâce, précision et facilité, des pas sur des temps et des mesures donnés par la musique, comme la musique elle-même n'est que l'art de combiner des sons et des modulations propres à flatter agréablement l'oreille. Mais le musicien doué de génie ne se renferme pas dans

ce cercle borné, et l'espace qu'il parcourt
au-delà est immensément plus étendu
que le cercle lui-même. Il étudie le caractère et l'accent des passions, et les
fait passer dans ses compositions. De son
côté, le maître de Ballets s'élançant au-
delà des bornes du matériel de son art,
cherche dans ces mêmes passions les
mouvemens et les gestes qui les caractérisent; et, liant de la même chaîne les
pas, les gestes et l'expression de la figure
aux sentimens qu'il veut exprimer, il
trouve dans la réunion de tous ces
moyens celui d'opérer les effets les plus
étonnans. On sait jusqu'où les Pantomimes anciens poussèrent l'art d'émouvoir par le geste.

Je me permettrai même à cet égard
une réflexion qui trouve ici tout naturellement sa place, puisqu'elle naît du
sujet que je traite; je la soumets et l'a-
bandonne au jugement des personnes

instruites, et qui se sont fait une habitude d'analyser nos sentimens.

A la représentation d'une pièce écrite,
la sensibilité de chaque spectateur en reçoit une force et une intensité proportionnées à sa plus ou moins grande
disposition à être ému ; de sorte que,
depuis le spectateur le moins sensible
jusqu'à celui qui l'est le plus, il se trouve
une foule de nuances dont chacune est
propre à chacun des spectateurs. Il doit
arriver de là une chose qui me paroît
toute naturelle : c'est que l'expression
du dialogue, employée par l'auteur, doit
se trouver au-dessus ou au-dessous de la
mesure de sensibilité du plus grand nombre des spectateurs. L'homme froid, et
peu susceptible d'émotion, doit presque
toujours la trouver exagérée et même
gigantesque ; tandis que le spectateur
qui s'émeut, qui s'exalte même facilement, doit la trouver le plus souvent

foible et languissante : d'où je conclus que les expressions du poète se trouvent rarement à l'unisson de la sensibilité du spectateur; à moins que l'on ne suppose que le charme de la diction ne mette tous les spectateurs au même unisson; effet que j'ai de la peine à me persuader.

La Pantomime, suivant moi, n'a point cet inconvénient. Elle ne fait qu'indiquer par des pas, des gestes, des mouvemens, et par l'expression de la physionomie, la situation et les sentimens de chaque personnage; et elle laisse à chaque spectateur le soin de lui prêter un dialogue qui est d'autant plus juste qu'il est toujours en mesure avec l'émotion que l'on a reçue.

Cette réflexion m'a porté à examiner avec une scrupuleuse attention ce qui se passe à la représentation d'un Ballet pantomime, et à celle d'une pièce parlée

(en les supposant chacun dans leur genre
d'un mérite égal). Il m'a toujours paru
que dans la Pantomime l'effet est plus
général et plus uniforme, et, si j'ose le
dire, plus en harmonie avec l'ensemble
des sensations que le spectacle produit.

Je ne pense pas que cette idée soit
purement métaphysique; elle m'a toujours semblé offrir une vérité matérielle
dont il est aisé de se rendre compte. Il
y a sans doute une foule de choses que
la Pantomime ne peut qu'indiquer; mais
dans les passions il est un degré d'expression que les paroles ne peuvent atteindre, ou plutôt pour lequel il n'est
plus de paroles. C'est alors que la Danse
en action triomphe. Un pas, un geste,
un mouvement et une attitude disent ce
que rien ne peut exprimer : plus les sentimens que l'on a à peindre sont violens,
moins il se trouve de mots pour les rendre. Les exclamations qui sont comme

le dernier terme où le langage des passions puisse monter deviennent insuffisantes, et alors elles sont remplacées par
le geste.

D'après ces réflexions, on saisira les
rapports sous lesquels j'envisageai la
Danse, dès l'instant que je m'en occu-
pai, et combien mes premières idées sur
cet art étoient déjà loin de celles qu'on
en avoit alors. Mais semblable à l'homme
qui gravit le sommet des montagnes, et
qui voit l'horizon s'étendre et se développer devant lui, à mesure que j'avan-
çois dans la carrière que je venois de
m'ouvrir, je la vis s'agrandir, pour ainsi
dire, à chaque pas : je sentis que la Danse
en action pouvoit s'associer tous les arts
imitateurs et le devenir elle-même.

Dès-lors, avant de choisir des airs
pour y adapter des pas; avant d'étudier
des pas pour en former ce que l'on

appeloit dans ce temps-là un Ballet, je cherchai, soit dans la fable, soit dans l'histoire, soit enfin dans mon imagination, des sujets qui, non seulement présentassent l'occasion d'y placer à propos des danses et des fêtes, etc., mais qui offrissent encore dans leur développement une action et un intérêt gradués; mon poëme une fois conçu, j'étudiai tous les gestes, tous les mouvemens, et toutes les expressions qui pouvoient rendre les passions et les sentimens que mon sujet faisoit naître. Ce n'étoit qu'après ce travail que j'appelois la musique à mon secours. En mettant sous les yeux du musicien les différens détails du tableau que je venois d'esquisser, je lui demandois alors une musique adaptée à chaque situation et à chaque sentiment. Au lieu d'écrire des pas sur des airs notés, comme on fait des couplets sur des airs connus, je composois, si je puis m'exprimer ainsi, le dialogue de mon

Ballet, et je faisois faire la musique pour
chaque phrase et chaque idée.

Ce fut ainsi que je dictai à Gluck l'air
caractéristique du Ballet des Sauvages
dans *Iphigénie en Tauride*; les pas, les
gestes, les attitudes, les expressions des
différens personnages que je lui dessinai,
donnèrent à ce célèbre compositeur le
caractère de la composition de ce beau
morceau de musique.

Mes idées ne s'arrêtèrent pas là. La
Pantomime étant plus encore le spectacle des yeux que celui des oreilles, je
conçus qu'elle devoit s'associer avec les
arts qui flattent le plus la vue. La Peinture, l'Architecture, la Perspective et
l'Optique devinrent l'objet de mes études; je ne composai plus un Ballet que
les règles de ces différens arts n'y fussent
scrupuleusement observées, toutes les
fois que l'occasion se présentoit de les

employer. On sent bien que j'ai dû faire
beaucoup de réflexions sur chacun d'eux
séparément, et sur les rapports généraux qui les lient les uns aux autres. Je
couchois sur le papier les idées qui nais-
soient de mes études; elles furent l'objet
d'une correspondance dans laquelle je
passai en revue les différens arts qui ont
des rapports avec la Danse en action.
C'est cette correspondance que j'offre
aujourd'hui au Public: heureux si ces
derniers travaux d'un vieillard octogé-
naire peuvent encore obtenir quelque
prix à ses yeux !

LETTRES

DE M. NOVERRE A VOLTAIRE,

ET

DE VOLTAIRE A M. NOVERRE.

M. NOVERRE A VOLTAIRE.

Je ne prendrois pas la liberté de vous écrire, si le motif qui m'y détermine ne me servoit d'excuse; je sais combien vos instans sont précieux, et combien l'emploi que vous en faites est cher à tous ceux qui cultivent les lettres et les sciences, et qui chérissent les arts. Votre génie est un flambeau brillant qui éclaire l'humanité; à l'exemple du soleil, il anime, il vivifie tous les objets qu'il échauffe du feu de ses rayons.

Depuis plus de six années que je me suis attaché à donner une nouvelle forme à la danse,

j'ai senti qu'il étoit possible de faire des poëmes
en ballets : j'ai abandonné les figures symétriques ; j'ai associé aux mouvemens mécaniques
des pieds et des bras les mouvemens de l'ame
et les caractères variés et expressifs de la physionomie ; j'ai proscrit les masques , et me suis
voué à un costume plus vrai et plus exact.
J'ai fait revivre l'art de la pantomime , si célèbre sous le règne d'Auguste ; et la nature, que
j'ai prise pour guide et pour modèle, m'a fourni
les moyens de faire parler la danse, de lui faire
peindre toutes les passions, et de la placer au
rang des arts imitateurs.

Mes efforts ont été couronnés par les succès
les plus flatteurs. Cependant, malgré la réussite de mes ouvrages, j'ai quitté ma patrie, avec
la résolution de ne plus y exercer mes talens;
ils ont été repoussés par les directeurs de
l'Opéra, auxquels je les offrois même gratui-
tement.

Indépendamment des ballets dont j'ai tiré
les sujets de mon imagination, j'en ai composé
un grand nombre d'après les auteurs anciens ;
l'histoire, la fable, m'ont fourni de précieux
matériaux ; le théâtre des Grecs , Homère,
Virgile, l'Arioste et le Tasse, m'ont offert des
secours qui ont embelli mon art, et le théâtre

anglais m'a prêté des beautés très-propres à l'action pantomime.

Je croirois, Monsieur, n'avoir rempli qu'imparfaitement ma carrière, si j'abandonnois le théâtre sans donner un ballet tiré de la Henriade; c'est cette entreprise qui doit couronner mes travaux, et les beautés que j'y moissonnerai prêteront à ma composition cette énergie et ce sublime qui brillent dans votre divin poème.

Chaque art, vous le savez, Monsieur, a sa marche particulière; celle de la pantomime est bornée; tout dialogue tranquille, toute situation froide s'oppose à son langage et à l'activité qui lui convient; il est donc nécessaire de savoir faire un choix de situations et de passions; elles sont l'organe de l'acteur pantomime.

Le neuvième chant de la Henriade m'offre une carrière vaste dans laquelle je puis déployer toutes les richesses de mon art, et réunir dans un seul cadre tous les genres d'expressions possibles : le tendre, le voluptueux, le terrible y paroîtront tour-à-tour, s'y disputeront l'avantage de plaire, et me fourniront, avec des contrastes admirables, ce clair obscur si nécessaire à la réussite des arts.

Le temple de l'Amour me présente une multitude de tableaux voluptueux ; l'arrivée de la Discorde conduite par la rage me fournit une esquisse d'un pas de deux marqué au coin du terrible, et l'Amour s'unissant à ces deux furies me suggère l'idée d'un pas de trois plein d'action et de groupes pittoresques ; ceci, à ce que j'imagine, fera l'exposition de l'action. La chasse suivante contrastera bien avec les scènes précédentes, tant pour l'action que pour la décoration. L'orage excité par le pouvoir de l'Amour donnera au peintre et au machiniste la faculté de déployer leurs talens pour représenter une belle horreur.

Henri égaré et dans l'obscurité se laissera conduire par des routes différentes ; il sera guidé par le flambeau de l'Amour ; ce dieu applaudira malignement à la noirceur de son projet, et exprimera par ses gestes l'excès de sa satisfaction. Ici, la scène changera : elle représentera un endroit délicieux embelli par l'enfant de Cythère ; il paroîtra dégagé de ses attributs ; il annoncera à la belle Gabrielle l'arrivée du monarque, il ouvrira son cœur à la tendresse ; les Jeux, les Ris et les Plaisirs devanceront les pas du héros ; cette troupe enjouée sera conduite par la Volupté.

L'entrevue de Henri avec la belle Gabrielle
décelera la situation de leurs ames : leurs cœurs,
percés du même trait, palpiteront d'amour; les
images de la Volupté et de sa suite détermine-
ront les deux amans à se livrer aux sentimens
qui les inspirent; une troupe d'enfans, sous la
forme des Amours, des Zéphirs, des Jeux et
des Ris, composeront plusieurs groupes distribués autour de Henri et de la belle Gabrielle;
ces enfans formeront des jeux avec les armes
du héros, ils couronneront de fleurs son casque
et sa cuirasse; plusieurs nymphes, de la suite
de la Volupté, présenteront à Henri un casque
artistement composé, et des armes embellies
par tout ce que la galanterie a de plus recherché.
A cette scène variée succédera un pas de deux
entre Henri et la belle Gabrielle; il offrira tous
les agrémens du dialogue dicté par le sentiment
et la passion.

Voilà, je crois, le nœud de l'action.

Ce pas de deux sera interrompu par l'arrivée
imprévue de Mornay; ce serviteur fidèle, conduit par la Sagesse, surprendra les deux amans
sous ce myrte dont vous faites, Monsieur, une
description si délicieuse. A l'aspect de la Sagesse, la Volupté et sa suite disparoîtront; le
héros, honteux de sa foiblesse, se débarras-

sera des bras de son amante pour voler dans
ceux de son ami. La belle Gabrielle emploiera
l'éloquence de ses charmes pour retenir son
amant : elle aura recours aux larmes, à la
prière, et embrassera les genoux de son vainqueur, qui, le cœur fortement ébranlé, et
flottant sans cesse entre la gloire et l'amour,
ne fuira qu'à pas lents l'objet qui l'a séduit.
Ici cette tendre maîtresse, ne pouvant soutenir
sans mourir le départ de son amant, tombera
évanouie dans les bras de ses femmes; la Volupté, de concert avec l'Amour, volera à son
secours.

Henri, vivement touché du désespoir de
Gabrielle, se dégagera des bras de la Sagesse
et de Mornay, pour courir aux pieds de son
amante. L'Amour et la Volupté s'efforceront
de fixer ce héros, qui, serrant sa maîtresse
dans ses bras, lui fera les plus tendres adieux.
La Discorde et la Rage formeront tableau dans
l'éloignement, et exprimeront toute leur fureur.

Ici, Monsieur, l'épisode finit par ce qu'il devoit finir; mais un ballet aussi varié que celui-
ci ne peut se terminer par le désespoir de la
belle Gabrielle et les larmes de l'Amour : un
coup de poignard produiroit sans doute le plus
grand effet, mais ce moyen blesseroit tous ceux

qui connoissent l'histoire, et qui préfèrent la
vérité au vraisemblable. Je prends donc la liberté de vous prier de m'éclairer par une étincelle de ce génie qui vous caractérise, et qui
vous élève si fort au-dessus des autres hommes.

Comme la Rage et le Désespoir sont les ressorts de ce ballet, qu'elles déterminent l'Amour
à seconder leurs projets en blessant le cœur
du héros ; comme le lieu de la scène est embelli
par ce dieu, et que l'on y trouve rassemblé
ce que la volupté a de plus séduisant, ne seroit-il pas possible, au départ de Henri, dans
l'instant où il est aux genoux de sa maîtresse,
et qu'il ne peut s'en détacher, de faire paroître
la Gloire accompagnée de toutes les vertus qui
font la renommée des princes ? Alors la décoration changeroit ; les fantômes de la Volupté
disparoîtroient ; l'Amour fuiroit en entraînant
avec lui la belle Gabrielle ; la Discorde et la
Rage s'envoleroient, l'une en secouant son
flambeau, l'autre en écrasant ses serpens.

Le lieu de la scène offriroit le temple de
l'Immortalité, dérobé en partie par quelques
nuages : Henri, frappé tout à la fois par l'éclat
de la gloire et des vertus qui l'environnent,
renonceroit à toutes les passions qui peuvent
la ternir ; il se dépouilleroit des ornemens qu'il

a reçus des mains de la Volupté, pour reprendre
ses armes. Alors les images se dissiperoient ; les
portes du temple s'ouvriroient ; l'Immortalité
tendroit la main à Henri ; et la Gloire, suivie
des vertus héroïques qui caractérisent ce grand
roi, le conduiroit dans ce temple : il y pren-
droit place à côté des princes qui ont été bons
et justes, et qui ont réuni aux vertus héroïques cette humanité rare qui est la base de
la gloire des souverains et de la félicité des
peuples.

Comme je ne suis point attaché à mes idées,
vous me rendrez le plus signalé service, Monsieur, de vouloir me communiquer les vôtres.
Tout ceci n'est que le premier trait d'un grand
dessin, et je ne puis décrire que très-foible-
ment ce que je me sens en état de peindre avec
force et avec chaleur.

Je joins ici un exemplaire de mes lettres sur
la danse ; je n'osai vous le faire parvenir, parce
que je ne le croyois pas digne d'occuper une
place dans votre bibliothèque ; un prétexte bon
ou mauvais se présente, et j'en profite avec
empressement. Je vous prie de le recevoir avec
indulgence. Les grands hommes sont à mes
yeux l'image de la Divinité ; ils pardonnent à la
foiblesse de ceux qui leur rendent hommage.

Quel que soit, Monsieur, le succès de mon entreprise, quelque singulière qu'elle puisse vous paroître, elle tournera toujours à mon avantage, puisqu'elle m'a autorisé à vous écrire et à vous assurer que mon admiration pour vos sublimes talens égale le respect avec lequel je suis, etc.

N.

Stutgard, le 1.er septembre 1763.

~~~~~~~~~~~~~~~

RÉPONSE DE VOLTAIRE.

J'ai lu, Monsieur, votre ouvrage de génie; mes remercîmens égalent mon estime. Votre titre n'annonce que la danse, et vous donnez de grandes lumières sur tous les arts; votre style est aussi éloquent que vos ballets ont d'imagination; vous me paroissez si supérieur dans votre genre, que je ne suis point du tout étonné que vous ayiez essuyé des dégoûts qui vous ont fait porter ailleurs vos talens; vous êtes auprès d'un prince qui en sent tout le prix. Une vieillesse très-infirme m'a seule empêché d'être témoin de ces magnifiques fêtes que vous embellissez si singulièrement.

Vous faites trop d'honneur à la Henriade, de vouloir bien prendre le temple de l'Amour pour un de vos sujets ; vous ferez un tableau vivant de ce qui n'est chez moi qu'une foible esquisse. Je crois que votre mérite sera bien senti en Angleterre, parce qu'on y aime la nature ; mais où trouverez-vous des acteurs capables d'exécuter vos idées ? Vous êtes un Prométhée ; il faut que vous formiez les hommes, et que vous les animiez.

J'ai l'honneur d'être avec tous les sentimens que vous méritez, etc.

Ferney, le 11 octobre 1763.

VOLTAIRE.

LETTRE DE VOLTAIRE,
A M. NOVERRE.

LES vieillards impotens comme moi, Monsieur, s'intéressent bien rarement à l'art charmant que vous avez embelli ; mais vous me transformez en jeune homme, vous me faites naître un violent desir de voir des fêtes dont vous êtes l'ornement principal; mes desirs ne me donnent que des regrets, et c'est là mon malheur. J'ai d'ailleurs une raison de vous admirer qui m'est particulière ; je trouve que tout ce que vous faites est plein de poésie ; les peintres et les poètes se disputeront à qui vous aura. Je ne cesse de m'étonner que la France ne vous ait pas fixé par les plus grands avantages ; mais nous ne sommes plus dans les temps où la France donnoit des exemples à l'Europe ; tout est bien changé ; vous devez au moins être regretté de tous les gens de goût. Regardez-moi, Monsieur, comme un de vos partisans les plus attachés, et comptez sur l'estime sincère avec laquelle j'ai l'honneur d'être, votre très - humble et très - obéissant serviteur,   VOLTAIRE.

Au château de Ferney, 26 avril 1764.

LETTRE DU MÊME.

Un vieux malade de soixante-dix-huit ans, qui a presque entièrement perdu la vue, n'en est pas moins sensible, Monsieur, à votre mérite et à vos bontés. Il ne verra point ces belles peintures vivantes que votre génie a produites, mais il les admirera toujours.

Il a lu avec un vif intérêt les programmes de vos ballets, et a reçu M. Burcet comme un homme qui venoit de votre part. S'il suivoit les mouvemens de son cœur, il vous diroit plus au long combien il vous estime. Son triste état ne lui permet pas de vous témoigner tous les sentimens qu'il vous doit.

VOLTAIRE.

Le 4 avril 1772, à Ferney.

LETTRE

DE L'ABBÉ DE VOISENON.

M. BALETTI m'a remis, Monsieur, un exemplaire de vos lettres sur la danse. J'en trouve le titre bien modeste. C'est une vraie poétique; et la plupart de nos auteurs, qui ne font des pièces qu'avec des détails, devroient lire votre ouvrage pour apprendre à faire des plans. Il seroit à desirer que tous les maîtres de ballets eussent, comme vous, Monsieur, approfondi l'étude de leur art. Ils verroient que tout ballet doit être un poëme véritable, et fait de façon que des sourds puissent s'imaginer assister à la représentation d'une pièce ou tragique ou comique; mais il faut votre génie pour traiter la danse de cette manière. Voilà par quoi on se sauve, par des pas de deux, et des entrées seules qui ne sont ni amenées, ni motivées, ni liées; les mauvais auteurs en font autant, en se sauvant par des antithèses et par des tirades. Je voudrois bien qu'après avoir donné un livre et des préceptes sur la chorégraphie, vous vinssiez ici en donner des exemples. Votre Ballet Chinois, votre Fontaine de Jouvence, sont cause que je ne vois plus les autres que comme des tours de force, et non pas comme des tours d'esprit.

Je regarde le don de votre ouvrage comme une distinction qui me flatte infiniment. Cette faveur me fait ajouter aux sentimens d'admiration que j'avois pour vous, la reconnoissance et l'estime sincère avec lesquelles j'ai l'honneur d'être,

Monsieur,

Votre très-humble et très-obéissant serviteur,

L'abbé de VOISENON.

De Paris, ce 10 février 1760.

LETTRES

SUR LES ARTS IMITATEURS

EN GÉNÉRAL,

ET SUR LA DANSE

EN PARTICULIER.

LETTRE PREMIÈRE (1).

Origine et Progrès des Arts Imitateurs.

J'APPLAUDIS à votre curiosité, mon cher élève, et au desir que vous avez de vous instruire. Il ne me reste que le regret de ne pouvoir les contenter aussi complétement que je le voudrois. Je vais m'entretenir avec vous de l'objet intéressant et fugitif de votre demande ; je con-

(1) Ces lettres et les suivantes ont été adressées à M. d'Auberval, élève de l'auteur.

sulterai la nature, mais elle est souvent mysté-
rieuse ; ses secrets impénétrables opposent à
la curiosité une barrière qui arrête l'esprit, et
que le génie ne peut franchir.

L'origine des arts imitateurs et l'époque de
leur naissance n'ont point été fixées ; elles sont
inconnues et se perdent dans l'immensité des
siècles. Ce que les auteurs anciens et modernes
ont écrit sur ce sujet est enveloppé de nuages,
et offre bien plus de contradictions que de vérités. Leurs opinions divergentes se heurtent,
se brisent sans produire la moindre étincelle,
et ne nous offrent enfin que des conjectures
vagues peu dignes de nous instruire et de nous
convaincre.

Dans l'impossibilité où je suis de lire dans
le passé, et de voyager dans le néant des siècles, je ne hasarderai pas de prononcer affirmativement sur cet objet ; mais comme on se
trompe rarement en consultant la nature, je
me bornerai à chercher dans celle de l'homme
le principe inné des arts et des connoissances
humaines.

Oui, c'est dans la conformation de l'homme,
dans la construction de ses organes, et ses facultés intellectuelles, qu'il faut puiser de grandes
vérités.

L'homme, condamné dès sa naissance à la peine et au travail, eut besoin de délassement. Ce besoin devint actif; il sentit que la joie et le plaisir pouvoient seuls le consoler des fatigues de la journée; pour exprimer ces sentimens, il sauta, trépigna, frappa dans ses mains en signe d'allégresse; ses bras s'associèrent aux mouvemens de ses pas et de son corps; les sons éclatans de sa voix se réunirent à son action; les traits de sa physionomie s'animèrent; ses yeux exprimèrent le sentiment de la joie; et ses mouvemens toniques peignirent, de concert, le plaisir et le bonheur.

Pourroit-on se dispenser de nommer cette action franche et vive, *danse naturelle*, ou *danse primitive?* Il faut conclure, d'après ces observations puisées dans la nature de l'homme, que la danse et la musique, privées de règles et de principes, sont aussi anciennes que le monde.

La nécessité et le besoin furent deux sources fécondes, où les hommes puisèrent les premiers principes des arts et des sciences. Le desir d'imiter les occupa sans cesse; mais ils restèrent long-temps dans l'ignorance: les progrès furent lents; les essais pénibles et souvent infructueux; ils errèrent pendant plusieurs siècles, et, toujours égarés, ils ne pouvoient

arriver à un but qui sembloit s'éloigner d'eux
à mesure qu'ils en approchoient. Mais peu à
peu l'esprit se développa ; l'intelligence se perfectionna ; les idées vagues et éparses se clas-
sèrent et s'agrandirent ; le goût germa ; l'envie
de créer, en imitant, tira l'imagination de sa
longue léthargie ; elle s'échauffa gradativement,
et les hommes apprirent dès cet instant à sentir et à apprécier le brillant et pompeux spectacle de la nature. Frappés à la vue de ses
merveilles, ils l'étudièrent, la consultèrent ; et
cette mère tendre et généreuse s'empressa de
leur fournir des modèles parfaits dans tous les
genres. Ce fut alors que les hommes devinrent
imitateurs ; la marche régulière des astres, le
renouvellement périodique des saisons, et
l'ordre incompréhensible qui règne dans l'univers, leur apprirent combien il étoit nécessaire d'établir des règles, des principes, de
l'harmonie et de l'ordre dans leurs imitations.

Les chants, jusqu'alors vagues, insignifians
et barbares, furent assujétis à une mesure quelconque, à des modulations plus simples et plus
naturelles. Le murmure des eaux, le mugisse-
ment de la mer, le bruit des feuillages balancés
et agités par le vent, le ramage varié des oiseaux et leurs concerts harmonieux contri-

buèrent sans doute à la naissance de la mélodie ;
ses accens délicieux eurent vraisemblablement la
simplicité et l'ingénuité de son enfance. La mélodie, ce chant naïf et touchant qui n'emprunte
rien de l'art, et qui doit tout au goût et à la
nature, a surnagé sur les flots tumultueux des
siècles ; le temps n'a pu flétrir ses charmes,
et elle brille encore parmi nous de l'éclat et de
la fraîcheur intéressante de la jeunesse. Soit
qu'elle paroisse isolée, soit qu'elle sorte du sein
de l'harmonie, et du fracas musical, elle se
montre avec la simplicité touchante du sentiment et des grâces ; elle charme l'oreille, et, en
parlant au goût, elle remue et berce pour ainsi
dire le cœur.

La mélodie est à l'harmonie ce qu'un temps
serein et calme est à la suite d'un violent orage ;
si le souffle des zéphirs tempère la chaleur d'un
jour brûlant, et nous procure une jouissance
douce après laquelle nous soupirions, de même
la mélodie repose agréablement l'oreille après
le fracas éclatant de l'harmonie. Cet heureux
contraste produit en nous une délicieuse sensation, et embellit la musique par ce clair-
obscur, qui est l'ame des beaux arts.

Le premier homme qui fit un air, le composa sans règle et sans mesure ; son oreille

suppléa au défaut de principes ; mais , par succession de temps , il donna plus de variété à
ses chants ; il en marqua les phrases par des
signes qu'il imagina , ou que la délicatesse de
son tact lui suggéra ; ses airs devinrent moins
monotones et moins barbares ; ils fixèrent les
pas et les mouvemens de la danse ; ils furent
mieux ordonnés et moins diffus : ce fut donc
la musique , dans son enfance , qui donna les
premières règles à la danse sortant à peine du
berceau. La musique , cultivée par un instinct,
ou un goût inné, s'efforça de perfectionner ses
heureux essais. Le premier air qui parut le
plus agréable et le plus chantant obtint la
préférence ; il fut répété dans toutes les cabanes , fit les délices de ses humbles habitans,
et devint l'ame de leurs amusemens champê-
tres. Le premier homme qui mit des paroles
sur cet air mélodieux essaya sans doute de
chanter sa bergère. La mesure et les phrases
cadencées de la musique lui fournirent le
nombre et le rithme des paroles. Voilà donc
la musique qui , en assignant des règles à la
poésie, en fixa l'harmonie. Le premier homme
qui eut l'idée heureuse d'adapter des paroles
au chant fut sans contredit le premier versi-
ficateur du monde.

Il me reste à parler de la peinture et de la sculpture.

Il ne peut exister de tableau sans dessin ; il est la base fondamentale de la peinture ; les traits qu'il trace sont autant de limites sages que le pinceau ne peut franchir sans s'égarer. Ces lignes esquissées par le goût fixent et déterminent les couleurs de l'objet imité, et en offrent leurs justes proportions et leur ressemblance. Si le dessin est le corps inanimé de la peinture, les couleurs, employées avec art, en sont l'ame et la vie. Car si l'on étendoit vaguement et au hasard des couleurs sur une planche, et qu'elles ne fussent point arrêtées par les traits qui fixent les contours, ces couleurs, ou ces teintes prodiguées sans intention, sans goût et sans harmonie, ne présenteroient qu'un barbouillage informe, et seroient l'image de la palette d'un peintre, après quelques heures de travail.

On ne peut fixer l'époque de la naissance de cet art difficile et divin. L'invention en est attribuée à l'Amour. On dit qu'une femme, nommée *Dybutade*, vivement éprise, et prête à être séparée de son amant, en traça le profil sur la muraille. Ses traits, réfléchis par la lumière d'une lampe, lui suggérèrent l'idée de

dessiner les contours, et de doubler ainsi
l'image de celui qu'elle aimoit passionnément.
Cette pensée est ingénieuse sans doute ; mais
elle n'offre qu'une agréable fiction, et ne conclut rien en faveur de l'art et de son origine.
Cependant on est autorisé à croire que l'Amour
est aussi ancien que le monde, et que de tout
temps il exerça son empire sur les cœurs, et
que les passions vives qu'il alluma, stimulées
par le desir de plaire à l'objet adoré, échauffèrent l'imagination, excitèrent l'industrie, et
développèrent dans l'homme le germe de tous
les talens.

La sculpture dont le *dessin* est encore la base,
parut probablement après la peinture ; et l'argile soumise à une main industrieuse prit les
formes que l'idée et la volonté de l'homme vou-
lurent lui imprimer. La première tête qu'il
parvint à mettre ensemble, quelque imparfaite
quelle fût, dut lui faire éprouver autant de
contradictions que d'obstacles, et exiger beaucoup de temps et de patience. Tout cela est
conjectural, mais n'est pas invraisemblable ;
et l'on peut croire aisément que les artistes
n'ont produit que des caricatures informes de
la belle nature, jusqu'au moment où ils par-
vinrent à l'imiter et à la faire sourire.

Combien de siècles ont dû s'écouler, combien de tentatives infructueuses, d'études et de recherches, avant que les artistes pussent s'élever au degré de perfection et de sublimité qu'ont atteint les *Agésandre*, les *Téléclès*, les *Praxitèle* et les *Phidias!* La peinture nous offre les *Antiphile*, les *Protogène*, les *Apolonius*, les *Appelle* et les *Xeuxis ;* la poésie, les *Homère*, les *Sophocle*, les *Euripide* et les *Virgile ;* la musique, les *Antigénide*, les *Anaxénor*, les *Archiloque* et les *Timothée ;* l'art de la saltation et du geste, les *Prothée*, les *Batylle* et les *Pylade.* Tous ces hommes célèbres, en étonnant leurs siècles, reçurent les tributs d'admiration et de respect qu'ils avoient mérités : la plupart obtinrent des distinctions flatteuses et des récompenses magnifiques, qui, outre les avantages d'une grande fortune, les mirent en état de se procurer une retraite sûre et honorable.

Nous ne sommes plus au temps où un tableau d'Appelle étoit payé trois cent mille fr. ; où un grand monarque écrivoit de sa main au cavalier Bernin, pour le prier de venir en France, et lui offroit trois mille louis par an, s'il vouloit y rester. Tout est bien changé ; mais ces hommes rares seront toujours nos maîtres

et nos modèles ; leurs noms, et quelques uns
de leurs chefs-d'œuvre qui ont surnagé sur les
flots ensanglantés des révolutions, sont arrivés
jusqu'à nous à travers les siècles, et ils seront
en vénération tant qu'il y aura des hommes
qui cultiveront les arts et les lettres.

Il me seroit facile d'ajouter aux noms fameux que je viens de vous citer d'autres noms
également célèbres : j'aurois pu vous faire la
description d'une foule de chefs-d'œuvre dans
tous les genres ; mais mon dessein n'é tantpas
de former une nomenclature, vous trouverez
dans Pline, dans Athénée, et autres auteurs de
l'antiquité, les éloges pompeux de tous ces
êtres extraordinaires et rares, qui, en éclai-
rant le monde, ont fait la gloire de leurs siècles, et sont encore aujourd'hui l'ornement de
la nature humaine.

Personne ne contestera, je crois, que les arts
et les sciences n'aient été long-temps foibles et
languissans. La poésie ne faisoit que balbutier ;
la musique au berceau n'articuloit que les sons
de l'enfance ; la danse se traînoit à peine ; la
peinture, sans dessin, privée de la variété des
couleurs, ignorant l'art heureux de les mélanger
n'offroit que de foibles ébauches ; la sculpture
pétrissoit l'argile, et il ne sortoit de ses mains

que d'insipides caricatures. A cet état de langueur et d'inertie tout-à-coup succédèrent
l'intelligence, la force et la puissance ; et comme
si un coup électrique eût animé tous les hommes,
bientôt les arts et les sciences se montrèrent en
Egypte avec autant d'éclat que de majesté.
Mais ce qui dut étonner la Grèce, ce fut de les
voir paroître tous à-la-fois comme un brillant
phénomène ; ils s'y montrèrent avec une perfection rare qui ne pouvoit être que l'ouvrage du
temps, de l'imagination et du génie, lesquels
sembloient leur avoir prêté leurs ailes pour
les élever d'un vol rapide vers la perfection.
L'époque de leur gloire est invariablement fixée
au siècle de Périclès. Ce fut à Athènes qu'ils
déployèrent, à l'envi, leur richesse et leur
magnificence ; ce fut dans cette ville, si justement célèbre, que des hommes supérieurs
exposèrent aux regards d'un peuple passionné
les chefs-d'œuvre de l'esprit, de l'imagination et du génie ; ils embellirent cette ville,
en y élevant des temples, des palais, des
théâtres et des colonnes. La peinture et la
sculpture enrichissoient ces pompeux édifices
si propres à perpétuer la gloire des artistes,
et à porter leurs noms au temple de l'Immortalité.

Si je n'ai rien dit de l'architecture, cet art
majestueux et imposant, c'est que je n'ai pas
cru pouvoir la ranger dans la classe des arts
imitateurs. Je sais qu'elle emprunte plusieurs
choses de la nature. L'idée des troncs d'arbres
employés dans les cabanes, lui donna celle des
colonnes ; les feuilles de différentes espèces,
les fleurs, les coquilles, les congellations, les
animaux, enfin les Termes, les caryatides, les
groupes d'enfans, les statues, mais toutes ces
choses ne sont que des accessoires propres à
orner et à enrichir l'architecture, l'exécution
appartient à la sculpture.

Je sais qu'il est réservé à l'architecte de les
distribuer avec goût et sans profusion, d'assigner à chacune d'elles la place qui leur convient ; en sorte que de l'assemblage et de la
réunion de toutes ces parties il résulte un
tout imposant et majestueux, où l'on admire
la régularité des proportions et la perfection
de l'ensemble. Au reste, les chefs-d'œuvre de
l'architecture brillent encore dans les contrées
les plus éloignées, et embellissent aujourd'hui
les grandes cités de l'Europe. Cette foule de
monumens qui font l'admiration des connoisseurs sont pour elle autant de titres de gloire,
et la meilleure démonstration de son ancien-

neté. On peut dire que son origine, ainsi que celle de tous les arts, se perd dans la nuit des temps.

Je suis, etc.

LETTRE II.

Vicissitudes des beaux Arts ; injustice des hommes envers ceux qui les ont cultivés.

JE vous ai parlé, Monsieur, dans ma précédente, du triomphe des arts ; j'en ai fixé la brillante époque au beau siècle de Périclès ; mais je ne vous ai rien dit de leur chute, de leur décadence, de leur fuite, de leur disparition totale et de leur renaissance.

Il y auroit de ma part injustice ou ignorance, si je me taisois sur les succès longs et constans que les sciences et les arts obtinrent en Egypte. Une foule de chefs-d'œuvre et de pompeux monumens déposent en faveur de leur gloire et de leur antique splendeur.

M. Thomas nous dit dans son *Essai sur les éloges* : « A la tête des pays civilisés je vois » d'abord l'ancienne Egypte, pays de supers- » tition et de sagesse, fameux par ses mo- » numens et par ses lois, et qui a été le ber- » ceau des arts, des sciences et des mystères. » On sait que ce pays est un de ceux qui ont

» eu le plus d'influence sur le reste du monde.
» Il fut l'école d'Orphée et d'Homère, de Py-
» thagore et de Platon, de Solon et de Ly-
» curgue. Il donna ses obélisques à Rome,
» ses lois à la Grèce, ses institutions reli-
» gieuses à l'Orient, ses colonnes et ses usages
» à plusieurs pays de l'Asie et de l'Europe ;
» il n'eut presque toujours que des idées
» vastes ; ses ruines mêmes nous étonnent, et
» ses pyramides, qui subsistent depuis quatre
» mille ans, semblent faire toucher le voya-
» geur aux premiers siècles du monde. »

On ne peut donc douter de l'antiquité des
sciences et des arts ; et il est naturel de penser
qu'à peine sortis de leur enfance, ils furent
dispersés sur la terre, et qu'ils abandonnèrent
les lieux arides de leur naissance, pour chercher une nouvelle patrie ; qu'enfin ils choi-
sirent l'Egypte de préférence, parce que ce
pays jouissoit de la plus grande renommée.
Ce fut donc là qu'ils se réunirent et se perfec-
tionnèrent ; ce fut en Egypte que le goût et
le génie se déployèrent ; qu'ils embellirent ses
fertiles contrées par les plus riches et les plus
étonnantes productions.

Mais à quoi peut-on attribuer leur fuite de
l'Egypte, et cette émigration presque géné-

rale ? seroit-ce de leur part inconstance et frivolité? auroient-ils essuyé des dégoûts ? Le gouvernement, riche de leurs chefs-d'œuvre immortels, auroit-il abandonné les artistes qui avoient contribué à sa gloire? Ou la renommée, en proclamant le nom et les vertus de Périclès, en annonçant la sagesse de ses lois, la douceur de son gouvernement, et son amour pour tout ce qui portoit le caractère imposant du beau et de l'utile, les auroit-elle séduits au point d'abandonner leur patrie ? C'est ce que l'on ignore absolument; mais, ce qui n'est point conjectural, c'est que ce peuple d'artistes et de savans quitta l'Egypte, et se réfugia à Athènes, qui devint la ville favorite des arts et des sciences.

Chacun de ces arts s'empressa à l'envi de lui donner de la célébrité par les chefs-d'œuvre immortels qu'il enfanta; ces monumens de leur triomphe firent la gloire de l'heureuse contrée qu'ils embellissoient ; ils servirent de modèles à toutes les nations ; et nous cherchons encore aujourd'hui dans ces chefs-d'œuvre précieux, échappés à la main destructive des temps et de la barbarie de l'ignorance, les sources rares et pures du vrai beau en tout genre.

Ces progrès et cette perfection sublimes furent encouragés pendant deux siècles ; les récompenses, les distinctions et les honneurs excitèrent l'émulation ; les hommes célèbres dans tous les genres parurent en foule dans ce premier âge, que l'on peut appeler l'âge d'or des beaux arts ; leurs talens étoient couronnés et par les succès et par les honneurs du triomphe ; c'étoit à la vue d'un peuple nombreux et enthousiaste qu'ils recevoient le prix flatteur que les Grecs décernoient au mérite ; ils étoient couronnés par les premiers magistrats, et cette distinction flatteuse étoit accompagnée des cris et des applaudissemens d'un peuple qui attachoit une partie de sa gloire et de son bonheur à l'amour qu'il avoit pour les beaux arts. Les Grecs ne bornoient point leurs récompenses au moment passager d'un triomphe ; ils y ajoutoient des pensions considérables, et préparoient aux arts et aux sciences des retraites agréables. Tels étoient, Monsieur, les degrés que les Athéniens élevoient aux artistes, pour les faire monter sans peine et sans inquiétude au point de la perfection. Tant de récompenses et d'encouragemens étoient bien propres à exciter l'émulation, à enflammer le génie, à alimenter le goût, et à fortifier et propager l'esprit des sciences.

Nous ne sommes plus à Athènes, Monsieur; tout est bien changé; ce n'est pas en calculant froidement dans son atelier, ou dans un triste réduit, les moyens de se procurer un habit et du pain, que le génie peut s'élever; et c'est à la gêne et à l'infortune des artistes que l'on doit souvent l'état de maigreur, le désordre et la négligence qui règnent dans leurs ouvrages.

Mais au milieu de tant de magnificence et de prodigalité, n'est-il pas douloureux de voir des hommes d'une sublimité rare, délaissés, abandonnés, entièrement oubliés ?

En remontant le cours des siècles, je vois Homère, l'immortel Homère, le modèle de tous les poètes et de tous les siècles, le confident des Muses, le favori et le secrétaire d'Apollon, réduit à mendier son pain dans les rues d'Athènes, et à chanter ses vers divins pour exciter la compassion et la charité des passans. Quel contraste dur et choquant dans une république, surtout enthousiaste des arts et des sciences, et qui s'en étoit déclarée si hautement la protectrice dans des temps plus reculés!

Je vois Périclès, cet homme qui, par son éloquence, sa sagesse et ses vertus héroïques, captiva pendant quarante ans l'amour des Athéniens ; je vois, dis-je , cet homme aussi illustre dans la paix que dans la guerre, à qui la république avoit érigé neuf trophées pour autant de victoires qu'il avoit remportées. Accablé dans sa vieillesse par tous les maux qui peuvent déchirer une ame sensible , les Athéniens lui ôtent sa charge de général, le condamnent à une forte amende , et oublient en un instant les longs et signalés services qu'il avoit rendus à la république.

Avant lui j'aperçois Thémistocle, le plus grand capitaine de la Grèce, le vainqueur de Salamine, couronné aux jeux olympiques , livré à l'inconstance et l'ingratitude des Athéniens. Après l'avoir diffamé par un arrêt flétrissant, ils lui confient de nouveau les rênes du gouvernement, et bientôt après ils le bannissent de la république. C'est en vain qu'il cherche un asile dans la Grèce , sauvée par sa valeur; il est contraint de se réfugier chez ces barbares à qui son courage avoit été si funeste. Le roi de Perse veut lui confier le commandement d'une grande armée pour aller combattre son ingrate patrie ; mais , jaloux de sa gloire et de sa réputation, il ne veut ni flétrir ses lauriers, ni entacher ses trophées ; et préférant la mort à l'ignominie, il s'empoisonne.

Je trouve encore Aristide, nommé le *juste*, et l'idole de la république, exilé pendant sept ans.

Euripide composa soixante et quinze tragédies, dont cinq seulement furent couronnées, et remportèrent le prix aux jeux olympiques. L'ingratitude de la république, qui applaudissoit aux sarcasmes d'Aristophane, l'obligea d'abandonner sa patrie pour se retirer auprès du roi Archiloüs, qui le combla de bienfaits.

Socrate, enfin, que l'oracle avoit déclaré le plus sage de la Grèce, Socrate, le maître de Platon, de Xénophon, devenu par ses vertus bien plus célèbre que beaucoup de princes, qui, les armes à la main, avoient bouleversé le monde, fut condamné à mort par un décret de l'Aréopage ; il but tranquillement la ciguë préparée par les mains de la Jalousie, de l'Envie et du Fanatisme. Mais, par une inconstance et une versatilité de caractère familière aux Athéniens, ils élevèrent une statue à ce même homme qu'ils avoient empoisonné.

Je suis, etc.

LETTRE III.

Suite du même sujet. Naissance des Arts
à Rome, et leur chute.

Les cruautés des successeurs d'Alexandre bannirent les arts de la Grèce ; les horreurs de la guerre et les calamités qui en sont les suites détruisirent leur empire. Enfans de la Paix et de l'Abondance, ils furent contraints de prendre la fuite ; ils errèrent long-temps, et ne trouvèrent point d'asile.

Sans doute les productions des hommes de génie devoient assurer aux beaux arts une existence immortelle. Mais en partant de l'époque où ils furent bannis de la Grèce, jusqu'à celle où ils parurent à Rome, il est à présumer que ces productions furent oubliées ; que la nature avare se reposa long-temps sans donner de successeurs à cette foule de grands hommes que la Grèce avoit produits.

Mais au nom d'Auguste, et plus encore à la voix de Mécène, les marbres de leurs tombes s'ébranlèrent et s'ouvrirent ; et, semblables au

phénix qui renaît de sa cendre, ils ressuscitè-
rent, et se montrèrent à Rome avec éclat. Là
ils déployèrent toutes leurs richesses, et firent
presque pour elle ce qu'ils avoient fait pour
Athènes.

Mécènes fit sentir à Auguste le besoin qu'il
avoit d'eux. Ce prince les combla de récompenses et de distinctions. Les arts sensibles et
reconnoissans effacèrent le souvenir de tous ses
crimes; le vainqueur d'Actium, le tyran de
Rome et le fléau des Romains, dut la gloire de
son règne à l'accueil et à la protection qu'il
accorda aux arts; et, par un heureux échange,
les hommes de génie firent oublier ses cruautés.
Sans eux la mémoire d'Auguste eût été con-
fondue avec celle des Tarquin, des Catilina
et des Sylla. Mais telle est la puissance des
arts, tel est l'empire du génie, qu'ils consa-
crèrent le nom d'Auguste dans les fastes de
l'immortalité; qu'ils le rendirent cher à sa patrie, dont il avoit déchiré le sein; et qu'enfin
son nom est devenu le titre le plus illustre que
l'on puisse donner aux princes éclairés et bienfaisans.

Les Grecs imitèrent les Egyptiens; et les
Romains, à leur tour, prirent les Athéniens
pour modèles; ils héritèrent de leur goût pour

les arts et les sciences , de leur inconstance
et de leur injustice ; ils les surpassèrent dans
l'amour qu'ils eurent pour les théâtres ; mais la
passion qu'ils montrèrent pour la pantomime
fut portée jusqu'à l'enthousiasme , et dégé-
néra insensiblement en frénésie.

Pilade , Batyle et Hilas , célèbres pantomimes dans des genres opposés , captivèrent
l'amour des grands, et fixèrent sur eux l'en-
gouement du peuple. Ce spectacle neuf, qui fit
tourner toutes les têtes romaines , excita
chaque jour de nouvelles cabales , et c'est
sans doute à cet esprit de désordre que ces
acteurs muets durent la continuité de leurs
succès.

Auguste aimoit ces pantomimes , moins par
goût que par politique; il connoissoit le peuple
de Rome; il savoit qu'il étoit inquiet , tur-
bulent, et toujours prêt à se porter à l'insu-
bordination : les pantomimes occupant entièrement sa pensée , étouffoient en lui l'esprit de
parti. Le peuple, s'amusant sans cesse des intrigues du théâtre , ne s'inquiétoit en aucune
manière des affaires du gouvernement , et les
acteurs pantomimes étoient , sans le savoir, des
instrumens utiles à la tranquillité du prince;
aussi reçurent-ils de cet empereur des privi-

léges, des distinctions honorables et des récompenses.

Mais malgré l'amour apparent qu'Auguste
témoignoit pour ces spectacles, il usa envers
Hilas et Pilade de cette sévérité si nécessaire
au maintien de l'ordre ; cet empereur avoit de
la fermeté, et savoit opposer à propos aux tor-
rens impétueux de la sottise et de la cabale,
des digues puissantes contre lesquelles elles
alloient se briser.

Hilas, élève de Pilade, fut ingrat envers
son maître et son bienfaiteur ; il cabaloit sans
cesse contre lui, et l'exposoit souvent à des
désagrémens d'autant plus mortifians, qu'il
avoit de très-grands talens et du génie. L'empereur, scandalisé de cette conduite, n'en té-
moigna d'abord aucun mécontentement, et
voulut attendre une circonstance assez grave
pour exercer sa justice et punir ce jeune insolent. Auguste n'attendit pas long-temps :
Hilas enivré d'amour-propre, et soutenu par
une populace effrénée, défia son maître ; il lui
proposa de représenter Agamemnon, et dit
insolemment à Pilade : « Je rendrai cette scène
» le premier, vous la jouerez ensuite à votre
» manière ; et le public jugera quel est celui
» de nous qui mérite le sceptre du talent ».

Pilade, fier et vain, accepta le défi ; le jour fut
pris ; la ville et les faubourgs de Rome furent
en mouvement ; les uns parurent pour Pilade
et les autres pour Hilas.

Enfin, ce jour si impatiemment desiré arriva,
et le théâtre, quoique grand , fut trop petit
pour contenir la foule immense des curieux :
Auguste assista à cette représentation.

Hilas n'avoit que de foibles moyens, et man-
quoit tout-à-la-fois d'instruction et de génie ;
il s'imagina qu'il falloit représenter un grand
roi par des proportions gigantesques : en conséquence il se fit faire un cothurne très-élevé,
et, pour se hausser encore davantage , il re-
présenta Agamemnon sur la pointe des pieds,
afin de paroître plus grand que tous les acteurs qui l'entouroient. Cette idée plate et
ridiculement fausse fut applaudie à outrance ;
le public cria au miracle ; les dames romaines,
à qui le jeune pantomime plaisoit, s'écrioient
en l'applaudissant : *Hilas est miraculeux ,
Hilas est divin !*

Pilade parut ensuite ; et sans avoir recours à
de si petits moyens , il se présenta en roi occupé des projets les plus vastes et les plus importans ; des plans d'attaque et de défense occupoient sa pensée : tantôt il levoit les yeux

vers le ciel , tantôt il les fixoit sur la terre;
mais se rappelant tout-à-coup l'oracle de Cal-
chas, il frémit et tremble sur le sort inévitable dont Iphigénie est menacée; il l'avoit conduite à l'autel , il aperçoit le fatal couteau
prêt à trancher les jours de sa fille chérie ; il
court et vole pour l'arrêter. L'expression noble
et variée de ses sentimens divers , les transitions heureuses qui en résultèrent, la noblesse
que Pilade répandit dans son action , la multitude de tableaux variés et heureusement
contrastés par les nuances graduées des passions, par l'expression de la physionomie , des
regards et de gestes, tout transporta le public,
et au silence de l'admiration succéda bientôt
le bruit éclatant des applaudissemens. Le public, divisé d'opinions, se réunit pour rendre
justice au mérite distingué de Pilade; et Auguste ne dédaigna pas de prendre intérêt au
triomphe bien mérité de cet excellent pantomime.

Pilade alors s'avança sur la scène , et dit
froidement à Hilas : « Jeune homme , nous
» avions à représenter un roi qui commandoit
» à vingt rois , tu l'as fait long : je l'ai fait
» grand ». Par un mouvement spontané, les
applaudissemens recommencèrent , et Hilas

fut éclipsé par le mérite transcendant de son
maître et de son bienfaiteur.

Auguste, ferme dans ses projets, et prompt
à les faire exécuter, fit arrêter Hilas le lendemain, sans abroger la loi qu'il avoit créée
en faveur des pantomimes ; il s'en écarta pour
cet instant, et ordonna qu'il fût fouetté dans
tous les lieux publics de Rome. Cette correc-
tion humiliante ne changea point son caractère ; il continua d'être vain, bas et insolent.

Pilade ne représentoit que des sujets héroïques. Il se pénétroit si puissamment des grands
personnages qu'il avoit à peindre, qu'il en prenoit dans sa vie privée la hauteur, la rudesse et
la fierté ; il étoit dur et insolent avec ses cama-
rades, ne faisoit point sa cour aux grands,
et insultoit même étant en scène au goût et
aux décisions du public. Un jour représentant
Hercule furieux ; l'action forcenée qu'il mit
dans son imitation excita les éclats de rire, et
il en fut courroucé au point, qu'il lança ses
flèches sur les spectateurs, dont plusieurs en
furent blessés. Cet enthousiasme extravagant
occasionna une grande rumeur et un mécontentement général. Alors Pilade furieux
s'avança vers le *Proscenium;* et, en s'adres-
sant à l'auditoire, il lui dit : *Fous que vous*

êtes , ne voyez-vous pas que c'est un fou que je représente? Auguste n'approuva ni l'insulte ni la harangue de Pilade. Une cabale excitée par Batyle et Hilas, fortifiée par le mécontentément du public, à la tête de laquelle se trouvoit un grand personnage , se forma contre Pilade; il fut hué et sifflé. Le pantomime, outré d'une humiliation qu'il n'avoit pas méritée ce jour-là, s'en vengea le lendemain en jouant le héros de cette cabale. Pilade l'imita si parfaitement dans son geste, dans son maintien , dans sa marche , ses manières, son air important, et saisit si bien les traits de sa physionomie, que le public reconnut le grand personnage ; et sans égard pour les titres, les emplois et la naissance , il applaudit Pilade avec transport; et, se retournant ensuite vers l'illustre personnage qu'on jouoit, il le contraignit, par ses applaudissemens offensans et ses risées indécentes, à quitter le théâtre.

Ce sénateur irrité menaça de se venger en faisant mettre le feu au théâtre, et en faisant assassiner l'acteur qui, l'ayant insulté publiquement, l'avoit couvert de ridicule.

Auguste, indigné de cette scène scandaleuse à laquelle il avoit assisté, voulut en prévenir les suites funestes. Il fit venir Pilade, et lui

signifia son bannissement. Ce pantomime oubliant le respect qu'il devoit à l'empereur, lui
dit insolemment : « Ingrat ! de quoi te mêles-tu ?
» que ne laisse-tu le public s'amuser de nos
» querelles » ?

Auguste ne changea rien à sa décision ; sa
sévérité satisfit tous les partis, dissipa la tempête, et rétablit le calme et la tranquillité.

Les Piladiens, les Batyliens et les Hilasiens
devinrent amis ; mais, par une inconstance
rare, ou par un effet de cet esprit inquiet et
remuant, qui portoit toujours les Romains
vers les extrêmes, ils commencèrent à mur-
murer et à se plaindre d'Auguste. Les seigneurs
s'associèrent à la cabale du peuple : l'empereur n'étoit plus à leurs yeux qu'un tyran,
qu'un despote farouche et cruel qui vouloit
ravir aux citoyens la seule jouissance qu'il
leur avoit laissée, celle des spectacles. Tous
ces propos échauffèrent les esprits, et les ai-
grirent au point, qu'on résolut de prendre les
armes. Mécènes, qui veilloit à tout, qui savoit tout, et qui avoit pesé dans sa sagesse le
caractère remuant et versatile des Romains,
prévint la tempête, et conseilla à Auguste de
rappeler promptement Pilade, comme le seul
moyen d'éloigner les orages.

Pilade revint. L'empereur avoit su le punir.
Il sut le récompenser avec magnificence, et
ajouta à ses bienfaits un titre honorable, en le
nommant *Décurion*, titre que l'on accordoit
aux sénateurs lorsqu'ils étoient chargés d'une
mission importante dans les provinces de
l'empire.

Le retour de Pilade changea tous les esprits,
dissipa les complots ; les grands et le peuple
chantèrent la bienfaisance, la justice et les
vertus d'Auguste. Dans cet excès d'enthousiasme, ils acceptèrent avec joie les lois sages
que leur délire leur avoit fait rejeter. Pilade
parut, fut applaudi avec transport; et les des-
cendans de Scipion et de Paul-Emile ne cessè-
rent de bénir un prince qui leur avoit rendu
un mime.

La mort d'Auguste et celle de Mécènes pré-
sagèrent la chute des beaux arts : les Batyle et
les Pilade disparurent; le goût cessa de pré-
sider aux productions des arts ; les théâtres
n'eurent plus de modèles, et les spectacles
n'offrirent que les tableaux dégoûtans de la
crapule et du libertinage. Les Romains perdi-
rent leur goût moral; les grands associèrent
leurs débauches à celles de ces bas farceurs;
les dames romaines et leurs filles jouoient avec

eux les scènes les plus indécentes, et se pros-
tituèrent sans aucun ménagement. Tibère,
successeur farouche d'Auguste, n'aimoit ni les
talens ni les théâtres. Il chassa de Rome tous les
baladins, et fit fermer les théâtres. Mais la passion effrénée que les grands avoient pour les
représentations licencieuses les détermina à
donner asile dans leurs palais à tous ces crapu-
leux histrions. Les théâtres de société se multi-
plièrent ; les Romains de toutes les classes ne
furent plus que de plats pantomimes ; la bienséance, les égards, l'honnêteté, la pudeur et la
vertu, furent sacrifiés à une liberté indécente
et au libertinage le plus dégoûtant. Dans cet état
de corruption, la peinture, la sculpture et
l'architecture furent délaissées ; tout ce qui
portoit le caractère du beau, du grand et de
l'utile, fut entièrement abandonné ; les vices,
le libertinage et la dissolution furent portés au
dernier période de l'infamie, sous les règnes
de Caligula et de Néron, qui s'associa basse-
ment aux débauches des pantomimes.

L'empereur Domitien, qui n'aimoit ni les
sages ni les fous, chassa les philosophes et les
pantomimes ; cependant il rappela ces derniers, mais il eut lieu de s'en repentir. Un
pantomime, nommé *Páris*, eut l'audace de

souiller le lit de cet empereur. Il prononça
de nouveau l'arrêt de bannissement, répudia
sa femme, fit massacrer Pâris et assassiner
l'élève de ce mime, parce que ses traits avoient
de la ressemblance avec ceux de son maître.

Enfin, ces mimes furent rappelés encore à
la mort de Domitien, et se soutinrent jusqu'au
règne de Trajan; mais cet empereur envisa-
geant les spectacles pantomimes comme une
école ouverte à l'indécence et au libertinage,
les chassa sans retour.

Ainsi le règne des beaux arts ne dura pas
long-temps; leur trône fut ébranlé par l'humeur inquiète et farouche de Tibère, et leur
empire fut détruit par la cruauté, la barbarie
et les débauches de ses successeurs.

Les arts prirent encore la fuite, pour se dérober à la fureur des peuples barbares qui ra-
vageoient l'empire et y répandoient la terreur
et la mort; ils errèrent de climats en climats,
et ne trouvèrent dans leur course, ni asile, ni
protection, ni secours.

Les grands hommes finissent, je le répète
encore; mais la mort, en exerçant son empire,
ne peut détruire leurs chefs-d'œuvre; leurs
noms et leurs ouvrages, portés sur les ailes du

Temps, triomphent de sa faulx, et parcourent l'immensité des siècles.

Le génie dés arts est indestructible; cette émanation divine, qui donne à l'homme une grande prééminence sur les êtres de son espèce, est immortelle, et j'oserai dire que ce feu sacré est à l'esprit ce que l'ame est au corps.

Je suis, etc.

LETTRE IV.

Renaissance des Arts en Italie et en France.

———

Les Médicis rallumèrent le flambeau du goût. Ces illustres protecteurs des arts les rassemblè-rent à Florence. Ils y parurent en foule ; on vit éclore de nouveaux chefs-d'œuvre ; les récom-penses et les distinctions excitèrent l'émula-tion des hommes de génie ; enfin ils firent pour Florence ce que leurs prédécesseurs avoient fait jadis pour Athènes et pour Rome.

Le bonheur est éphémère ; les guerres qui survinrent après l'illustre pontificat de Leon x dissipèrent pour la troisième fois les brillantes productions du génie ; les arts prirent de nou-veau la fuite, Rome fut saccagée, Florence fut asservie, et la guerre dévasta ces riantes et délicieuses contrées qui offroient aux voya-geurs les tableaux variés de la belle nature et les chefs-d'œuvre des beaux arts.

Enfin, après un long intervalle, ils trouvèrent

en France un asile constant et durable, et une continuité de prospérités que les guerres et les malheurs du temps n'ont pu leur ravir.

Ils commencèrent à se montrer sous le règne de François 1.er et sous celui de Louis XIII; mais ils étoient jeunes encore, et leurs efforts furent proportionnés à la foiblesse de leur enfance.

La naissance de Louis XIV fut l'époque fortunée de leur élévation, de leur puissance et de leur gloire; ils entourèrent le berceau du monarque. Le génie et le goût s'empressèrent de le parer; les arts et les talens amusèrent ses premières années; le desir de plaire à un illustre protecteur anima leurs travaux, enflamma leur imagination, et le succès couronna leurs efforts.

Les grands hommes parurent dans tous les genres; la nature sembla faire un nouvel effort pour immortaliser le règne de ce prince, et les arts se montrèrent à sa cour entourés du brillant cortége des sciences et de l'industrie.

Louis XIV avoit pris le soleil pour devise; il étoit aux productions de l'esprit et du génie, ce que cet astre paternel est à celles de la nature. Il faisoit germer, croître et fleurir tous les objets qui ne se déroboient pas à ses rayons

I. 4

bienfaisaus ; chaque art , chaque science eut
ses modèles.

Ce goût, cette émulation, et l'ambition de
fixer les regards du monarque, devinrent universels. La France donna le ton à l'Europe, et
son exemple enfanta partout des hommes célèbres que leur mérite naturalisoit, et qui
avoient part aux bienfaits et aux distinctions que
Louis xiv accordoit à la sublimité du génie,
avec autant de discernement que de magnificence. La France devint le modèle des cours
étrangères, et celle de Louis xiv fut une école
de goût, de politesse et de galanterie, où toutes
les nations accouroient pour s'y former et pour
y jouir du spectacle pompeux des beaux-
arts.

Toutes ces merveilles avoient été préparées
par deux grands hommes , *Richelieu* et *Mazarin*. Ils furent les précurseurs de ce beau
règne, et tous deux s'empressèrent à encourager les arts renaissans.

Richelieu fonda l'Académie française ; il en
fut le chef et le protecteur. On doit le regarder
comme le fondateur du théâtre français, pour
lequel il composa lui-même plusieurs tragédies
et comédies. Il acheta l'emplacement sur lequel on construisit la maison et la chapelle de

la Sorbonne ; il embellit Paris de la Place Royale et de la statue équestre de Louis XIII; enfin il fit bâtir le Palais Cardinal, que l'on nomma ensuite *Palais Royal.*

Le portrait du cardinal de Richelieu, dessiné par un habile maître, ne put long-temps voir le jour. Thomas l'avoit peint en grand, et avoit employé toutes les teintes de la vérité pour le faire ressemblant ; il n'avoit dissimulé ni son ame ni son immoralité ; mais le chapitre des considérations obligea Thomas à ne point exposer ce tableau aux regards du public. Aujourd'hui, plus libre et sans crainte, on peut dire ce que l'on en pense ; mais il faut se taire sur les vivans ; la prudence et la politesse l'exigent également.

Pour que l'histoire peigne avec liberté, et fasse des portraits frappans de ressemblance, elle doit attendre le jugement de la postérité ; il pèse dans la balance de l'impartialité les morts qui jouèrent, de leur vivant, les premiers rôles sur le vaste théâtre du monde : ce jugement ne peut être équivoque, il est libre, et ne craint ni la tyrannie ni le despotisme, et n'aspire à aucune faveur. Il faut un siècle pour que la vérité perce les ténèbres dont l'environnent le mensonge, la flatterie et l'intérêt. Il faut enfin, pour qu'elle se montre dans tout son éclat,

qu'elle s'épure en se filtrant, pour ainsi dire,
à travers les générations.

C'est alors que l'histoire pourra peindre librement ; et, oubliant tout à-la-fois les rangs
et les titres, elle nous montrera les hommes
qui n'existent plus tels qu'ils étoient, et nous
tracera, avec des couleurs franches et un pinceau hardi, leurs vices ou leurs vertus, leur
foiblesse ou leur courage, leur clémence ou leur
tyrannie.

L'histoire ne nous offre que des portraits infidèles, lorsqu'elle peint ses contemporains : la
flatterie corrompt ses couleurs, l'intérêt émousse
ses pinceaux ; l'encens qu'elle mêle à ses teintes
les rend fausses, et ses tableaux sans ressemblance n'annoncent que la servitude et le
mensonge.

Mais l'histoire est majestueuse et triomphante, lorsqu'elle descend dans les tombeaux
et qu'elle en ranime les cadavres : éclairée par
le flambeau de la vérité, elle peint les hommes
tels qu'ils étoient jadis, elle saisit leurs traits,
elle trace leurs caractères avec fidélité, et elle
ne se dégrade point en leur prêtant des ornemens étrangers. C'est donc la postérité qui doit
offrir à l'histoire la palette, les couleurs et les
pinceaux vigoureux de la vérité.

Le ministère du cardinal Mazarin fut ora-
geux. Mais au milieu des chocs, des secousses
et des ébranlemens suscités par la guerre, par
la politique et par le fanatisme, il fit construire
le collége des Quatre-Nations ; il se déclara le
protecteur de l'académie royale de peinture et
de sculpture, à laquelle il fit accorder des lettres-
patentes enregistrées au parlement : il obtint la
même faveur pour la danse.

Cette académie, la plus sémillante des académies possibles, sauta légèrement sur ce titre
glorieux, et se voua au plus profond silence.
Point de mémoires instructifs, point de discours, point de complimens de réception, point
d'éloges. Les réceptions ne se faisoient point
dans les salles du Louvre qui lui étoient destinées. *L'Épée de bois*, mauvais cabaret, étoit
le lieu favori où se rassembloient les candidats.
La mort enlevoit-elle un membre de cette illustre académie, on s'assembloit, on dînoit
bien, et l'on buvoit gaîment au grand voyage
du défunt.

Nous étions alors privés du plus pompeux
et du plus magnifique spectacle de l'Europe
(*l'Opéra français*), et nous en devons la jouissance au goût et au génie du cardinal Mazarin.
Cette entreprise présentoit une foule d'obs-

tacles, et n'offroit aucun moyen de succès:
nous n'avions ni acteurs ni chanteurs; la musique, à peine sortie de son berceau, ne donnoit
que les sons mal articulés de l'enfance, tandis
qu'en Italie elle s'étoit élevée, et marchoit d'un
pas hardi vers la perfection.

Le cardinal, fortement occupé de l'établissement d'un opéra national, sentit qu'il ne parviendroit à tirer la musique française des langes
dans lesquels la routine l'avoit emmaillotée,
qu'en lui fournissant de beaux modèles. Elle
étoit pauvre et languissante; son harmonie se
ressentoit de la sécheresse des règles et de la
servitude des calculs; la mélodie, ce langage
simple du sentiment et du goût, lui étoit étrangère : aucune richesse dans ce style musical,
aucune opposition dans les plans, nul clair-
obscur dans la distribution des phrases harmoniques : tels étoient à cette époque nos compositeurs. On suivoit strictement les règles;
mais ces règles isolées ne peuvent opérer efficacement, si elles ne sont mises en œuvre par
le goût et l'imagination.

Mazarin, voulant hâter les progrès de l'art
et le tirer de son apathie, fit venir à grands
frais ce que l'Italie possédoit de plus précieux
en acteurs, en chanteurs et en musiciens. Il

appela un poëte, un machiniste et des peintres-décorateurs.

Cette troupe d'artistes arriva à Paris en l'année 1644, et donna, le 28 février 1645, sur le théâtre du Petit-Bourbon, en présence de Louis XIV, de la reine-mère et de la cour, la *Festa Theatrale della Finta Pazza*. Ce spectacle, neuf et dans une langue qui ne nous étoit pas alors aussi familière qu'aujourd'hui, fit grand plaisir, et fut donné plusieurs fois.

En 1647, le cardinal fit venir de nouveau une foule de chanteurs, d'acteurs, de musiciens-concertans, des peintres et des machinistes.

Cette nouvelle troupe débuta, sur le théâtre du Palais-Royal, par *Orphée* et *Eurydice*, opéra italien en cinq actes; il eut le plus grand succès. La nouveauté et le charme des voix, l'exécution brillante d'un orchestre nombreux, la richesse et la variété des airs, des accompagnemens et des symphonies; la beauté des décorations, le jeu précis et merveilleux des machines, la magnificence des vêtemens, tout offrit à l'œil et à l'oreille enchantés le spectacle le plus grand et le plus pompeux: il obtint le succès le plus brillant, et fut donné pendant long-temps.

Si la cour fut satisfaite de ce spectacle, le

cardinal Mazarin ne le fut pas moins; il regardoit ce succès comme un stimulant actif propre
à réveiller nos musiciens et nos poètes. Le pressentiment du cardinal se trouva juste : la musique et la poésie lyrique sortirent de leur engourdissement; le goût soutint leurs efforts, et
l'imagination assura leur succès.

L'abbé Perrin, introducteur des ambassa-
deurs auprès de Gaston de France, duc d'Or-
léans, fut le premier qui offrit à Paris un opéra
français : il en fit les paroles; Cambert en composa la musique. Il en donna une première représentation à Issy, village aux environs de
Paris, dans la maison de M. de la Haye :
c'étoit un spectacle nouveau qui obtint du succès. Le cardinal le fit représenter au château
de Vincennes, en présence du roi et de sa
cour.

Il faut considérer que cet opéra fut joué dans
un petit local, et qu'il étoit privé de danses, de
machines et de décorations : magie enchanteresse qu'il étoit réservé au génie de Quinault
de nous montrer, et dont il nous a le premier
fait éprouver les charmes.

Le mariage de Louis XIV étant invariablement fixé, le cardinal fit venir à Paris, pour
la troisième fois, les talens les plus précieux de

l'Italie. Ce ministre, chargé de la direction des
fêtes, n'épargna rien pour en augmenter l'intérêt et l'éclat. Nos théâtres étoient alors d'une
étendue et d'une forme misérables, et la nation
les a conservés malheureusement trop long-
temps pour les progrès des arts.

Mazarin fit construire au château des Tuileries le magnifique théâtre des Machines, le
plus vaste et le plus beau de l'Europe. Tous les
arts s'empressèrent de l'embellir et d'y déployer
leurs richesses : la peinture, la sculpture, l'architecture et la dorure donnèrent à cette salle la
forme, l'élégance, la richesse et le goût. Elle fut
construite d'après les plans du sieur Vigarini,
et machinée en grande partie par M. le marquis
de *Sourdéac*.

Ce beau monument élevé aux arts n'existe
plus : l'inconstance et la frivolité détruisent tout
en France ; depuis long-temps on abat de
grands monumens et l'on élève de petites chau-
mières.

Le cardinal Mazarin, qui s'occupoit de tout
et qui ne perdoit point de vue les progrès des
beaux-arts, auroit ardemment desiré de venir
au secours de la danse : elle ne formoit que des
pas lents ; elle ne se remuoit que pontificale-
ment ; et les ballets, dénués de figurantes et de

danseuses, étoient privés de l'agrément et des
charmes qu'elles y répandent. On ne connoissoit pas l'art varié des figures ; elles étoient
toutes parallèles, et n'offroient que des lignes
droites : c'étoit une procession plutôt qu'un divertissement. On appeloit tout cela *danse noble,*
danse mesurée ; et les airs que les musiciens
composoient pour elle étoient lents et posés.
Cette danse noble et cette musique traînante
n'offroient que la monotonie de la tristesse ; ces
arts, enfans du plaisir et de la gaîté, avoient
renoncé aux principes qui leur donnèrent naissance.

Le cardinal fut tenté de faire venir des
sauteurs ultramontains, naturellement gais et
bouffons ; mais il craignit d'offrir à la cour des
contrastes aussi choquans ; il savoit d'ailleurs
que Louis XIV n'aimoit pas les *magots.* Le
cardinal calcula les dangers qui pourroient résulter de ces deux contraires et de la disparate
monstrueuse qu'ils offroient. Il craignit que les
danseurs français, tristes et nobles, ne mourussent à force de rire, en voyant gambader,
faire des pirouettes accrochées, les trois tours
en l'air, les entrechats à huit et à dix, et les
passa campagna ; et que ceux-ci, en regardant se promener à pas lents les danseurs fran-

çais sur les airs de la *courante* et de la *sarabande*, ne gagnassent le spleen, et ne mourussent de la consomption.

Tout calcul fait, Mazarin abandonna la danse, et ne tenta pas de lui enlever ses titres de noblesse et de monotonie.

La fête du mariage de Louis xiv étant fixée, on avoit préparé plusieurs spectacles de l'invention de *Benserade* et de l'abbé *Perrin*. La composition de la musique étoit confiée à Cambert, surintendant de la musique du Roi.

Mais au milieu de tant de spectacles, on distingua l'opéra italien; il avoit pour titre *Hercule amant*, ou *Hercule amoureux*. Louis xiv, les princes et les seigneurs de sa cour y dansèrent. Cet opéra offrit ce que le goût et la somptuosité ont de plus recherché; les artistes avoient fait l'impossible pour l'embellir : décorations superbes, et machines d'autant plus étonnantes, qu'il y avoit des palais entiers qui descendoient des cieux supportés par des nuages, et dans lesquels cent personnes étoient groupées de différentes manières. Cette même machine remontoit vers le ciel, et étoit remplacée par un autre palais qui, en sortant de terre, s'élevoit gradativement vers le ceintre; la richesse des vêtemens, la beauté des voix,

l'exécution précise et brillante de deux cents
musiciens, tant de belles choses réunies offrirent un spectacle digne de la circonstance pour
laquelle il avoit été composé, et digne encore
de la grandeur et de la magnificence de
Louis XIV.

Je ne puis m'empêcher de rendre hommage
au goût et à l'imagination du marquis de Sourdéac. Né riche, il fit de la mécanique le jeu de
son enfance; il appliqua une partie de cet art
aux machines propres au théâtre; genre inconnu alors, et qui tient du merveilleux; genre
qui convient à l'opéra, puisque ce magnifique
spectacle est celui des arts, et qu'ils doivent
s'y montrer tous à-la-fois. C'est donc à cet ami
des arts que ce spectacle doit toutes les machines étonnantes et heureusement combinées
qui firent jadis une partie enchanteresse des
opéra de Quinault. Ce fut enfin lui qui composa toutes celles des fêtes et des grands
spectacles que l'on donna pour le mariage de
Louis XIV.

M. de Sourdéac, possesseur de la terre et
du château de Neubourg situés en Norman-
die, y donna un spectacle étonnant par sa nouveauté, et magnifique par ses détails et son ensemble.

Il y éleva un grand théâtre, et fit venir de Paris les ouvriers qui lui étoient nécessaires. Il appela des peintres-décorateurs, des doreurs et des artistes de tous les genres ; il les logea, nourrit et défraya pendant plus de deux mois, il machina son théâtre. Cette fête extraordinaire étoit destinée à célébrer le mariage du roi, et sa paix avec l'Espagne.

Ce spectacle avoit pour titre, *La Toison d'or*, tragédie de Pierre Corneille, mêlée de musique et de danses, et ornée de chants, de décorations et de machines. Le marquis reçut, logea et traita dans son château plus de cinq cents gentilshommes de la province, qui y restèrent pendant plusieurs représentations. Ce fut la troupe du Marais qui joua cette tragédie. Elle eut un succès complet : la beauté et la perfection des machines, la variété et le goût des décorations, le jeu intéressant des acteurs, les charmes de la musique et de la danse, tout porta les spectateurs à l'admiration. Cette pièce, d'un genre absolument neuf, fut ensuite donnée à Paris en l'année 1661, et obtint tout le succès qu'elle méritoit.

Je reviens au cardinal Mazarin. Les soins de ce ministre furent couronnés par la plus heureuse réussite. L'Opéra français fut créé,

et on lui doit sa naissance. On ne peut refuser des éloges à l'abbé Perrin, qui eut assez de génie pour entrer dans les vues de Mazarin, en composant le premier opéra en langue
française. Protégé par le prince qu'il servoit,
il travailla à perfectionner sa première ébauche.
Il fit deux opéras, *Ariane* et *Pomone*, qui furent mis en musique par Cambert; ils obtinrent
par la suite des lettres-patentes, et le privilége
de ce nouveau spectacle, sous le titre d'*Académies d'opéra en musique et en vers*.

Le marquis de Sourdéac s'associa à cette
entreprise, et se réserva la direction des machines.

Le cardinal Mazarin tomba dangereusement
malade; mais, avant de mourir, il fit au roi un
présent inestimable, il lui légua Colbert, son
intendant. Ce legs, en assurant à la France un
accroissement de prospérité et de grandeur,
promettoit aux arts et aux sciences, au commerce et à l'industrie, un puissant protecteur.
Ce grand ministre obtint bientôt l'estime et la
confiance de Louis xiv; tout s'embellit, tout
se perfectionna sous son heureux ministère.

La mort de Mazarin ne fit pas une grande
sensation. Le roi fut enchanté d'être délivré
d'un Mentor incommode, toujours prêt à gê-

ner la marche de ses opérations , et à le contra-
rier dans ses plans. Débarrassé du cardinal ,
il voulut régner seul, et il régna glorieusement.

Colbert, nouveau Mécènes, seconda l'amour
que l'Auguste de la France portoit aux beaux-
arts. Aussi jaloux de la gloire de son maître que
de la félicité du peuple , ce sage ministre n'igno-
roit pas combien il est important à l'éclat d'un
empire et au bonheur de ses sujets de cares-
ser les arts, de protéger les lettres , d'encourager les sciences, de soutenir le commerce, d'ai-
guillonner l'industrie et d'honorer l'agricul-
ture. Homme en place et honnête homme, il
ne détournoit jamais à son profit les sources de
la récompense, il en étoit le canal pur et précieux. En servant la magnificence et la géné-
rosité de son maître, il s'illustroit et s'immor-
talisoit à l'ombre de sa gloire. Ses contemporains, témoins irrécusables de sa sagesse et de
sa probité, lui donnèrent le titre de *Grand*,
titre que la postérité lui a conservé, en le nommant *le Grand Colbert.*

Ce ministre ne présentoit à Louis xiv que
des projets dignes de l'élévation de ses idées
propres à augmenter sa gloire et à immortaliser son nom.

Afin d'accélérer les progrès de la peinture,

de la sculpture et de l'architecture, il fit agréer
au roi l'établissement d'une académie à Rome.
On y fit construire un palais propre à loger un
directeur-professeur, et les élèves qui rempor-
toient à Paris les premiers prix dans ces trois
arts : ils y étoient nourris, entretenus et servis
aux dépens de Louis xiv. Cette ville fameuse
et embellie par la multitude des chefs-d'œuvre
qu'elle renferme, offroit aux jeunes artistes des
modèles parfaits dans tous les genres, bien
propres à exciter leur émulation, à perfectionner leur goût, à enflammer leur imagination, et
à exercer utilement leurs pinceaux, leurs ci-
seaux, leurs règles et leurs compas.

Le grand Colbert, après avoir établi en
France l'académie d'architecture, s'appliqua
encore à encourager les sciences. Rien n'est indifférent au génie. Il proposa au roi l'établissement d'une académie des sciences, et sa proposition fut agréée. Il obtint encore celle d'attirer en France deux grands hommes capables
d'étendre le cercle alors étroit des sciences,
Dominique Cassini et *Huygens*. Ils se fixèrent
à Paris, et y obtinrent des pensions considérables. C'est encore aux soins de ce sage ministre et à son goût pour les arts, les lettres
et les sciences, que l'on doit l'Observatoire et

cette belle méridienne prolongée jusqu'à l'extrémité du Roussillon. Si l'on ajoute à tant de grandes choses l'augmentation considérable de la Bibliothèque Royale, le voyage de Tournefort au Levant, pour enrichir le Jardin des Plantes presque abandonné, et aujourd'hui le plus riche de l'univers, enfin le rétablissement de l'Ecole de Droit fermée alors depuis un siècle, on ne pourra se dispenser de regarder Colbert avec cette admiration qu'inspirent la vertu, les talens et le génie; il fit tout pour la gloire du roi, le bonheur du peuple et l'illustration des sciences et des arts. Cet homme rare et d'un mérite extraordinaire eut des envieux, mais n'eut point de rivaux. Son zèle, sa probité, l'amour de sa patrie et une moralité pure, furent de puissans remparts que ses vertus lui élevèrent; les menées, les cabales, les intrigues de cour, la calomnie, la jalousie et toutes les passions qui dégradent les hommes, ne firent contre lui que des attaques infructueuses : fort de sa conscience, il méprisa tous ces petits orages, et les brouillards que l'envie élevoit pour l'éclipser étoient bientôt dissipés par les rayons actifs et bienfaisans du monarque qu'il servoit avec fidélité. Ses ennemis augmentèrent sa gloire, et le rendirent aussi cher à son roi qu'à la nation, dont il fut constamment l'idole. L'éclat de son nom se répandit et se propagea dans toutes les cours de l'Europe, et la renommée s'empressa d'y proclamer ses vertus (1).

Avant de terminer ma lettre, je dois vous fixer l'époque où l'on vit pour la première fois des femmes danser sur le théâtre. Cette association, ce mélange intéressant qui prête à l'art une heureuse variété, est entièrement dû au goût de Louis xiv; il conçut cette idée neuve, et la fit exécuter avec succès.

Le 21 janvier 1681, on donna à Saint-Germain-en-Laye, sur le théâtre du château, *le Triomphe de l'Amour*, opéra-ballet de Quinault, musique de Lully. Ce fut à ce spectacle magnifique que l'on vit paroître pour la première fois le beau sexe dans les ballets. M. le dauphin et madame la dauphine, les princes

_____

(1) Ce ministre, qui faisoit honneur à la France, qui avoit rendu à son roi des services signalés, éprouva comme Sully l'ingratitude de ses contemporains; il fut haï et calomnié: l'Envie, qui s'attache à tout ce qui est grand, exagéra ses fautes, et chercha à rabaisser tout ce qu'il avoit fait pour la gloire de la nation : enfin la Renommée s'est fait entendre ; et la Postérité, toujours juste, a vengé la mémoire de Colbert, en lui décernant le surnom de Grand.

et les princesses du sang, les ducs et les du-
chesses, enfin ce qu'il y avoit de grands à la
cour, y figura. On avoit réuni à cette haute noblesse les danseurs-pensionnaires de Sa Majesté, et tous ceux de l'Académie Royale de
Musique. Ce prodigieux assemblage produisit
les plus beaux effets : la richesse et l'élégance
des vêtemens, l'éclat des diamans et des pierres
précieuses, tout offrit dans ses détails et dans
son ensemble le plus brillant spectacle du
monde. Louis XIV n'y dansa point. Ce prince,
âgé de treize ans, avoit commencé à déployer ses
graces et ses talens pour la danse en 1651, dans
le ballet de *Cassandre*, de la composition du
cardinal Mazarin. Cet exercice fut un de ceux
dans lequel il excella ; il s'y livra par goût, et
dansa pour la dernière fois dans le ballet de
Flore, le 15 février 1669.

On attribue l'abandon qu'il fit de cet art à
l'impression qu'il éprouva, lorsqu'il entendit
ces vers de Racine à la représentation de *Britannicus :*

« Pour toute ambition, pour vertu singulière,
» Il excelle à conduire un char dans la carrière
» A disputer des prix indignes de ses mains,
» A se donner lui-même en spectacle aux Romains,
» A venir prodiguer sa voix sur un théâtre, etc. »

Ne serait-il pas plus simple et plus juste de croire que Louis XIV, délivré de Mazarin, prit les rênes de son royaume, qu'il devint l'ame de son conseil, qu'il voulut régner seul, et se livrer entièrement aux affaires de l'état. Ce prince ayant calculé le prix de ses momens, s'aperçut sans doute que ceux qu'il sacrifioit à la danse et aux répétitions des ballets appartenoient à son peuple. Il est à croire qu'une considération aussi puissante le détermina à renoncer à cet art sans cesser de l'aimer. Louis XIV n'avoit pas besoin des vers de Racine pour prendre une résolution sage, et qui convenoit parfaitement à un monarque âgé alors de trente ans. On sait d'ailleurs qu'il aimoit la gloire et l'encens, mais qu'il ne pouvoit souffrir ni les leçons ni les remontrances.

Le Triomphe de l'Amour fit autant de bruit à Paris qu'il en avoit fait à la cour.

Le public voulut voir cet opéra. Lully et ses associés cédèrent à son vœu, et lui en donnèrent une première représentation le 16 mai de la même année, c'est-à-dire environ quatre mois après la représentation qui en avoit eu lieu au château de Saint-Germain. Un auteur de ce temps assure qu'à l'imitation de la cour on vit, pour la première fois, des premières

danseuses et des figurantes dans les ballets de
l'Opéra. Cet auteur a mal vu. Les femmes
qu'il a cru apercevoir n'étoient que de jeunes
danseurs habillés en femmes, car la danse alors
n'étoit cultivée qu'à la cour; et le roi s'étant
déclaré en faveur de cet art, qu'il exerçoit avec
succès, il étoit de la politique des personnes
de sa cour de l'imiter dans ses goûts.

Un fait bien simple, et qui détruit l'illusion
de l'auteur, c'est qu'il faut deux ou trois années
d'étude pour dresser une bonne figurante, et
six ou sept années d'un exercice semblable pour
former une première danseuse, née d'ailleurs
avec des dispositions. On ne peut donc en
quatre mois faire ce qui exige un nombre
d'années considérable. La danse n'a jamais fait
de semblables prodiges ; et celle de ces temps-là
étoit bien moins savante et moins miraculeuse
que celle d'aujourd'hui.

Au milieu de tant de goût et de magnificence, à une époque où les sciences, les arts
et les lettres avoient acquis tant de splendeur,
dans un moment où les *Le Brun*, les *Mignard*
et leurs successeurs acquirent, par une foule
de chefs-d'œuvre, des titres à la gloire, où cet
art et celui de la sculpture rivalisoient en talens
et en génie avec ce que les artistes grecs et

romains créèrent de plus parfait ; dans un instant où les *Corneille*, les *Racine* et les *Molière*
avoient surpassé les poètes de l'antiquité, ne
sera-t-on pas étonné de voir, dans les fêtes et
les spectacles pompeux de la cour, le costume
le plus ridicule et le plus barbare, les allégories
les plus triviales ? Mais ce qui surprendra davantage, c'est d'avoir vu subsister toutes ces monstruosités pendant près de quatre-vingts ans.

La vue est celui de nos sens qui se familia-
rise le plus facilement avec les choses qui lui
ont paru les plus extraordinaires ; l'œil finit
par trouver supportable ce qui l'avoit offensé;
et, par succession de temps, il admire ce qui
l'avoit choqué, et en fait son idole. Ne pourroit-on pas dire que les préjugés et la routine
sont aussi difficiles à déraciner que ceux de
l'enfance, et que les hommes ainsi que les enfans se plaisent constamment à en être le jouet ?

Je ne m'étendrai pas aujourd'hui sur le costume, cette partie si intéressante pour le charme
de la scène : l'illusion qu'elle doit produire
mérite bien une lettre toute entière.

Je suis, etc.

LETTRE V.

Utilité des règles de l'Art. Digression sur Marcel.

Les arts en général ont des règles et des principes. Ces principes et ces règles sont-ils scrupuleusement suivis? Non, Monsieur; il n'existe qu'un seul principe commun à tous, dont on ne peut s'écarter sans se perdre ou s'égarer; c'est l'imitation de la belle nature. Les productions qui ne portent point cette empreinte sacrée n'en offrent que de grossières caricatures; elles choquent le bon goût, et n'inspirent que le mépris.

Les règles furent créées par les premiers artistes qui, las de ne produire que des ébauches grimacières et des copies imparfaites de la nature, sentirent la nécessité de mettre des bornes à leurs compositions exagérées et absolument dénuées d'ensemble et de proportions.

A mesure que les arts se fortifièrent, les règles s'agrandirent et suivirent leurs progrès.

Mais lorsqu'ils eurent acquis cette perfection et
cette sublimité qu'ils déployèrent à Athènes,
le goût et le génie enfantèrent de nouvelles
règles et de nouveaux principes qui durent
leur naissance au besoin du moment et souvent
à un heureux hasard. Ils n'étoient pas suivis
strictement. On les quittoit, on les reprenoit,
on les modifioit ou on les abandonnoit, lorsque
les circonstances l'exigeoient, ou qu'elles s'opposoient à la marche rapide et aux élans du
génie.

Il appartient à l'artiste médiocre et routinier
de se cramponner servilement aux principes
étroits de sa profession, et d'en être imbécille-
ment idolâtre. On peut comparer les règles à
ces chiffres qui n'expriment par eux-mêmes
aucune quantité fixe, et n'acquièrent de valeur
que par le secours d'un nombre positif.

C'est le génie qui pose ce nombre, et c'est
par lui seul que ces caractères vagues et indéterminés parviennent à exprimer des quantités
réelles.

Il n'est point rare de voir tomber des ouvrages composés cependant suivant toutes les
règles. Tantôt ce sont des drames et des tragédies, dont les sujets pauvres et décharnés sont
sans mouvement et peu propres à faire naître

l'illusion et à nous entraîner à l'admiration ;
une versification lâche et sans nerf, des tableaux
sans effet, des situations forceés , des coups de
théatre mal préparés.

Ici, c'est un grand ballet d'une longueur
mortelle ; le sujet en est beau et intéressant ; il
prête à l'action pantomime, et est propre à
faire naître une foule de tableaux d'autant
plus séduisans, qu'ils sont variés à l'infini ;
mais ce sujet fait pour séduire et pour émouvoir se trouve éclipsé par un corps de danses
insignifiantes qui en coupe le fil, en rompt la
trame, et n'offre plus à l'imagination que les
lambeaux épars de la pièce. Toutes ces richesses et ces ornemens étrangers affoiblissent
l'action ; et en effacent les traits : dès-lors
l'illusion disparoît, le charme cesse, et le plaisir fuit ; le feu le plus brillant et le plus actif
s'éteint facilement, lorsqu'on le couvre de
glaces.

Les inutilités retranchées, ce ballet marcheroit rapidement, et feroit naître des émotions
douces et enchanteresses : les productions trop
longues, fussent-elles d'ailleurs excellentes,
finissent par produire l'ennui. Chaque homme
porte avec lui la mesure de ses plaisirs, et le
trop plein de cette mesure se change bientôt

en dégoût : l'ennui nait de la satiété, car l'homme est facilement transporté vers les extrêmes, le plaisir et la peine.

Là, c'est un morceau de sculpture représentant la Muse et la Danse; elle est aussi froide que le marbre dont elle est composée, dépourvue de graces; elle est maniérée, privée d'expression; elle ne dit rien à l'œil qui l'examine; son attitude n'est ni svelte, ni animée, sa tête n'annonce point une gaîté franche : enfin cette statue est un marbre inanimé; elle indique aux connoisseurs le travail pénible de l'artiste, et les soins accumulés qu'il s'est donnés pour la créer.

D'un autre côté, c'est une symphonie à grand orchestre, exécutée par les artistes les plus célèbres; elle est longue et chargée de notes : qu'offre-t-elle à l'oreille? un bruit incommode, un tapage fatigant. Cette pièce riche en fracas musical, et pauvre en mélodie, vide d'expression et de goût, écrite sans dessin, offre des groupes harmoniques qui se heurtent, se choquent et se brisent mutuellement; privée de ce clair-obscur si nécessaire aux productions des beaux-arts, elle est sans effet. Les trois morceaux de cette symphonie, étant de la même couleur ne présentent aucune opposition, aucun contraste, et ce *brouhaha* musical ne peignant rien à la pensée blesse également l'oreille et le goût. N'est-ce pas ici le cas de dire avec Fontenelle ? *Symphonie, que me veux-tu ?* et de s'écrier : Hayd'n, *où es-tu ?* au nom du Dieu de l'harmonie, dont tu es le favori, viens nous consoler, et guérir, par les accens touchans de la mélodie, nos oreilles impitoyablement déchirées !

Ici, c'est l'exposition d'un grand tableau allégorique qui pèche également par l'ordonnance, la couleur et la disposition mal entendues des figures ; c'est un logogriphe en peinture que l'esprit ne peut ni concevoir ni deviner. L'allégorie doit être noble et simple ; elle est fausse lorsqu'il faut la chercher ; c'est l'éclair du génie qui doit briller sans nuages.

En examinant attentivement ces différentes productions, on verra qu'elles sont composées dans toutes les règles. Que leur manque-t-il donc pour plaire ? que faudroit-il y ajouter pour les rendre belles et intéressantes ? quelques bagatelles ; de l'esprit, du goût et de l'imagination, de l'expression, du sentiment et de la grace, de la vérité dans l'imitation, de la noblesse dans la composition, un heureux choix dans les sujets, une économie sage dans leur distribution, des idées nettes et grandes, enfin du génie.

Je me rappelle deux anecdotes qui viennent merveilleusement à l'appui de mon opinion sur les règles communes à tous les arts imitateurs.

On ne peut être poète sans génie. *La Ménardière* fit une tragédie intitulée *Alinde ;* elle étoit composée dans toutes les règles, et eut cependant le malheur de n'être point goûtée par le public.

L'abbé d'Aubignac fit une tragédie (*Zénobie*) selon toutes les règles et les lois qu'il avoit données dans sa *pratique du théâtre ;* et comme il se vantoit, même après sa chute, d'être le seul de nos auteurs qui eût bien suivi les préceptes d'Aristote : « Je sais bon gré à M. d'Aubignac, dit M. le Prince, d'avoir si bien suivi les règles d'Aristote, mais je ne pardonnerai jamais aux règles d'Aristote d'avoir fait une si mauvaise tragédie à M. d'Aubignac. »

Il faut conclure que les règles sont excellentes jusqu'à un certain point : il en est d'elles (je le répète) comme il en est des principes en général ; il faut savoir les suivre, les quitter et les reprendre. C'est l'ouvrage du goût et du génie, c'est le besoin du moment et la nécessité de l'instant qui doivent déterminer le compositeur. L'homme mercenaire, en fait d'art imitateur, suit servilement son sujet; il court sans cesse après des beautés fugitives et passagères que son imagination ne peut fixer. Veut-on saisir les teintes harmonieuses et divines d'un beau couchant, il faut avoir en ses mains les couleurs fraîches et brillantes du goût, et l'activité d'une imagination brûlante, qui, sans s'arrêter aux parties de détail, embrasse d'un clin-d'œil la masse éclatante de ce vaste et imposant tableau.

Calcule-t-on au lieu de peindre, le nuage fuit et s'éclipse, les teintes lumineuses s'effacent insensiblement, et les sombres voiles de la nuit enveloppent tout-à-la-fois le phénomène brillant et l'artiste obscur.

Malheur à ces compositeurs froids qui s'accrochent, en tremblant, aux règles étroites de leur art ! Ils ressemblent à ces infortunés qui, pour échapper au naufrage, se cramponnent à un morceau de liége. Les arts imitateurs demandent une certaine hardiesse que le génie seul peut inspirer; le goût doit en être la boussole; et je dirai, d'après un critique moderne, que les hardiesses sont les ailes des beaux-arts. Mais il arrive souvent que l'im-

bécillité leur donne des ailes inverses qui les
entraînent dans la fange, au lieu de les élever
à la perfection.

Ne pourrois-je pas appliquer à la composition méthodique de plusieurs ouvrages, et
nommément à celle des ballets, ce que Boileau
dit au sujet de l'ode?

« Son style impétueux souvent marche au hasard,
» Chez elle un beau désordre est un effet de l'art.
» Loin ces rimeurs craintifs, dont l'esprit flegmatique
» Garde dans ses fureurs un ordre didactique,
» Qui, chantant d'un héros les progrès éclatans,
» Maigres historiens suivent l'ordre des temps;
» Ils n'osent un moment perdre un sujet de vue, etc.»

L'opinion de ce grand poète étaie solidement la mienne, et me persuade que les règles
agissent en raison inverse de leur utilité, lorsque le goût et l'imagination ne les dirigent pas.

Lorsque je lis les poèmes immortels d'Homère, de Virgile, du Tasse, de l'Arioste et
de Voltaire; lorsque j'examine avec enthousiasme le Laocoon, l'Apollon du Belvéder et
la Vénus de Médicis; lorsqu'enfin mon œil
s'arrête sur les chefs-d'œuvre de Raphaël, de
Michel-Ange, de Paul Véronèse et du Cor-
rège, ces étonnantes productions du génie me
pénètrent d'une admiration respectueuse, ces

hommes extraodinaires se peignent à mon esprit étonné, sous la forme des géans ; je réfléchis, et je me demande si.ce sont les règles
qui ont operé tous ces miracles ; je consulte
ma raison, et.elle m'assure que la beauté, la
grace et l'élégance ne peuvent être leurs ouvrages, et que les règles isolées sont des bâtons
propres à guider les pas mal assurés des artistes à vue basse. Mais si les règles ont été
insuffisantes dans la création de tant de chefs-
d'œuvre, dites-moi donc, ma raison, qui les
a pu produire ?

Un esprit juste et éclairé, un style noble et
élevé (car chaque art a le sien), une vaste conception, un goût épuré, une imagination brûlante, un génie supérieur, enfin le desir de
s'illustrer et de rendre son nom célèbre,
toutes ces qualités, réunies dans le même
cerveau, fermentent, s'échauffent, s'enflam-
ment, et produisent ce volcan que l'on nomme
enthousiasme. C'est alors que l'artiste, animé
par ce feu divin, enfante dans son délire le
beau et le sublime ; que, délivré des règles, il
s'élève avec la rapidité de l'aigle à la perfection,
en laissant au-dessous de lui l'oison au vol pe-
sant, qu'il abandonne à la protection des
règles.

Les règles de la danse furent créées dans un temps où cet art ne marchoit qu'à l'aide des lisières ; ces règles n'annoncent que la foiblesse de l'enfance.

Elles se bornent à des positions que l'on divise en bonnes et en mauvaises , c'est-à-dire en cinq bonnes positions qui ne le sont pas, et cinq fausses parfaitement dénommées.

Peut-on raisonnablement admettre pour principes d'un art qui doit ne s'annoncer qu'avec l'élégance , la grace, la souplesse et la liberté combinée des mouvemens, des positions fausses, anti-naturelles , et propres à disloquer les pieds.

Les cinq autres, appelées *bonnes* , sont défectueuses dans leurs proportions ; bien plus propres à rétrécir et à guinder l'exécution mécanique, qu'à l'étendre et à l'embellir. Ces positions eussent arrêté les progrès de l'art , si le célèbre *Dupré* ne les eût pas dépassées, et s'il n'eût pas eu l'esprit d'en étendre le cercle trop étroit. Ce beau danseur servit de modèle à *Vestris* le père : celui-ci le surpassa en goût, en intelligence , en variétés. Il donna une plus grande extension à ces positions, et en créa de nouvelles. Les théâtres, devenus plus vastes, forcèrent encore les danseurs à les ar-

penter, à *détaler* leurs temps , et à parcourir l'espace avec plus de prestesse et de légèreté. Vestris le fils en est la preuve.

J'ai trouvé dans un vieux livre chorégraphique l'*origine des cinq fausses positions*. La danse noble se dégrada en admettant des pas *tortillés ;* il étoit nécessaire, pour parvenir à les faire , d'avoir alternativement les pieds en dedans et les pieds en dehors : ces pas se faisoient de la pointe aux talons , et ne pouvoient s'opérer sans le secours de la hanche, qui commande impérieusement à toutes les parties qui lui sont subordonnées ; or il résultoit de ces pas *tortillés* des mouvemens d'autant plus ridicules, que ce disloquement des pieds s'imprimoit au corps, et qu'il en résultoit un déhanchement désagréable , propre à détruire ce bel ensemble , cette harmonie , cette grace simple , et cette élégance qui constitue la belle danse.

On s'aperçut enfin que les cinq fausses positions, ainsi que les pas tortillés , ne valoient rien : on y renonça, et depuis cette époque on a donné dans l'entortillage et les tourbillons.

En l'année 1740 , le célèbre *Dupré* , l'Apollon de la danse, ornoit le *temps de Gaillarde* d'un *tortillé ;* mais il étoit si bien fait , le jeu de ses articulations étoit si doux et si liant, que ce pas fait d'un seul pied avoit beaucoup d'élégance, et préparoit agréablement le pas *tombé :* tel est, Monsieur, l'empire des graces qu'elles embellissent tout.

Les cinq positions nommées *bonnes* se font dans un cercle de 18 pouces ; et si on les suivoit exactement, on danseroit un pas de *deux* sur une table de douze couverts. On *arpente* aujourd'hui toute la longueur du théâtre avec quatre pas de *bourrées ;* et si l'on suivoit strictement les règles, il faudroit en faire trente pour arriver à l'avant-scène.

Il n'est point de règles fixes pour le déploiement, ni de mesures déterminées pour les cercles ou les parties de cercles que les jambes doivent décrire ; il n'en existe point pour les développemens et les hauteurs où la jambe doit s'élever et s'arrêter ; les rondeurs et les mesures des demi-cercles que décrivent les bras ne sont point invariablement fixées. Le goût seul les détermine. Peut-on établir des règles fixes pour les mouvemens ? peut-on, d'après la variété des tailles, des constructions physiques et des défauts qui s'y rencontrent, poser un principe immuable ? Cet ouvrage est impossible ; c'est donc le goût du maître qui

doit appliquer aux tailles, à la conformation,
aux articulations plus ou moins parfaites, à la
résistance des muscles, au jeu plus ou moins
liant des charnières, les préceptes qu'il croira
les plus utiles. La danse n'a donc que des règles de convention ; et le maître qui connoîtra
l'anatomie, c'est-à-dire la partie de cette science
qui traite des articulations en général et des
leviers propres aux mouvemens variés du danseur, sera celui qui parviendra le mieux à
former un élève. L'étude de l'homme et de
ses facultés physiques dirigera ses préceptes ;
ils ne seront plus arbitraires ; il n'exigera de
son élève que ce que la nature lui permettra
de faire. Mais si elle n'a pas fait les premières avances, tout ira mal. Il est des vices
ou des défauts de construction qui ne peuvent s'effacer, et qui arrêtent également le
maître et l'élève ; raison suffisante pour rejeter de l'école des graces les enfans mal faits,
mal constitués, et d'une figure désagréable :
lorsque l'on se consacre aux plaisirs du public,
il faut être né avec toutes les dispositions que
l'art du théâtre exige ; et si l'homme qui s'y
destine n'a pas été primordialement favorisé
par la nature, il languira dans la médiocrité,
et l'art qu'il appellera vainement à son secours

ne lui prêtera que le masque infidèle de la
nature.

Au reste, ce sont les *Dupré*, les *Vestris*
père, les *Dauberval* et les *le Picq* qui ont
été les modèles parfaits de la danse dans trois
genres différens, et absolument distincts ; ils
sont malheureusement perdus: ces rares talens
sont passagers, ils ont l'éclat d'une brillante
aurore, et ne durent qu'un instant. Toutes ces
beautés fugitives passent et s'éclipsent ; elles ne
peuvent être saisies que par ceux qui ont de
l'émulation et du goût, et qui veulent, en les
imitant, quitter les tristes routes de la média-
crité. C'est par ce seul moyen que l'art peut
s'étendre et s'embellir. On ne sauroit en donner que des idées très-imparfaites par la parole
et l'écriture, on ne peut peindre le mouvement.

Je vais vous raconter une anecdote assez singulière par sa bizarrerie, et bien propre à
prouver que le charlatanisme artistement prê-
ché enfante des apôtres, des idiots et des fanatiques. Je veux vous parler de *Marcel*, danseur
très-médiocre ; il étoit grand, bien fait, avoit
une belle physionomie, et chantoit très-agréa-
blement. (Preuve non équivoque qu'il étoit
mauvais danseur.)

On donna, en l'année 1710, les *Fêtes Véni-
tiennes*, opéra-ballet. Dans un divertissement
de cet ouvrage, il falloit chanter et danser le
menuet; les premiers danseurs ayant la voix
rauque et usée ne purent raisonnablement se
charger de ce double emploi : on le confia à
Marcel, alors presque ignoré; il chanta agréablement, et dansa le menuet avec cette élégance
que lui prêtoient sa taille et sa figure, et avec
cet amour propre et cette hardiesse familière
aux demi-talens. Les jolies femmes, toujours
prêtes à se porter vers les extrêmes, imitèrent
les dames romaines; elles trouvèrent *Marcel*
charmant, délicieux, divin, et ce fut à qui l'auroit. Marcel avoit de l'esprit, chose rare alors,
chez le peuple dansant. Depuis il devint vieux
et podagre, il ne endoit les escaliers qu'en
reculant, portoit une perruque à la Louis XIV,
une canne à crosse d'or, et deux laquais enfin
lui servoient de béquilles.

Fier d'une réputation usurpée, vain par principes, insolent par succès, il se permettoit,
envers des femmes titrées, les propos les plus
durs et les plus impertinens. Il est à présumer
que toutes ces sottises étoient de convention,
puisqu'on ne s'en fâchoit pas; on se contentoit
de rire et de dire : Il est plaisant et bourru, mais

il est franc et bon homme; d'ailleurs il entend son affaire à merveille, et a un talent qui n'est qu'à lui.

Marcel, profitant de l'enjouement que son charlatanisme avoit fait naître, disoit à une duchesse : « Madame, vous venez de faire la ré-
» vérence comme une servante; à une autre:
» Madame, vous venez de vous présenter en
» poissarde de la Halle. Quittez, Madame,
» quittez ce maintien délabré, recommencez
» votre révérence, n'oubliez jamais vos titres
» de noblesse, et qu'ils vous accompagnent
» dans vos moindres actions. »

Tantôt *Marcel,* imposteur adroit, avoit l'air de tomber en extase; la tête appuyée sur sa canne, il ruminoit sans mouvement; et, feignant un enthousiasme que son demi-talent ne pouvoit lui inspirer, il s'écrioit avec emphase : *Que de choses dans un menuet!*

On le demandoit de tous les côtés. Les femmes de la cour et celles des riches financiers ambitionnoient d'être élèves de ce maître. *Marcel,* enflé de sa réputation pour accaparer les seigneurs et les étrangers, eut recours à un vaste salon orné de belles glaces, et parfaitement éclairé. Assis dans un grand fauteuil, il recevoit, en l'année 1740, tous ces illustres personnages. Après l'avoir salué dans les règles de l'art, on alloit vers la cheminée, et on jetoit dans un vase d'argent son écu de six francs. *Marcel* avoit l'oreille fine et sensible, et étoit attentif au son que produisoit l'écu. Cette réunion des deux sexes et de toutes les nations lui rapportoit une somme considérable; les révérences de présentations à la cour, ou des menuets dansés dans les grands bals parés, lui étoient payés trois cents francs.

L'histoire de la *Traîne*, de ces longües queues adaptées aux habits de cour, devint un costume très-gênant; en se tournant, on s'embarrassoit les jambes; en reculant, on *s'empêtroit*, la chute étoit inévitable. *Marcel* en préservoit par un coup de talon ou par un écart de la jambe entière, mais le difficile consistoit en ce que le buste ne se déplaçât pas, et que le corps restât tranquille, et ne cédât point au mouvement des pieds et de la jambe.

Ce fut au printemps de l'année 1710 que je fus présenté à *Marcel*, ainsi que la jeune *Puvigny*. Nous devions danser à Paris un menuet dans les *Jeunes Mariés*, et le danser ensuite à la cour. *Monnet* disposoit à son gré du maître à la mode dont il plaçoit les fonds. *Marcel* nous admit à son école, et nos progrès furent ra-

pides. Il me prit en amitié, et me dit un jour :
Vous pouvez vous vanter d'être mon élève, et
même le faire afficher; mais je veux vous donner une nouvelle preuve de ma protection et
de ma bienveillance, en vous réglant un petit
rondeau qui se chante et se danse,

De l'Amour nous suivons les lois, etc.

Vous êtes l'élève du petit *Dupré*, c'est un cho-
régraphiste imbécille et un pauvre maître qui
danse le papier à la main. Vous allez deux fois
par semaine chez le grand *Dupré*. Celui-ci danse
agréablement, mais il a sauté à pieds joints sur
les principes ; je veux vous en donner, et, en les
suivant strictement, vous deviendrez comme
moi le premier maître de votre état ; venez me
trouver demain à neuf heures.

Je me rendis chez lui, et il me régla le petit rondeau dans un petit cabinet de toilette,
qui n'avoit pas (les meubles exceptés) six pieds
en carré. Marcel, tourmenté de la goutte, ne
pouvoit faire le pas; il pensa tomber plusieurs
fois et m'écraser ; je lui dis alors : Monsieur,
mettez-vous sur votre fauteuil, faites-moi le
pas avec les doigts ; j'espère le prendre à votre
satisfaction : Comment, diable, s'écria *Marcel*,
vos jambes saisiront le mouvement de mes

doigts ? Oui, Monsieur, très-rapidement, en ajoutant toutefois le nom du pas ou des temps que vos deux doigts me traceront. Je vais l'essayer, mon petit ami, mais cela me paroît fort extraordinaire. Il m'esquissa le pas avec les deux index, je le pris facilement; son prévôt jouoit du violon, et je dansai; le rondeau appris, il m'arrangea les bras à l'antique; et, content de mon intelligence, il me dit : Venez me voir de temps en temps; je parlerai de vous, et je ferai votre fortune.

Je courus chez le grand *Dupré*, il étoit naturellement froid et flegmatique; je lui portois souvent des fleurs. Après les femmes et la chasse, c'est ce qu'il aimoit avec le plus de passion. Je lui racontai l'histoire du rondeau, et je lui demandai la permission de le lui danser. Il pensa étouffer à force de rire. Toutes les fois qu'il avoit de l'humeur, je lui dansois le rondeau : je ne l'ai point oublié, je l'ai conservé avec autant de soin qu'un curieux conserve une médaille antique.

Une étude approfondie, soutenue par l'expérience, m'a prouvé que ces principes étroits étoient plus propres à opposer une barrière à la danse qu'à étendre ses progrès. J'avouerai à regret qu'on a passé la ligne et le point juste

que les *Vestris* père, les *Dauberval* et les *le
Picq* avoient invariablement fixés par la beauté, l'élégance et la perfection de leur exécution; je dirai encore que les bras sont perdus,
que l'on *court* , que l'on *franchit* , qu'on
alonge et qu'on ne danse plus; que ces bras
enfin sans cesse élevés vers le ciel nous tracent
l'idée des Bacchantes dans leur ivresse, ou de
la famille de Niobé dans son désespoir. Il faut
espérer que les graces simples et touchantes
reprendront leur empire, et que le goût ren-
versera un jour le trône de la Mode et de la
Folie.

Je suis, etc.

LETTRE VI.

*Des Spectacles des Anciens , et sur-tout de
la Pantomime.*

En vous parlant, mon cher élève, des spectacles
des anciens, ce sera vous conduire dans un laby-
rinthe où ma raison s'est toujours égarée. Ce
que les auteurs de l'antiquité et les traducteurs
infidèles ont écrit sur la déclamation , les masques, le costume, la musique et la pantomime
des Grecs et des Romains, est rempli de contradictions, d'éloges exagérés et de réflexions
impertinentes. Je vous avoue que ma foi n'est
pas assez fervente pour croire à tous les prétendus miracles qu'ils décrivent.

La déclamation des anciens dans les beaux
jours d'Athènes, et sous le règne éclatant d'Auguste, vous paroîtra aussi extraordinaire que
peu naturelle ; et la description que je vais vous
en faire vous offrira des contes bien plus propres à vous ennuyer qu'à vous intéresser, à
choquer votre raison qu'à l'éclairer.

La déclamation fut à-peu-près la même chez les Grecs et chez les Romains : même costume, même accoutrement, mêmes masques et même musique. Mais un accident qui arriva au poète *Andronicus* le changea totalement ; et cette déclamation, partagée instantanément entre deux acteurs, fut admise pour toujours. Voici le fait :

Il étoit d'usage que les poètes jouassent les personnages les plus marquans de leurs pièces ; et il est à croire que cet Andronicus étoit aussi bon tragédien qu'excellent poète, puisqu'il fut applaudi avec enthousiasme ; qu'on lui fit répéter plusieurs fois ses monologues ; et qu'à force de recommencer ses tirades, il s'enroua de telle manière qu'il lui fut impossible de finir sa pièce. Cette anecdote est racontée par Tite-Live et Valère-Maxime, qui écrivoient sous le règne de Tibère.

Andronicus, désespéré de sa situation, supplia le public de lui permettre de faire réciter son rôle par son esclave, tandis que lui Andronicus feroit les gèstes propres à prêter de l'énergie à la déclamation. Le public, toujours avide de nouveauté, applaudit avec transport à cette proposition. Un joueur de flûte accompagnoit les récits de l'esclave, tandis que l'ac-

teur muet faisoit les gestes convenables au monologue.

Cet essai eut un succès si prodigieux, que les
Romains l'adoptèrent pour toujours. Ainsi la
déclamation fut partagée entre l'acteur récitant
et un autre chargé de la gesticulation. C'est donc
à une extinction de voix que les Romains durent
ce changement bizarre : c'est ainsi que les petites causes produisent souvent les grands évé-
nemens.

Si ce partage burlesque vous paroît ridicule,
l'accoutrement des acteurs ne vous le paroîtra
pas moins. Les acteurs étoient affublés d'un
masque énorme à bouche béante ; on y adaptoit
une espèce de porte-voix aboutissant à celle de
l'acteur. Ce porte-voix étoit d'airain ; mais, soit
que la résonnance de ce métal répercutât la
voix désagréablement, soit qu'elle lui prêtât
trop d'éclat, on se servit ensuite d'une pierre
noire que l'on scioit, en ne lui laissant que le
moins d'épaisseur possible ; on en fabriquoit
des cornets évasés du côté de la bouche du
masque : cette pierre s'appeloit *calcophonos*,
ou *son d'airain*. Pline nous assure qu'en la frappant, elle rendoit des sons semblables à ceux de
ce métal, et que les acteurs lui donnèrent la
préférence ; mais il a oublié de nous dire de

quelle nature étoit cette pierre, et à quelle espèce elle appartenoit.

Les spectacles pantomimes ne s'établirent à
Rome qu'après la mort irréparable d'*Esopus*
et de *Roscius*, acteurs célèbres dans deux
genres opposés. Après eux, la tragédie et la
comédie tombèrent dans un état de médiocrité
telle, que le public en général abandonna ce
théâtre qui, peu de temps auparavant, faisoit
ses délices.

Comme j'ai à vous parler ailleurs de Batyle
et de Pilade, créateurs d'un nouveau genre de
spectacles, qui remplaça la tragédie et la comédie, je me contenterai de vous dire maintenant
que ces deux pantomimes eurent un succès
brillant, et qu'ils firent oublier le théâtre de
déclamation et les grands acteurs qui en faisoient l'ornement.

Je me permettrai ici une réflexion. Depuis
Louis XIV jusqu'à ce moment, la scène française
s'est soutenue glorieusement, malgré les pertes
qu'elle a essuyées : les grands talens ont été
successivement remplacés ; quelques-uns, à la
vérité, ne l'ont pas été complètement. On se
souvient encore des *le Kain*, des *Préville*,
des *Clairon* et des *Dumesnil ;* mais les efforts
constans de ceux qui sont en possession de

leurs emplois sont près de les égaler; leurs
progrès augmentent chaque jour, et dans peu
ils pourront atteindre à la perfection, et soutenir
avantageusement la gloire de notre théâtre.

Comment est-il possible que la perte d'Esopus et de Roscius ait occasionné celle du Théâtre
national de Rome? Les talens étoient donc bien
rares, l'émulation bien languissante, et les dispositions bien tardives! Cette pénurie est d'autant plus étonnante, que le siècle d'Auguste fut
celui de l'éloquence. Cicéron fut l'ami de Roscius : c'est faire l'éloge de cet acteur.

Mais tout est miracle, tout est mystère dans
l'antiquité. L'amas des siècles, les voiles épais
qui les enveloppent dérobent la vérité à nos
foibles regards : nous n'apercevons dans cette
masse ténébreuse que des fantômes et quelques
ombres fugitives qui se jouent de notre imagination. Avons-nous recours aux traditions, elles
sont fausses; aux traductions, elles sont infidèles : les ouvrages propres à nous éclairer ont
été déchirés et brûlés par la main des barbares.
Que nous reste-t-il donc? Des contradictions,
des erreurs et des doutes sur les arts qui peuvent concourir à la perfection des représentations théâtrales. Pardonnez-moi cette digression, Monsieur; je l'ai jugée nécessaire au sujet

que je traite et aux tableaux que je vais vous offrir.

Je reviens aux masques, ces figures hideuses qui cachent la nature pour ne nous en montrer qu'une copie difforme et grimacière. J'ai eu le courage de les proscrire du théâtre, et ils n'osent plus se montrer qu'aux bals. J'ai toujours regardé ces masques de bois ou de cire comme une enveloppe épaisse et grossière, qui étouffe les affections de l'ame, et ne lui permet pas de manifester au dehors les impressions qu'elle ressent. C'est l'ame seule qui imprime sur les traits du visage, et en caractères énergiques, les sentimens, les affections, les passions, les plaisirs et les peines qu'elle éprouve ; c'est elle encore qui donne aux muscles de la physionomie ce jeu varié, et ces teintes propres à l'expression : mais cette variété et cette mobilité seroient imparfaites, si les yeux n'y ajoutoient pas le signe de la vérité et de la ressemblance. Je les comparerai à deux flambeaux faits pour éclairer tous les traits, et y répandre ce clair-obscur qui les distingue et les fait valoir. Sans les yeux, point d'expression, point de vérité, point d'effet. Si l'acteur récitant, l'acteur chantant et l'acteur pantomime ne s'attachent point à ce jeu muet, leur diction sera froide, leur chant sera languissant, leurs gestes seront insignifians, et tout annoncera chez eux un cœur tiède, une ame glacée et une monotonie fatigante ; leur lot sera de végéter dans l'obscurité et d'ennuyer le public par leur médiocrité.

Ces masques des anciens n'étoient ils pas à la tête de toutes ses proportions ? n'en augmentoient-ils pas la grosseur? ne couvroient-ils pas tous les traits du visage ? ne cachoient-ils pas les yeux ? Oui, sans doute. De quelle utilité donc pouvoient-ils être ? Seroit-ce un avantage que de dérober au public la partie la plus essentielle à l'expression de l'acteur ? celle enfin qui met le sceau à la perfection de son jeu.

Ces masques étoient de bois, et enveloppoient toute la tête ; on en trouvoit dans les ateliers des sculpteurs un très – grand assortiment; il y en avoit pour toutes les passions et pour les différens âges ; ils étoient couverts de cheveux de toutes les teintes. Le roux étoit consacré aux Bataves. On trouvoit encore dans ces magasins des masques de femmes tout aussi volumineux, mais non pas si laids. Ils servoient à de jeunes acteurs qui avoient une voie douce et agréable : car il n'est fait aucune mention, dans les écrits des Anciens, des noms des femmes dont les talens avoient embelli la

scène. Ils ne parlent que d'Ampuse, de Ty-
mèle et de Dyonisia, célèbres pantomimes.
Elles s'attachoient à peindre la Volupté. Plusieurs auteurs assurent qu'excitées par les
applaudissemens que leur prodiguoient les
jeunes gens, elles avoient porté la perfection
de leur jeu au dernier période d'indécence.
Il est à présumer que quelque loi interdisoit
aux femmes l'exercice du théâtre. La nouvelle Rome semble à cet égard s'être modelée
sur l'ancienne. Ce sont de jeunes *imparfaits*
qui chantent les rôles de femmes, et de jeunes
garçons qui remplissent les fonctions de danseuses. Ce travestissement bizarre fut adopté,
ainsi que je l'ai dit ailleurs, dans le *Triomphe*
de l'Amour, opéra de *Quinault*, mis en
musique par *Lulli*; et jusqu'à cette époque,
il n'existoit point de danseuses, même dans les
ballets de la cour. Ce fut une nouveauté que
l'on dut au nouveau goût de Louis xiv. L'antique Rome, ainsi que la nouvelle, privoit
ces spectacles des objets les plus intéressans
et les plus dignes de plaire. Si les femmes
font les délices de la société, elles font encore
le charme de la scène. Elles l'animent, l'embellissent, et elles y ajoutent un principe de vie
et un intérêt qu'elles seules peuvent inspirer.

Les masques et les travestissemens ne pouvoient produire qu'un effet contraire. Ils ne
pouvoient entraîner à l'illusion. Est-il possible
de voir naître les passions, et d'en saisir toutes
les gradations et toutes les transitions, lorsqu'un
masque qui n'a qu'une expression perma-
nente dérobe toutes les images que les passions gravent sur le visage de l'acteur.

Que je me permette une comparaison. Le
public pourroit-il jouir des grands effets que
lui offrent les tableaux variés d'un spectacle
tel que celui de l'opéra, si on ne levoit jamais
le rideau qui cache la scène? Voilà, je crois,
les masques. Qu'on les laisse tomber, et qu'on
lève la toile, alors on jouira tout à la fois des
miracles de la nature et de l'art.

Je suis, etc.

~~~~~~

LETTRE VII.

Suite sur les Spectacles des Anciens.

————

Les auteurs de l'antiquité ne sont pas d'accord sur les effets merveilleux que produisoient les masques de leurs acteurs. Ils ne le sont pas davantage sur le costume théâtral et les mira-cles de la déclamation. Les contradictions qui règnent dans leurs opinions et l'obscurité dont leurs éloges sont enveloppés, ne sont point propres à nous persuader, et à nous imprimer ce sentiment d'admiration que l'on accorde facilement à tout ce qui porte le caractère de la vérité. Tout est confondu, jusqu'aux mots propres à désigner les objets dont on parle. Ces auteurs ne se sont attachés qu'à peindre les effets, et ils ont gardé le plus profond silence sur les causes qui les produisent. Si les ouvrages de Denis d'Halicarnasse, de Rufus et autres écrivains de l'antiquité n'a-voient point été ensevelis sous les ruines de Rome, nous serions mieux instruits, et nous

pourrions parcourir les routes tortueuses
d'un dédale, tracé depuis par des mains inexpé-
rimentées, sans courir les risques de nous
égarer.

Le traité de Lucien, en forme de dialogue
entre Solon et le Scythe Anacharsis, me ramène aux masques. Solon, qui venoit de l'entretenir de l'utilité des tragédies, lui répond
ainsi : « J'ai vu jouer des tragédies aux fêtes
» des Bacchanales. Les tragédiens sont montés
» sur des espèces d'échasses. Ils portent des
» masques énormes dont l'ouverture de la
» bouche est considérable; il en sort avec
» fracas des mots graves et sentencieux. Dans
» la comédie, les acteurs chaussés en sandales
» de bois, et vêtus à l'ordinaire, ne crioient
» pas si haut, mais leurs masques étoient en-
» core plus ridicules que ceux des premiers. »

Il y avoit des masques à deux profils. Ils
servoient à la comédie. Cés masques expri-
moient deux sentimens opposés, ou deux passions différentes. Un des côtés, par exemple,
traçoit la colère d'un père en courroux; l'autre
côté offroit tous les traits de la tendresse pater-
nelle, etc. L'acteur, affublé de ces deux visages,
ne devoit jamais montrer la face entière au
public; et, à l'exemple d'un soldat bien exercé,

il falloit qu'il fît souvent le quart à droite, et le quart à gauche; tout cela, Monsieur, est ridiculement plaisant, et n'inspire rien en faveur des masques, et de ceux qui les portoient.

Julien Pollux, qui écrivit sous l'empereur Adrien, dit affirmativement que l'on fit sculpter à Athènes des masques parfaitement ressemblans au citoyen que l'on vouloit jouer sur la scène : il ajoute que Socrate eut le désagrément de s'y voir tourner en ridicule. L'acteur qui le représentoit prit son nom, et, à l'aide de son masque, sa ressemblance. Ce fut dans la comédie des *Nuées*, écrite par Aristophane, que l'homme le plus instruit et le plus sage de la Grèce se vit impunément jouer sur le théâtre.

Suétone nous apprend que Néron eut la bassesse de s'associer aux mimes, et de jouer plusieurs rôles sur les théâtres publics. Lorsque cet empereur représentoit un décurion ou un héros, il avoit soin de faire sculpter un masque qui lui ressembloit parfaitement ; et lorsqu'il représentoit quelque déesse ou quelque héroïne, il faisoit faire alors un masque ressemblant à la femme qui en ce moment captivoit son cœur.

Juvenal, apostrophant Néron, a dit « qu'il » falloit mettre aux pieds de sa statue des » masques, des thyrses et la robe d'Antigone.

» comme trophées de ses exploits » ; ce qui
prouve que cet empereur a joué le rôle de la
fille d'Œdipe.

Comme ces masques en général grossissoient
prodigieusement la tête, que le buste et le
reste du corps ne se trouvoient plus en proportion avec elle, on y suppléoit en matelassant
tout le vêtement, en se faisant un ventre et
des mollets ; et, pour grandir ce gros personnage, on avoit recours à des échasses, ou à un
cothurne fort élevé dont les semelles étoient
d'un bois très-épais.

Que penser, Monsieur, de cet accoutrement barbare ? Etoit-il possible que l'acteur
ainsi emmailloté pût avoir de la liberté, de
l'élégance et de la grace ? Combien ne devoit-il
pas être gêné dans sa marche, dans son maintien et dans son action ? Si l'imitation fidèle
de la belle nature constitue le sublime des
arts ; si cette imitation vraie peut seule élever
l'acteur à la perfection, combien ne devons-
nous pas douter du mérite des acteurs de l'antiquité ! Cependant toutes ces farces monstrueuses étoient applaudies avec transport par
des hommes d'un rare mérite, et en présence
des pères de la sculpture et de la peinture, arts
portés à la perfection sous le gouvernement

de Périclès et sous le règne d'Auguste. Je vous avoue franchement que les spectacles des anciens n'offrent à ma raison qu'une anamorphose ambiguë, et que je n'y comprends rien.

Je vous ai dit plus haut que l'on avoit renversé le sens des mots et leur juste signification. *Marcher*, *déclamer*, *gesticuler*, étoit danser. En voici quelques exemples :

Ovide, en répondant à un ami qui lui annonce le succès de sa Médée, s'exprime ainsi: « Lorsque vous m'écrivez que le théâtre est » plein, qu'on y danse ma pièce, et qu'on a » applaudit à mes vers, etc. »

Voilà donc le mot *danser* mis à la place de *déclamer*.

Aulugelle, en parlant du passé, dit « que » l'acteur qui prononçoit, faisoit aussi les » gestes, et que ceux qui chantoient de son » temps sans se remuer, dansoient autrefois » en chantant. »

Voilà encore le mot *chant* à la place de *Déclamer*, et celui de *danse* substitué à celui de *geste*.

Juvenal, en parlant d'un écuyer tranchant, fort expert, dit « qu'il découpoit les viandes » en dansant ». On peut découper les viandes en gesticulant, et en mettant de la dextérité

et de la bonne grace; mais en dansant, cela
me paroît absurde. Cet auteur ajoute qu'il y
a du mérite à découper un lièvre ou une pou-
larde, avec un geste varié et adapté à chaque
opération. Il y avoit à Rome, dit-il, des écoles
particulières pour cette espèce de *saltation*.

On voit encore ici le mot *danse* et *saltation*
mis à la place du mot *geste*; les écoles de saltation n'enseignoient donc que les gestes d'imitation ou de convention, et les auteurs anciens
employoient indifféremment le mot de *salta-*
tion, tantôt pour le geste, tantôt pour la
danse.

Dans le soixante-dix-neuvième livre de Dion,
on trouve un passage tout aussi extraordinaire
que tous ceux dont les auteurs anciens nous
ont bercé. Il dit qu'Héliogabale *dansoit* dans
sa loge pendant la représentation des pièces
dramatiques; mais encore qu'il *dansoit* en marchant, et lorsqu'il donnoit audience; qu'il *dan-*
soit lorsqu'il parloit à ses soldats, et qu'il *dan-*
soit encore lorsqu'il faisoit des sacrifices;
certes, cet empereur aimoit passionnément la
danse! mais il est aisé de croire qu'il aimoit à
gesticuler avec grace, qu'il marchoit gravement,
et en suivant la mesure de la musique qui le
précédoit; on a encore confondu dans ce pas-

sage la marche *mesurée* et le *geste* avec la *danse*.

Dans l'anthologie grecque, on blâme un acteur qui avoit *dansé* le rôle de Niobé, de ne
s'être pas plus remué que le rocher dans lequel il avoit été métamorphosé ; cela veut dire
que cet acteur ne *dansoit* point, mais qu'il
n'avoit mis dans son rôle aucune action, aucun
intérêt, et que sa déclamation étoit froide et
monotone.

Suétone, en nous parlant de Caligula, dit
qu'il aimoit la saltation avec fureur. Ce prince
ayant mandé au palais les grands de sa cour,
et les personnes les plus distinguées de l'état,
parut en *dansant* dans sa salle d'audience,
vêtu à la grecque, en robe longue, et au son
des instrumens ; il fit devant cette assemblée
tous les gestes d'un monologue, et se retira
sans avoir proféré une seule parole. Cet empereur avoit sans doute étudié les gestes d'institution ou de convention, et il avoit fréquenté
les écoles de saltation ; il ne dansa pas au milieu des personnes qui assistoient à son audience, mais il leur parla sans langage arti-
culé, et s'exprima avec des gestes qui étoient
parfaitement connus. Ce langage muet étoit
universellement entendu à Rome.

Apulée fait la description d'une représenta-

tion du jugement de Pâris, exécutée par des
pantomimes qui jouoient sans parler ; lorsque
cet auteur parle des mimes, il emploie le mot
incedere, qui signifie *marcher*. Dans un autre
endroit, pour dire que Vénus ne déclamoit que
des yeux, il dit que cette déesse ne *dansoit*
que des yeux.

Quintilien, après avoir parlé de l'estime et
de l'amitié que Cicéron avoit pour Roscius,
dont il admiroit le geste et la diction, appelle
ce célèbre comédien un danseur.

Enfin Velleïus Paterculus dit qu'un nommé
Plancus, officier attaché au parti de Marc-
Antoine, avoit contrefait Glaucus, célèbre pê-
cheur, que les anciens croyoient avoir été métamorphosé en Triton. Ce Plancus, dit l'histo-
rien, s'étoit déguisé en Dieu marin, et en
marchant sur ses genoux avoit dansé l'aventure de Glaucus. Danser sur ses genoux est une
chose miraculeuse, et marcher sur les genoux
est une chose désagréable et tout aussi fatigante pour l'acteur que pour le public.

Il faut convenir que les auteurs anciens n'ont
jamais parlé des jambes de leurs pantomimes,
ni de leurs élans, ni du brillant de leurs pieds,
ce qui prouve que la danse proprement dite
n'existoit ni à Athènes ni à Rome.

En voilà plus qu'il n'en faut sur l'abus des mots ; je quitte cette tour de Babel pour vous entretenir un instant de la saltation ou de l'art du geste.

Batyle et Pilade passent pour les inventeurs de la pantomime, mais c'est une erreur: cet art étoit connu chez les Grecs ; Ampuse et Prothée l'avoient porté à sa perfection ; il est donc plus vrai de dire que Batyle et Pilade firent revivre cet art, et qu'ils l'introduisirent chez les Romains. Je veux croire qu'ils avoient du talent, qu'ils gesticuloient convenablement, mais qu'ils ignoroient absolument la danse. Ils commencèrent par représenter des pièces parfaitement connues, et que le public savoit presque par cœur. Rome, à cette époque, avoit perdu ses grands acteurs, et n'avoit plus de spectacle ; cette disette ne contribua pas peu au succès des mimes ; la nouveauté est toujours courue lorsqu'elle se montre avec quelques attraits ; mais je ne puis croire à la perfection de ces acteurs pantomimes, et je vais vous le démontrer par des raisons suffisantes.

En parlant des mimes, St. Cyprien s'exprime ainsi : « Le pantomime est un monstre » qui n'est ni homme ni femme, dont toutes » les manières sont plus lascives que celles

» d'aucune courtisane , et dont l'art consiste
» à prononcer avec des gestes : cependant,
» continue-t-il, toute la ville se met en mou-
» vement pour lui voir représenter les ini-
» quités et les infamies de l'antiquité fabu-
» leuse. »

En écrivant à Donat sur les horreurs de
l'amphithéâtre, il dit, en parlant des pantomimes , « qu'on dégrade les mâles de leur sexe
» pour les rendre plus propres à faire un mé-
» tier déshonnête, et que le maître qui a su
» faire ressembler davantage un homme à
» une femme, est celui qui passe pour avoir
» fait le meilleur disciple ; sa réussite fait sa
» fortune. »

D'après cette assertion, il est à présumer
que les hommes, qui exerçoient la profession
du théâtre, étoient esclaves. Les Romains,
pour conserver à leurs esclaves cette souplesse
que l'âge fait disparoître, les transformoient en
eunuques ; cette amputation barbare s'exerçoit
particulièrement sur ceux que l'on destinoit à
l'art de la scène. La même cruauté existe encore en Italie d'une manière moins complète,
mais tout aussi inhumaine, et sur des enfans
libres ; un intérêt sordide et un fanatisme ré-
voltant engagent les parens à sacrifier leurs

enfans et à annuller leur sexe, pour en faire des chanteurs à voix claire et efféminée. Voici, Monsieur, sur quoi se fonde mon incrédulité sur la perfection de cette espèce d'être. J'ai vu les plus grands chanteurs de l'Italie, et je puis les juger. Ces êtres chantans sont en général des machines quant au jeu et à l'action; ils n'ont aucun mouvement, aucun geste expressif; leur marche est gauche, leur maintien délabré, la mal-adresse règne dans toutes les situations; ils sont froids et sans énergie, et en général foibles, mous et mal faits, ou ils sont maigres à l'excès, ou ils sont d'une grosseur épouvantable. Ils chantent bien, et voilà tout.

D'après ce portrait fidèle, comment se persuader que les pantomimes dansassent; nulle profession ne demande plus de force, de vigueur et d'adresse? comment pouvoir croire encore que ces eunuques pantomimes aient porté à un si haut degré de perfection l'art du geste, qui exige de l'ame, de la noblesse et de l'énergie?

Je suis, etc.

LETTRE VIII.

Continuation du même sujet.

———

C'EST dans cette lettre, mon cher élève, que je dois terminer mes réflexions sur les spectacles des anciens ; spectacles gigantesques et dispro-portionnés, spectacles incompréhensibles sous le rapport des costumes et de la déclamation.

Nous n'estimons les arts qu'autant qu'ils nous offrent l'imitation de la nature. Les pein-tres de l'antiquité ne se sont pas contenté de la représenter telle qu'elle est, parce qu'ils ne la trouvoient pas assez parfaite ; ils créèrent le beau idéal. Quelle différence entre les peintres et les acteurs de l'antiquité ! Les uns s'appli-quoient à embellir la beauté ; et les autres ne s'occupoient qu'à l'enlaidir et à la faire gri-macer.

Quintilien accorde à la musique une puis-sance sans bornes ; il la regarde comme la bous-sole des sciences, des arts et des talens ; sans elle on n'arrive à rien, on voyage inutilement,

et plus on avance, plus le rivage de la perfection s'éloigne. Suivant cet auteur, la musique
dirige nos sentimens et nos affections; elle
donne de la grace au corps et aux gestes; elle
règle toutes les inflexions de la voix, et les
mouvemens de la tête. St. Augustin a adopté
la même opinion; il me semble que ces deux
grands hommes (qui probablement n'étoient
danseurs ni l'un ni l'autre) ont confondu la
musique et la mesure; car danser en mesure
n'est pas être musicien; cela est si vrai que le
paysan le plus grossier danse en mesure.

Quintilien dit encore que la musique seule
peut former le célèbre orateur, le grand acteur
et le bon grammairien. Il assure que, pour enseigner la grammaire, il est essentiel de s'appliquer à l'étude de la musique, parce que, sans
elle, le grammairien ne pourroit enseigner
l'usage du mètre et du rhythme.

Si je jette un coup d'œil sur l'art oratoire; si
j'examine les trois genres d'éloquence qui bril-
lèrent en France de l'éclat le plus parfait, ceux de
la chaire, du barreau et du théâtre, je vois les
Bossuet, les *Fénélon*, les *Massillon*, les *Bour-
daloue* et les *Fléchier*, qui, de la tribune évangé-
lique prêchoient avec une éloquence divine la
morale la plus saine et la plus persuasive; je les

vois peindre la vertu avec tous ses charmes, et l'embellir de toutes les fleurs de l'éloquence. Combien cette éloquence avoit de pouvoir, lorsqu'elle traçoit les égaremens du cœur, lorsqu'elle tonnoit sur les vices, et qu'elle foudroyoit les passions qui dégradent l'homme ! Eh bien, Monsieur, tous ces génies rares n'avoient point appris la musique!

Cochin, Gerbier, Séguier, qui illustrèrent le barreau, *de Sèze* et *de la Malle*, qui en font aujourd'hui le plus bel ornement, ont-ils été puiser leur éloquence au Conservatoire ou dans les coulisses de l'Opéra?

La scène française ne m'offre-t-elle point *Corneille, Racine, Voltaire* et *Crébillon ?* Avoient-ils étudié le *solfège ?* avoient-ils appris à être éloquens à l'école de *Lully* et de *Rameau?* Est-ce la musique, qu'ils ignoroient parfaitement, qui leur a inspiré de si beaux vers, d'aussi grandes pensées ? Non, sans doute ; c'est le génie : il n'a point d'école.

Je pourrois encore parler de ces acteurs tragiques qui créèrent l'art de la tragédie, et dont les successeurs font encore aujourd'hui les délices de la scène française. Si leur éloquence est secondaire, il faut avouer néanmoins que c'est un mérite de faire ressortir, par la déclamation, toutes les beautés de la poésie ; car combien ces belles productions ne perdent-elles pas de force et d'énergie dans la bouche d'un lecteur ou d'un acteur médiocre ! Ils en font disparoître l'un et l'autre tout le sublime. Cependant, ce n'est point à l'aide des clefs d'*ut* et de *fa* que les illustres tragédiens portent le trouble dans nos ames, et nous font pleurer sur des maux imaginaires.

Il paroît que le mot *musique* avoit chez les anciens une acception très-étendue, et qu'elle offroit peut-être une idée aussi générale que notre mot *harmonie*. Nous disons *harmonie* d'un discours , *harmonie* sociale , *harmonie* des cieux, *harmonie* des couleurs, *harmonie* d'un morceau d'architecture , etc. Il s'ensuit que l'idée que nous attachons au mot MUSIQUE, *combinaison de sons simples et harmoniques,* n'est pas celle qu'il faut avoir en lisant les auteurs anciens.

Il n'est pas nécessaire qu'un homme bien proportionné soit musicien pour faire de beaux mouvemens ; la grace est naturelle, et les préceptes ne sont que des observations.

Les inflexions de la voix dans le discours me paroissent encore étrangères à la musique, ainsi que le geste : il suffit d'avoir une ame. Je con-

clus donc que le mot *musique* chez les anciens
étoit employé métaphoriquement comme notre
mot *harmonie*.

On appeloit *musique hypocritique*, l'art du
comédien; d'où est venu le mot *hypocrite*,
pour exprimer un *mime* qui contrefait l'homme
de bien. On nommoit musique *rhythmique*, ce
que nous appelons *mesure :* mais la mesure
n'est point la musique, ce n'est qu'une division
de temps ; et il est certain qu'une musique très-
agréable peut exister sans mesure : témoins les
points d'orgue, les *caprices ad libitum* qui
s'écrivent sans mesure. Tous les musiciens qui
ont du goût savent que l'expression leur impose
souvent la nécessité de s'écarter de la valeur des
notes, par conséquent du rhythme.

Quintilien nous dit que le rhythme est ce que
l'on nomme *modulation*, et que le chant seul
est assujéti au *noté* ou *ton*. Ou Quintilien s'est
mal expliqué, ou les mots dont il se sert ont
cessé d'avoir pour nous le même sens ; car la
modulation est ce qui constitue le chant, et le
rhythme le mouvement de ce chant.

Les auteurs anciens prétendent que la déclamation s'écrivoit comme le chant musical, et
que les signes de cette espèce de chant étoient
des accens, qui, tous, avoient leurs tons et leur

repos. Les Romains avoient dix accens, dont le plus grand nombre est employé dans notre orthographe.

Je crois que ce que les Romains appeloient *noter* un discours, n'étoit que ce que nous nommons *ponctuation.*.

Quel est le lecteur qui prononceroit avec la même expression : *Ah Dieu ! quel malheur !* et *Ah Dieu ! quelle surprise !* Nous n'avons qu'un signe exclamatif ; mais probablement les anciens ajoutoient des signes subordonnés pour le nuancer. Ainsi, ce que nous appelons lire correctement, étoit chanter juste.

Il falloit chez les Romains le concours de deux personnes pour composer une pièce de théâtre : l'un inventoit la fable, dessinoit les caractères, faisoit des vers bien mesurés ; l'autre composoit la déclamation, c'est-à-dire marquoit les mouvemens de la prononciation, les inflexions, le repos, etc. Et comme il y avoit un homme chargé d'accompagner, probablement les accens de chaque scène étoient notés en *piano*, en *forté*, et en *semi-tons*, pour que l'instrument fût toujours d'accord avec la voix, et la fortifiât!

Il paroît que l'usage des orateurs romains étoit d'avoir derrière eux un joueur d'instru-

ment, pour leur donner le ton ; ce qui les em-
pêchoit de se livrer à leur vivacité, de s'emporter, d'épuiser leurs forces, et de s'enrouer.

Cicéron ne vouloit point qu'on l'accompa-
gnât : c'étoit un homme grave, qui savoit se
posséder. Mais Quintilien rapporte que *C. Grac-
chus* ne haranguoit jamais sans instrument. Je
crois pouvoir comparer cette musique à celle
du plain-chant, dans laquelle le serpent fait un
assez bon effet.

De deux choses l'une ; ou le musicien jouoit
le discours accentué selon le mouvement donné,
ou il avoit sous les yeux une suite écrite de tous
les accens du discours, des longues, des brè-
ves et des repos ; trois ou quatre demi-tons
pouvoient donc guider, et trois ou quatre
nuances, telles que *voix basse*, *voix naturelle*,
voix élevée, *voix très-forte*, suffisoient pour
donner les inflexions convenables, ce que nous
exprimons en musique par *piano*, *crescendo*,
forte.

L'usage étoit chez les anciens que celui qui
avoit composé la déclamation d'une pièce de
théâtre mît son nom à côté de celui du poète,
et il se nommoit *artiste de déclamation*. Il
paroît cependant que cet art n'étoit point assujéti à des règles certaines, car il arrivoit

quelquefois que les deux auteurs n'étoient point d'accord.

Cicéron dit avoir vu des pièces sérieuses de *Mévius* et d'*Andronicus*, où la musique étoit si pétulante, que les acteurs, forcés de la suivre sous peine d'être traités sévèrement par le public, étoient obligés de rouler les yeux, de faire des contorsions ; enfin de se démener comme des forcenés. Horace fait à cette innovation le même reproche que Cicéron.

Je vous ai déjà prouvé que les anciens avoient confondu les mots propres à désigner les choses. En voici un nouvel exemple :

Dire que les soldats lacédémoniens alloient au combat en dansant est une erreur de mot: il seroit plus juste de dire qu'ils y alloient en marchant au bruit d'une musique guerrière; qu'ils régloient leurs pas au mouvement de la mesure et des airs ; qu'il y en avoit de lents, de vifs et d'accélérés ; chaque mesure de ces airs variés fixoit le mouvement du pas des soldats ; car l'air qui indiquoit l'attaque n'étoit pas le même que celui qui commandoit la retraite : marcher en mesure n'est donc pas danser.

C'est encore une erreur de croire que les généraux haranguoient les troupes en chantant,

car parler à haute et intelligible voix n'est
pas chanter.

Ne seroit-ce pas encore une méprise de dire
que le roi David dansoit devant l'arche d'alliance ? Il est probable que ce prince marchoit
gravement, escorté par une foule de musiciens ;
qu'il mêloit les accords de sa harpe à ceux de
la musique instrumentale ; et qu'au moment où
les chœurs entonnoient les cantiques et les
hymnes sacrés, il exprimoit par ses gestes les
sentimens de respect, d'amour et de reconnoissance dont son cœur étoit pénétré ; s'il
levoit sa tête, ses regards, et ses bras vers
le ciel, c'étoit pour y contempler la grandeur
et la majesté du roi des rois, et pour rendre
graces au maître de l'univers des bienfaits qu'il
daignoit répandre sur lui et sur son peuple.

Mais on ne peut raisonnablement appeler
danse une marche grave ou vive, où des gestes
qui n'avoient d'autre expression que celle de la
gratitude et d'une admiration respectueuse.

Il est donc indécent de transformer un roi
pieux en baladin, sur-tout dans une cérémonie aussi auguste et aussi religieuse que celle
de l'alliance.

Je reprends mon sujet. La représentation
théâtrale partagée entre l'acteur récitant et

l'acteur faisant les gestes passe ma conception ;
si j'ajoute à cette méthode peu naturelle un
troisième personnage chaussé d'une sandale de
fer, frappant rudement le plancher pour marquer la mesure de chaque geste ; si je parle ensuite d'une flûte gauche nommée *tibia*, faite
avec la partie la plus grosse du roseau, dont le
son devoit approcher de celui du basson, et qui
servoit à accompagner l'acteur ; si je compare
le son de ce frêle instrument avec celui de la
voix qui sortoit avec fracas du cornet adapté à
l'énorme bouche du masque de l'acteur, mes
conjectures se perdent, ma raison se tait, et
c'est vainement que je cherche ce ton de sagesse,
ce vrai, ce naturel qui embellissent les arts ; je
n'aperçois sur cette scène antique qu'un amas
de ridicules et d'invraisemblances.

Le récitatif de l'opéra italien a sans doute
quelque analogie avec la déclamation des anciens ; comme elle, il est sans harmonie ; il
n'est ni musique, ni chant, ni langage, il ne
fait que provoquer le public à l'ennui et au
sommeil.

Le récitatif des premiers opéra français mis
en musique par *Cambert* et par *Lully*, étoit égale-
lement dénué d'harmonie ; il étoit langoureux,
sans expression ; et, en voulant l'orner par de

longues cadences, on ajoutoit à son ridicule; la basse continue en formoit l'unique accompagnement, et par cette monotonie on peut aussi comparer ce récitatif à la déclamation des anciens accompagnée d'une seule flûte.

En examinant la variété et la perfection des instrumens que les nations de l'Europe possèdent, en admirant les chefs-d'œuvre de nos compositeurs, les rares talens de ceux qui exécutent leur musique savante, le mérite rare des artistes concertans, je dirai, dussé-je offenser quelque Don Quichotte de l'antiquité, que nous sommes plus riches en instrumens que les Grecs et les Romains; et que notre musique est aussi savante et sans doute plus agréable que la leur; nous ne la connoissons que par des mots, et, pour en juger avec connoissance de cause et établir une juste comparaison, il faudroit avoir sous les yeux leur *noté* et leurs partitions.

Quant à la déclamation, on me permettra de dire que la nôtre est plus sage, plus vraie et bien plus naturelle que celle des Grecs et des Romains, et que le costume adopté par notre scène française s'approche de la vérité autant que celui des anciens s'en éloignoit; tout étoit contre nature dans l'accoutrement de leurs

acteurs; l'homme disparoissoit; un art bizarre
lui enlevoit sa forme et ses proportions; sa tête
enveloppée dans une seconde tête monstrueuse;
sa voix métamorphosée en voix de Stentor; ses
bras paralysés par l'établissement d'un gesticu-
lateur; tout cet attirail, dis-je, le privoit des
moyens propres à fortifier l'expression du discours et à y ajouter de l'énergie. La réunion de
ces monstruosités ne nous donne-t-elle pas la
liberté de croire que les *Le Kain* et les *Garrick*,
dégagés de toutes ces entraves, étoient supérieurs aux *Æsopus* et aux *Roscius* ?

Ces deux acteurs modernes nous montroient
la nature embellie par les charmes de l'art; on
voyoit leurs formes et leur physionomie; on
voyoit naître et éclore sur leurs traits tous les
signes des passions, et toutes les nuances des
affections de l'ame; on entendoit le langage de
leurs yeux, et les feux qui s'en échappoient
répandoient une lumière vive sur toutes les
parties de leur physionomie; leurs gestes libres, mus par l'ame, étoient naturels, imprimoient de la force aux mots, et ajoutoient une
nouvelle puissance à leur déclamation.

Quant à notre danse, à sa brillante exécution, à la perfection des mouvemens, et aux
graces du corps, elle ne peut être comparée

qu'à elle-même , malgré les licences nouvelle-
ment introduites par le caprice et la fantaisie.
— Nonobstant ces taches que le temps et la
réflexion effaceront sans doute, je crois que
cet art enchanteur qui fait les délices de nos
spectacles n'existoit ni à Athènes ni à Rome,
et je lui accorde une préférence absolue sur ces
mimes qui n'avoient que des gestes de convention, et qui ignoroient parfaitement la danse.

Je suis, etc.

LETTRE IX.

Renaissance de l'Art de la Danse.

C'EST par mon application, mon zèle et mes efforts, que je suis parvenu, Monsieur, à tirer la danse de l'état de langueur et de léthargie dans laquelle elle étoit plongée ; j'eus le courage de lutter contre des préjugés fortement enracinés par le temps et l'habitude ; j'ouvris une nouvelle carrière à la danse ; j'y marchai d'un pas assuré ; les exemples frappans que les talens supérieurs de l'immortel *Garrick* m'offrirent pendant mon séjour à Londres redoublèrent mon application et animèrent mon zèle ; j'abandonnai le genre que j'avois adopté, et m'attachai au seul qui convient à la danse, *la pantomime héroïque*. Je trouvai dans l'immense bibliothèque de Garrick tous les ouvrages anciens qui traitent de cet art ; j'appris à la danse muette à articuler, à exprimer les passions et les affections de l'ame ; mes soins et mes succès la placèrent au rang des arts imitateurs ; mais,

après cinquante années d'études, de recherches et de travaux, je me suis aperçu que je
n'avois fait que quelques pas dans la carrière,
et que je m'étois arrêté là où les obstacles me
parurent insurmontables.

Les maîtres de ballets qui ont adopté mon
genre, n'ont pu passer la barrière où j'ai été
forcé de suspendre ma course. Dans un instant, Monsieur, je vous entretiendrai des deux
causes qui s'opposent à la perfection de l'art
pantomime, et dont les difficultés sont telles,
que le temps et l'étude ne pourront jamais les
vaincre.

La danse, proprement dite, se borne uniquement au mécanisme des pas et au mouvement méthodique des bras; dès-lors, elle ne
peut être regardée que comme une profession
dont le succès se renferme dans l'adresse, l'agilité, la vigueur et l'élévation plus ou moins
grandes des *cabrioles*. Mais, lorsque l'action
pantomime se réunit à tous ces mouvemens
machinaux, la danse acquiert un caractère de
vie qui la rend intéressante ; elle parle, elle exprime, elle peint les passions, et mérite alors
d'être rangée dans la classe des arts imitateurs.

En admirant l'immensité des chefs-d'œuvre
que la poésie, la peinture, la sculpture et la

musique ont enfantés, je dois regarder le *ballet* comme le frère puîné de cette illustre et antique famille qui doit son origine à l'imagination et au génie; elle seule peut prodiguer à ce frère nouveau né toutes ses richesses; il y trouvera l'intelligence, le goût et les graces, la régularité des belles proportions, le charme et la puissance de l'expression; il y trouvera encore l'art de placer, de distribuer, de grouper les personnages, celui enfin de régler leurs gestes et leurs attitudes à la mesure plus ou moins grande des sensations qu'ils éprouvent, et des passions qui les agitent.

En vous entretenant des beaux arts, je ne prétends pas, Monsieur, me donner un air scientifique; je veux en parler par goût, par sentiment, et comme un amant passionné et ébloui des charmes de sa maîtresse parle d'elle avec enthousiasme.

Les savans, dit Quintilien, connoissent les principes des arts; les ignorans en éprouvent les effets; la phrase de Quintilien fixe les limites qui séparent le goût de la science.

Une organisation assez heureuse, de fréquens voyages tant en Italie qu'en Allemagne et en Angleterre, ont développé le goût inné que j'ai pour les arts. Le spectacle ravissant que

m'offrirent les plus belles galeries et les cabi-
nets les plus précieux le fortifièrent; l'habitude de voir cette foule de chefs-d'œuvre avec
l'œil de l'entendement, d'étudier, de comparer
et d'analyser les genres, et la manière de *faire*
de chaque maître, m'apprirent à apprécier le
mérite de chacun d'eux. Pressé par le desir de
m'instruire, je me liois avec les artistes les
plus célèbres; cette fréquentation habituelle
agrandit le cercle de mes idées, et épura mes
connoissances; je les tournai toutes au progrès
de mon art, et c'est à la peinture que je dois
une partie de mes succès.

La musique sur-tout m'a été du plus grand
secours; je lui dictois par les gestes, et elle
écrivoit; je lui dessinois les passions, et elle y
plaçoit les couleurs; elle ajoutoit de la force et
de l'énergie aux sentimens et aux affections
que je lui traçois; elle fortifioit l'expression
des passions qui s'imprimoient sur mes traits,
et que mes regards embrasés de leur feu ren-
doient encore plus vifs et plus animés. La musique abandonnant les richesses et les éclats
vigoureux de l'harmonie, lorsque mes tableaux
changeoient de caractère, lorsqu'ils n'expri-
moient que le bonheur, la tendresse et la félicité de deux amans heureux couronnés par

l'amour et l'hymen, la musique alors employoit
les couleurs tendres et aimables de la mélodie;
ce chant simple et touchant qui ne frappe l'o-
reille que pour aller au cœur, s'associoit intimement à l'action de la pantomime.

Lorsque la musique et la danse travaillent de
concert, les effets que produisent ces deux arts
réunis deviennent sublimes, et leur magie enchanteresse triomphe tout-à-la-fois du cœur et
de l'esprit.

J'ajouterai que je fis dans ma jeunesse un
cours d'ostéologie; il m'a été très-utile dans
mes leçons, soit en diminuant les longueurs de
l'instruction, soit en jetant plus de clarté dans
la démonstration des principes; cet art m'a
enseigné à démêler les causes qui s'opposent à
l'exécution de tel et tel mouvement; et, connoissant la partie osseuse de l'homme, les leviers et les charnières qui opèrent leurs jeux
divers, je n'exigeois pas de mes élèves ce que
la nature ne vouloit pas, et je dirigeois mes
leçons d'après un examen approfondi de la conformation de chacun d'eux.

Je desire, Monsieur, pour les progrès de
mon art, que ceux qui se destinent à la danse
et à la composition des ballets en action, suivent la marche que j'ai observée; qu'ils sachent

enfin que, sans l'amour et l'étude des beaux arts, ils ne pourront enfanter que des ouvrages imparfaits, privés de goût, de grace, d'élégance, et dénués tout-à-la-fois d'esprit, de variété, et de cette imitation de la nature qui est l'ame des beaux arts.

Il est temps de vous parler des deux obstacles qui m'ont arrêté; ils font mon désespoir, et ils feront, je n'en doute point, celui des compositeurs capables de réfléchir sur les possibilités et les impossibilités de leur art. La pantomime ne peut exprimer que l'instant présent; le *passé* et le *futur* ne peuvent se peindre par des gestes. Les maîtres de ballets qui veulent triompher de ces obstacles donnent dans le galimatias; dès-lors les gestes sont insignifians, et le langage qu'ils adoptent n'est entendu que par eux seuls; cette multiplicité des gestes n'offre qu'un papillotage dont les effets se bornent à fatiguer l'esprit et les yeux.

Il est de toute impossibilité d'exprimer en pantomime les vers suivans :

J'eus un frère, Seigneur, illustre et généreux.
Vous *direz* à celui qui vous a fait venir.

Après avoir lu Quintilien, Athénée, Saint-Augustin, et les auteurs qui ont écrit sur les

1.   9

théâtres ; après avoir pesé à la balance du bon
sens leurs opinions diverses ; après m'être
aperçu qu'elles se contredisent, et m'être convaincu que la plupart des traducteurs n'étoient
souvent que des fanatiques et des bigots de
l'antiquité, acharnés à mépriser nos chefs-
d'œuvre et à exalter même ceux qu'ils ne connoissent pas, aux dépens de ceux qui font la
gloire de la France et le triomphe de nos artistes, j'ai pensé que je ne devois pas m'en
rapporter à leurs éloges exagérés, parce qu'ils
choquoient mes sens, et qu'ils offensoient ma
raison.

Balotté entre la vérité et le mensonge, bercé
pour ainsi dire par la partialité et l'erreur, et
fatigué par une foule de contradictions, je m'en-
dormis profondément ; mon imagination exaltée
me transporta en Italie. Il me sembla que j'étois
à Rome, que je descendois dans les voûtes sou-
terraines où reposent les restes des hommes qui
fixèrent par leurs talens l'admiration d'un peuple enthousiaste et ami des arts ; ces tristes monumens n'étoient éclairés que par une ouverture
étroite propre à laisser passer un foible rayon
de lumière.

J'évoquai humblement les Ombres fugitives
des *Pilade*, des *Batyle* et des *Hilas* ; de ces

mimes célèbres qui captivèrent sous le règne
d'Auguste les esprits et les cœurs, et qui étoient
devenus, par la supériorité de leurs talens, les
idoles des grands et les dieux de la multitude.
Ces Ombres m'apparurent ; je m'inclinai humblement devant elles, et je les conjurai de vouloir me dévoiler les mystères de leur art enchanteur ; je leur demandai si le genre de leur
danse avoit quelque rapport au nôtre ; s'ils fai-
saient jadis des *entrechats* à six et à huit, des
cabrioles et des *pirouettes* à sept tours ; sublime invention qui fait tourner toutes les têtes
légères des Parisiens, et qui est regardée par
eux comme la base fondamentale des principes
de la danse. Les Ombres levèrent les épaules,
et se mirent toutes à rire ; je trouvai que les
morts étoient tout aussi indécens que les vivans ;
cette familiarité m'enhardit, et je les priai de
me dire quels étoient les moyens heureux dont
ils se servoient pour exprimer intelligiblement
le *passé* et le *futur*. Ces Ombres, dont l'éloquence ne résidoit que dans les gestes et dans
le jeu varié de la main et des doigts, me ré-
pondirent dans leur langage ; je ne compris
rien aux mouvemens de leurs bras et de leurs
mains ; je m'aperçus de la trivialité et de l'in-
signifiance de leurs gestes. Une Ombre costumée

à la romaine me tira d'embarras ; c'étoit celle de *Roscius*, célèbre comédien. Elle me dit: Mortel, je vais satisfaire ta curiosité. Les pantomimes n'étoient point des danseurs, mais simplement des gesticulateurs : tous les Romains les entendoient parfaitement, parce qu'il y avoit plusieurs écoles où l'on enseignoit l'art de la saltation, qui n'est autre chose que l'art du geste ; ces écoles étoient fréquentées par les nobles, par les orateurs, et par le peuple. Ces gestes de convention, ce langage muet, étoient entendus de toutes les classes de citoyens; les Ombres que tu viens de consulter, en te répondant dans leur langage, ont employé le moyen de te désigner le passé, le présent et le futur. Mais le tatillonage de ces gestes, lui répondis-je, ce mouvement accéléré des doigts, ce jeu perpétuel des bras, pouvoient-ils être aperçus et sentis dans des théâtres aussi vastes et aussi spacieux que ceux qui existoient à Rome? étoient-ils nobles et décens? L'Ombre ne me répondit rien, et disparut.

J'eus beaucoup de peine à retrouver l'escalier de ces catacombes; je me heurtois fortement la tête et les jambes, mais je parvins enfin à sortir de ce lieu triste et ténébreux; je traversai péniblement l'ancienne Rome; j'étois

entouré de décombres , mais au milieu d'eux
je voyois encore de magnifiques colonnes, de
superbes portiques, et de belles statues échappés à la main destructive des barbares, et que
le temps avoit respectés. Ces précieux restes
déposoient en faveur de l'architecture et de la
sculpture , et annonçoient invariablement la
perfection que ces arts avoient atteinte sous le
règne d'Auguste.

Je m'éveillai en sursaut ; ma tête me faisoit
un mal épouvantable ; une crampe violente à
la jambe me contraignit à sauter de mon lit ; à
la lueur de ma lampe, je m'aperçus avec étonnement que j'étois dans ma chambre, et que
je n'avois mis qu'une heure à faire ce long et
pénible voyage.

En réfléchissant maintenant sur tout ce qu'une
imagination folle et déréglée m'avoit tracé, il
me vient une idée, et elle me paroît raisonnable.
Je compare les gestes des mimes, ou plutôt les
mouvemens accélérés de leurs mains et de leurs
bras à ceux que l'ingénieux abbé *de l'Epée* a
imaginés en faveur des sourds-muets. Tout ce
que les anciens ont écrit sur les mimes prouve
que leurs gestes étoient de convention : ceux
de l'abbé de l'Epée portent le même caractère;
ils sont et ne peuvent être également que des

signes conventionnels, heureusement combinés, qui expliquent à ses élèves les idées les
plus profondes et les plus abstraites. Mais tous
ces mouvemens, si ingénieusement classés, si
expressifs et si utiles à l'humanité , ne pourroient convenir à aucun théâtre ; ils seroient
inintelligibles, à moins que l'on n'établît des
écoles ; mais le public qui n'est ni sourd, ni
muet, voudroit-il les soumettre à les fréquen-
ter, à parler sans langue, et à entendre sans
oreilles ?

Fatigué d'un voyage de six cents lieues que
j'ai fait en une heure, je finis ma lettre, et vous
entretiendrai dans la suivante des théâtres des
anciens.

Je suis, etc.

LETTRE X.

Division de la Danse.

Pour ne rien confondre, Monsieur, je diviserai la danse en deux classes ; la première, *danse mécanique* ou *d'exécution;* la deuxième, *danse pantomime* ou *en action.*

La première ne parle qu'aux yeux , et les charme par la symétrie de ses mouvemens, par le brillant des pas et la variété des temps ; par l'élévation du corps, l'aplomb, la fermeté, l'élégance des attitudes, la noblesse des positions, et la bonne grace de la personne. Ceci n'offre que la partie matérielle.

La seconde, que l'on nomme *danse en action*, est, si j'ose m'exprimer ainsi, l'ame de la première ; elle lui donne la vie et l'expression , et, en séduisant l'œil, elle captive le cœur et l'entraîne aux plus vives émotions ; voilà ce qui constitue l'art.

Lorsqu'un danseur parvient à réunir la partie brillante du métier à l'esprit et à l'expression, il mérite légitimement le titre d'*artiste*; il est tout à la fois bon danseur et excellent acteur. J'avouerai avec regret que cette réunion si précieuse est bien rare à rencontrer, parce que les danseurs mettent toute leur étude dans le mouvement des pieds et des jambes; que, loin d'exercer leur esprit et leur âme, ils négligent le langage des passions, l'action animée et parlante que doit avoir le geste; mais, en confondant l'action avec le mouvement, ils se trompent et s'égarent sans cesse.

Le devoir d'un acteur pantomime est de faire passer dans l'âme du spectateur, par l'expression vraie de ses mouvemens, de ses gestes et de sa physionomie, les sentimens, les passions dont il est agité. Cet acteur n'a d'autre langue que ses gestes, d'autres phrases que les traits animés de sa physionomie, d'autre énergie que ses yeux. Tous ces agens des passions, lorsqu'ils sont mus par la puissance de l'âme, sont assurés de produire le plus grand effet et les plus vives émotions; mais on ne peut espérer d'intéresser, d'attendrir, et de porter le public à l'illusion par des phrases exprimées sans langue; il faut qu'elles aient toute la force des paroles et l'expression de la nature : car la pantomime a ses accens et son sublime, ainsi que l'éloquence ; son langage est plus bref et plus concis que le discours, c'est un trait vivement lancé par le sentiment, il va droit au cœur.

Que dis-je ? chaque passion a un accent particulier qui lui est propre ; elle a ses couleurs, ses nuances, ses dégradations ; je n'entreprendrai pas d'en faire l'analyse. Ce sujet est si délicat et si fugitif, que je l'abandonne à ceux qui auront l'art de trouver des expressions capables de développer l'idée juste que l'on peut se former de ces accens momentanés. Les mots de *grave* et d'*aigu*, de *prompt* et de *lent*, de *doux* et de *fort*, n'offrent que des définitions très-imparfaites. Ce sont des esquisses bien foibles et bien inexactes des tableaux frappans que les *Le Kain*, les *Dumesnil* et les *Clairon* nous traçoient avec tant d'énergie. Si ces acteurs célèbres étoient consultés, ils ne pourroient rendre compte des moyens heureux que leur ame leur a fournis, pour exprimer avec des teintes justes les passions et les sentimens qui les embrasoient. Ce sublime d'intonation, ces accens, et ce cri de la nature qui font couler les larmes du spectateur et le transporte dans les illusions les plus douces et les plus déchirantes, font l'éloge complet du mérite de l'ac-

Pourquoi tel acteur sublime aujourd'hui ne l'est-il pas le lendemain dans le même rôle? Demandez-lui raison de sa foiblesse, et du froid qui s'est répandu dans sa déclamation et dans son jeu, il vous répondra qu'il étoit mal disposé, que ses efforts étoient superflus, et que son ame sembloit lui refuser l'énergie qu'il avoit la veille.

Ne pourroit-on pas regarder ce qui constitue l'intonation parfaite, l'accent propre à l'organisation de la voix, comme un instrument chargé d'une infinité de cordes, lesquelles, pour être justes et sonores, doivent être montées par nos affections, et accordées par les sentimens à tous les tons et à tous les modes propres à exprimer les accens variés des passions. Ces cordes, quoique bien disposées, ne produiront entre elles que des sons faux et dissonans, lorsque l'art seul voudra les faire parler ; mais elles obéiront et rendront au contraire tous les tons propres au langage des passions lorsqu'elles seront touchées par l'ame, et que le cœur en déterminera toutes les vibrations.

Ceci n'est point une métaphore; c'est une observation établie sur la conformation de l'organe qui opère les différens sons de la voix. On me dira, sans doute, que cette com-

paraison n'a rien de relatif à l'acteur pantomime, puisqu'il doit parler sans voix. Je répondrai que ses gestes, le jeu varié de sa physionomie, l'expression animée de ses yeux,
sont autant de langues qu'il a à sa disposition ;
j'ajouterai à tous ces moyens ceux que la musique expressive offre à la pantomime ; elle en
est l'organe, et lui fournit tous les accens dont
elle peut avoir besoin.

Le danseur qui ne s'attache qu'à la partie
mécanique de sa profession, a bien moins d'é-
tude et de recherches à faire que celui qui veut
réunir l'art aux mouvemens combinés des pieds
et des bras. Si ce danseur est favorisé par la
nature, ses progrès seront rapides : il doit être,
pour ainsi dire, jeté dans le moule des graces,
et être construit comme l'étoient *Vestris* père
et *le Picq*. Ces deux danseurs ont porté leur
art à une perfection telle, qu'ils n'ont point été
remplacés, et qu'on n'a pas eu les moyens de
les imiter et de marcher sur leurs traces.

La beauté de la taille, celle des proportions,
et l'élégance qui résulte de cet heureux ensemble relevé encore par le charme de la figure,
seront insuffisantes pour le succès, si l'homme
qui possède ces qualités n'est appelé par goût
et par inclination à la pratique de son art, et

aux soins pénibles et journaliers qu'il exige
impérieusement. Ceux qui n'ont que les demi-
dispositions n'arrivent à rien ; ils se traînent
péniblement dans la carrière, et leurs efforts
sont sans puissance. Il en est d'autres qui, sans
dispositions, sans goût, sans intelligence et
sans figure, languissent dans l'obscurité ; on les
place à l'arrière-garde des ballets ; et comme
le fond des décorations offre souvent des rochers et l'aspect de la mer, on les appelle
garde-côtes.

Je crois pouvoir avancer comme vérité in-
contestable, que l'homme apporte en naissant
un germe précieux susceptible de produire, en
se développant, un goût déterminé pour un
art ou une science quelconque ; ce germe miraculeux, jeté par la providence dans toutes
les créatures, ne se développe pas également
dans tous les hommes. Il est des terrains in-
grats qui ne produisent que des ronces et des
chardons ; mais il en est d'excellens qui assurent aux cultivateurs attentifs et laborieux les
plus abondantes récoltes.

Voilà l'image de l'homme en général ; la variété de ses goûts, de ses inclinations, doit être
assimilée aux qualités diverses qui règnent dans

la nature et la composition particulière de chaque portion de terre.

Les facultés physiques de l'homme, quelles qu'elles soient, ne se développent qu'à l'aide d'un mouvement continuel ; les muscles, les leviers, les charnières qui composent les ressorts de notre machine, demandent à être exercés dans tous les sens pour ne rien perdre de leur mobilité, de leur jeu, et de leur élasticité.

De même les facultés morales et intellectuelles ont besoin du secours de l'instruction, et elles ne se perfectionnent que par une application constante et un travail opiniâtre.

L'homme employé, dès sa naissance, à la culture de la terre, contracte l'habitude de ses travaux pénibles et de ses positions forcées : ses mouvemens sans cesse répétés dans le même sens deviennent pour lui une routine à laquelle il obéit machinalement ; à mesure qu'il se fortifie, ses muscles acquièrent de la rigidité ; il perd l'adresse et la souplesse si nécessaires aux mouvemens variés des bras. Voilà l'homme robuste et vigoureux, l'homme machine et routinier.

Le moral, à son tour, ne peut prendre d'accroissement s'il reste enseveli dans l'ignorance :

alors les idées sont vagues et indéterminées;
les facultés intellectuelles se rétrécissent et deviennent incapables de grandes conceptions.
Dans cet état, l'homme s'éclipse; il ne pense
point, il rumine.

Mais au milieu de tant d'êtres ineptes on
distingue, comme je vous l'ai dit, des hommes
privilégiés, et particulièrement favorisés par la
nature, pour lesquels l'étude n'est qu'un jeu,
et qui portent progressivement les sciences et
les arts au dernier degré de perfection.

En recherchant les causes de cette différence, on observe que nos organes n'ont pas
tous la même aptitude à être mis en action.
C'est de là que naît dans chaque individu son
penchant ou sa préférence pour tel ou tel genre
d'occupation. Au physique comme au moral,
on s'adonne plus volontiers aux unes qu'aux
autres; mais dans tous les cas l'exercice augmente l'énergie de l'organe ou de la faculté
qu'on emploie, ou dont on se sert davantage
aux dépens de celle qu'on néglige le plus; c'est
une loi invariable de l'économie animale. Voilà
pourquoi les jambes d'un danseur et les bras
d'un maître d'escrime ont tant de prestesse et
d'agilité; voilà pourquoi les mains de certains
artistes acquièrent par la répétition des mouve-

mens une dextérité telle, qu'un homme habile dans un art n'est pas propre à passer subitement à l'exercice d'un autre sans l'avoir étudié et sans en avoir contracté l'habitude ; voilà encore pourquoi le mathématicien profond qui analyse tout, ne brille point par les produits de son imagination, tandis que le poète chez lequel elle est dans une activité continuelle, est souvent sujet à des erreurs de jugement. C'est par la même raison que l'acteur qui n'exerce que sa mémoire , a l'esprit si rétréci hors de ses rôles, et que le danseur qui borne ses études au mécanisme des mouvemens des jambes est si pauvre en idées, et si mesquinement uniforme dans la composition de ses pas.

L'inaptitude des élèves et la lenteur de leurs progrès peuvent être primordialement attribuées à la routine des maîtres et au peu de clarté qu'ils jettent dans la démonstration des principes; en renonçant aux anciennes rubriques, ils abrégeroient les longueurs, et jeteroient infiniment plus de précision dans leurs leçons. Les élèves alors n'éprouveroient plus de dégoût ; ils ne perdroient pas un temps précieux à devenir ce qu'on leur montre, enveloppé dans le voile épais de l'habitude et de l'ignorance. Je sais que le principe n'est qu'un,

mais je n'ignore pas que la manière de le démontrer est susceptible d'une foule de modifications.

Si le peintre de portrait veut faire une tête
parfaitement ressemblante, ne faut-il pas qu'il
en étudie les traits et le caractère, ne faut-il
pas encore qu'il la place dans la position la
plus avantageuse à la ressemblance, qu'il choi-
sisse le jour et le degré de lumière qui sera le
plus favorable? Or, si le grand peintre est
obligé de se donner tant de soins pour attacher
à une tête le caractère, la grace et l'expression qu'elle doit avoir, combien les maîtres
en tout genre doivent-ils s'appliquer, à leur
tour, à connoître l'organisation des têtes de
leurs élèves, les goûts, les penchans et les inclinations de chacun d'eux. Mais les maîtres en
général sont routiniers, et c'est un grand malheur.

Je suis, etc.

LETTRE XI.

Qualités nécessaires au maître de Ballets.

———

Je vous ai entretenu, Monsieur, dans une de mes précédentes lettres, des obstacles invincibles qui s'opposoient aux progrès de l'art pantomime; obstacles que l'on ne connoissoit point à Rome. Je vous ai dit que le langage des gestes, et des signes y étoit parfaitement entendu, parce qu'il existoit, sous le règne d'Auguste des écoles où on l'enseignoit; il y avoit même des dictionnaires complets de cette langue muette, propre à exprimer chaque idée par un signe ou par un geste quelconque. S'il est vrai que les Italiens, peuple gesticulant, aient hérité des anciens Romains quelques-uns de ces signes de convention, je vous avoue qu'ils m'ont paru inintelligibles, et qu'ils ne m'ont présenté que le caractère de la trivialité.

Ferme et constant dans mon opinion, je dirai toujours que tous ces mouvemens convulsifs des bras, de la main et des doigts, étoient ignobles, privés de graces, et qu'ils ne pouvoient être admis dans la tragédie ni dans le discours oratoire.

Le geste noble, simple et naturel, est l'ornement du discours ; il prête de la dignité aux pensées, de l'énergie aux phrases ; il fortifie et augmente le charme de l'éloquence ; il est à l'homme qui parle ce que sont les accompagnemens à l'homme qui chante.

Le geste conventionnel est ridiculement mauvais ; le geste étudié devant une glace est faux et infidèle ; le geste qui est mu par le sentiment et par les passions est juste et expressif, il devient l'interprète de l'ame et des agitations diverses qu'elle éprouve. Le geste, comme je l'entends, est un second organe que la nature à donné à l'homme ; mais il ne se fait entendre que lorsque l'ame lui ordonne de parler.

J'ose dire, sans amour propre, que j'ai ressuscité l'*art de la pantomime* ; il étoit enseveli sous les ruines de l'antiquité ; il ne se montra ni sous le règne de *Medicis*, ni sous celui de Louis xiv. *Dauberval*, mon élève, homme rempli de goût, se déclara l'apôtre zélé de ma doctrine et n'en fut point le martyr ; il composa pour l'opéra de *Sylvie* un pas de *deux* plein d'action et d'intérêt ; ce morceau

isolé offrit l'image d'une scène dialoguée, dictée
par la passion, et exprimée par tous les sentimens que l'amour peut inspirer. Ce pas de
deux embelli par les talens de mademoiselle
Alard, danseuse, qui joignoit aux charmes de
l'exécution la plus brillante l'expression la
plus vraie et la plus animée, obtint le succès
le plus justement mérité. Ce fut donc Dauberval qui le premier eut le courage de lutter
contre l'opinion reçue ; de vaincre les anciens
préjugés, de triompher des vieilles rubriques
de l'opéra, de briser les masques, d'adopter un
costume plus vrai, et de se montrer avec les
traits intéressans de la nature.

Vestris le père avoit obtenu de la cour de
France la permission de passer trois mois de
chaque année à celle du duc de Wurtemberg :
on trouvoit chez ce prince, ami des arts, des
talens et de la magnificence, la danse la plus
belle, la plus nombreuse et la mieux exercée :
les rares talens de *Vestris*, quant à la partie
mécanique, mirent le sceau à la perfection
qu'on y remarquoit. Ce beau danseur ne s'é-
toit point exercé à l'art pantomime, inconnu
alors à l'opéra ; étonné de ma manière de *faire*
et de la nouveauté de mon genre, il sentit
qu'il avoit en lui les moyens propres à peindre

et à exprimer les passions. Je lui fis jouer successivement les rôles de *Renaud* dans le ballet
d'*Armide* ; d'*Admète* dans celui d'*Alceste* ;
de *Jason* dans *Médée* ; de *Danaüs* dans les
Danaïdes ; de *Pluton* dans *Proserpine* ; d'*Hercule* dans le ballet de ce nom , d'*Orphée*, etc. Il
joua ces différens rôles avec une perfection
rare ; et, encouragé par les succès qu'il avoit
obtenus dans ce nouveau genre , il donna à
l'*Opéra* mon ballet de *Médée* et *Jason*. Cette
scène tragique fut reçue avec enthousiasme et
ce fut pour la première fois que la danse en
action fit répandre des larmes aux spectateurs. *Vestris*, en quittant Stuttgard , se rendit
à Vienne, et y donna *Médée* ; il fut ensuite à
Varsovie, et y donna encore *Médee* ; et, en pro-
pageant mon genre et mes productions, il éten-
dit sa réputation, et reçut partout les plus brillantes récompenses.

   La danse du sérénissime duc se dispersa;
trente figurans devinrent tout-à-coup autant
de maîtres de ballets ; riches de mes partitions,
de mes programmes et de mes dessins de costume, ils se répandirent en Italie, en Allemagne, en Angleterre, en Espagne et en Portugal ; ils remirent mes ballets partout, en se
disant mes élèves : en me copiant, ils m'estro-

pièrent souvent, et ne rendirent que très-im-
parfaitement les productions de mon imagination. J'ai fait, d'accord avec la nature, trois
élèves; ils ont, dans des genres opposés, de très-
grands talens : je parlerai d'eux lorsqu'il en
sera temps, et, en rendant hommage à la vérité, je ne pourrai me dispenser de faire leur
éloge.

D'après ce que je viens de vous dire, Monsieur, vous ne serez point étonné d'apprendre
qu'il y a aujourd'hui une foule trop considérable de soi-disant maîtres de ballets; ils se
traînent péniblement dans les routes que leur
ont tracées le petit nombre de ceux qui ont
du mérite; mais, pour obtenir un nom et de
justes éloges, il faut savoir créer soi-même.

Comment est-il possible d'exceller dans un
art dont on ignore les premiers principes ? Cet
art, enfant du goût et de l'imagination, peut-il
être exercé par ceux qui en manquent ? ce
qu'ils savent le moins bien est ce qu'ils devroient savoir le mieux ; tous ces mauvais co-
pistes gâtent et entachent les plus aimables
productions ; ils sont à l'art ce que les chenilles
sont aux fleurs ; ils les dégradent, et leur font
perdre tout à-la-fois leur forme, leur fraîcheur
et leur éclat. Si ces prétendus maîtres de bal-

lets se faisoient lire ce qu'Apulée a écrit sur
leur art ; sils pouvoient entendre et concevoir
les longues énumérations des qualités et des
connoissances que doit avoir le maître de ballets, ils seroient effrayés de leur ignorance, ils
abandonneroient une profession qui n'est pas
faite pour eux, et qu'ils dégradent journellement par des productions monstrueuses : en
se bornant au pur mécanisme de l'art, nous
serions plus riches en bons figurans, et les
ballets prendroient alors une forme plus sage,
un caractère plus imposant ; ils offriroient des
tableaux plus agréables, un intérêt plus soutenu, des situations plus naturelles, des groupes
mieux dessinés , des contrastes moins choquans, et une action plus vive, plus noble et
plus expressive.

Je vais parcourir le plus rapidement possible
les occupations du maître de ballets, les obligations qu'il a à remplir, les règles qu'il doit
suivre, et les principes qu'il doit adopter. Il
doit savoir la danse, l'avoir exercée long-temps,
connoître le mélange incalculabe des temps ; ce
sont eux qui établissent cette variété immense
qui brille dans l'exécution. Le maître de ballets ignore-t-il la danse, où ne la connoit-il
qu'imparfaitement , il ne pourra composer ;

dans cet état d'ignorance, comment pourra-t-il régler aux premiers sujets les pas de trois, de cinq et de sept? où en sera-t-il lorsqu'il essaiera de composer un pas de progression propre à terminer la finale d'un grand ballet? S'il n'a aucune connoissance du tracé et du dessin nécessaires à la formation des figures variées que le ballet doit offrir sans cesse, de quelle manière pourra-t-il rompre, sans embarras, sans confusion et avec prestesse, le premier dessin formé pour en montrer d'autres? Ces combinaisons lui sont-elles inconnues, tout sera long, traînant et confus, et ne présentera à l'œil fatigué qu'une masse informe amoncelée par la routine et l'ignorance.

Il faut que le maître de ballets sache que la danse ne possède que sept pas fondamentaux; ce petit nombre l'étonnera sans doute, mais sa surprise cessera lorsqu'il saura que la musique n'a que sept notes, et la peinture sept couleurs; mais le mélange de ces notes et de ces couleurs offre pour la peinture une variété immense de teintes et demi-teintes dégradées; pour la musique, une variété incalculable de combinaisons harmoniques et mélodieuses : de même les sept pas de la danse forment, à l'aide d'un heureux mélange, une foule de temps, de demi-temps et d'enchaînement de pas et de mouvemens.

Ces moyens qui sont à la disposition du maître de ballets seroient insuffisans, si le goût ne les distribuoit point avec ordre et économie. Il doit être peintre; mais comment parviendra-t-il à faire de grands tableaux, si les crayons et les couleurs lui manquent?

Il ne suffit pas que le maître de ballets sache parfaitement la danse, il faut qu'il ait encore le talent d'associer aux mouvemens des jambes les mouvemens des bras; ce sont le goût et la bonne grace qui en fixent les arrondissemens, règlent et déterminent les effacemens du corps, leurs oppositions avec celles de la tête. Ces contrastes de positions et d'oppositions font le charme de la danse, et mettent le sceau de la perfection à l'exécution mécanique. Cette harmonie intime de mouvemens de toute la machine ne peut être le résultat des principes de l'école; l'élève est, si j'ose m'exprimer ainsi, un bloc que les principes dégrossissent; ils l'ébauchent, mais le goût seul, je le répète, finit et donne à la figure les contours et la grace qu'elle doit avoir pour être vraiment belle.

Je termine, Monsieur; et, après vous avoir

entretenu du métier, je vous parlerai de l'art,
c'est-à-dire de l'expression et de cette pantomime animée qui est l'esprit et l'ame de la
danse.

Je suis, etc.

~~~~~~~~~~~~~~~~~~~~~~~~~~~~~~~~~~~~~~

LETTRE XII.

Suite du même sujet.

———

MA lettre précédente, Monsieur, n'est qu'une esquisse légère de ce que les maîtres de ballets devroient étudier et savoir; j'entends parler de ceux qui composent. Cette foule trop considérable de demi-talens ne pouvant rien imaginer, ils s'attachent à copier les productions de ceux qui ont un vrai mérite. S'ils les copioient fidélement, le mal ne seroit pas grand; mais ils les défigurent, et n'en montrent que la charge grossière: ils font pire encore; ils ajoutent du leur, et remplacent le bon qu'ils ont pu retenir par le mauvais qui leur est familier.

Ce n'est point en lisant un programme de ballet, ou en le voyant représenter une ou deux fois, que l'on peut en saisir les traits, les caractères, les formes, les détails et l'ensemble. Les beautés de cet art sont fugitives et passagères; on les admire lorsqu'elles se montrent, et elles échappent lorsqu'on veut les saisir.

Je voudrois bien pouvoir vous citer un grand
nombre de maîtres de ballets qui réunissent aux
connoissances approfondies de leur art, du
goût, de l'imagination et du génie. En suivant
la règle de l'ancienneté, je nommerai Dauberval, Le Picq, Gallet et Gardel; leurs talens distingués, leurs succès, méritent bien un éloge
de ma part; il est l'expression de la considération que j'ai pour leur mérite.

Je n'ignore pas que quelques jeunes gens
remplis de zèle et d'activité, mais novices encore dans l'art des grandes compositions, s'attachent à marcher sur les traces des grands
maîtres : je ne connois point toutes leurs productions, et je me garderai bien de prononcer
sur le mérite d'un ballet ou d'un tableau d'après
un programme; ces sortes de descriptions sont
souvent mensongères. Pour juger sainement
d'un ballet et d'un tableau, il faut les voir; c'est
l'unique moyen qui permet au connoisseur de
prononcer sur les objets que ces arts lui présentent.

Ce que je vais écrire, Monsieur, pourra
servir de régulateur aux maîtres de ballets qui
n'ont fait encore que quelques pas dans la carrière qu'ils se proposent de parcourir; des
réflexions mûries par le temps et éclairées par

l'expérience, soixante années de travail, une foule de compositions peut-être trop considérable, des circonstances heureuses au développement de mes idées, un nombre de sujets capables de les rendre, de grands corps de danse, de vastes théâtres, des dépenses proportionnées à la grandeur des sujets que je transportois sur la scène, des succès soutenus dans le genre que j'ai créé ; tout, dis-je, jusqu'à mes fautes, pourra guider les maîtres de ballets, et j'espère que mes observations paroîtront justes et utiles à ceux même qui peuvent le plus aisément s'en passer, ou qui n'en ont pas besoin.

Le maître de ballets, après avoir approfondi les connoissances du mécanisme de la danse, doit sacrifier tous ses loisirs à l'étude de l'histoire et de la mythologie, se pénétrer de toutes les beautés de la poésie, lire Homère, Virgile, l'Arioste et le Tasse, connoître enfin les règles que la poétique a établies. Ce n'est pas assez que de lire, il faut graver dans sa mémoire tous les grands traits que l'on croit propres à l'action pantomime ; pour y réussir, on doit les écrire sur trois cahiers ; l'un sera historique, l'autre renfermera tous les sujets de la mythologie, et le troisième contiendra ceux qu'offre la poésie ; c'est dans ce répertoire abrégé qu'il trouvera des sujets de ballets variés et intéressans.

La fréquentation des artistes et l'examen de leurs chefs-d'œuvre sont des sources d'instruction que le maître de ballets ne doit point négliger ; elles épureront son goût, elles agrandiront ses compositions et développeront ses idées ; c'est en examinant avec l'œil de l'entendement les productions du génie, qu'il apercevra cette chaîne imperceptible qui lie tous les arts, et qu'il apprendra que leurs créations doivent emprunter les traits de la belle nature ; ce n'est qu'en l'imitant que leurs productions sont tout à la fois sages et intéressantes.

Lorsqu'un maître de ballets choisira un sujet dans son répertoire, il faut, avant de le transporter sur la scène, qu'il l'examine scrupuleusement ; un pressentiment juste le déterminera à retrancher les parties qui en retarderoient la marche, les inutilités qui jetteroient de la confusion ou de la langueur dans l'action pantomime ; car cette action doit être vive et animée, puisqu'elle est l'interprète des passions.

En élaguant les inutilités, le maître de ballets fixera le nombre des principaux acteurs

que le sujet du poëme exige; si ce nombre
excédoit celui de quatre, il seroit sage alors
de renoncer totalement à un plan que l'art ne
peut adopter, et qu'il ne dessineroit que très-
imparfaitement; car plus il y aura d'acteurs
dans un ballet-pantomime, moins il sera entendu; plus l'action s'obscurcira, plus le sujet
deviendra inintelligible.

En disant que le maître doit éloigner ce qui
est superflu, et ce qui dégraderoit l'ensemble
et l'harmonie de ses tableaux, on voit bien
que je suis loin de lui conseiller d'ajouter ou de
substituer et d'avoir recours à des épisodes. Il
y en a peu d'heureux, et en général ils gâtent
bien plus le sujet qu'ils ne l'embellissent; on
peut se les permettre dans quelques petits
ballets puisés dans la fable; encore faut-il
qu'ils aient l'air de naître du fond du sujet,
qu'ils se lient étroitement et de telle manière
qu'on ne puisse les retrancher sans affoiblir
l'intérêt; mais ces épisodes doivent être entièrement bannis des sujets historiques.

Pour réussir complétement dans la composition de grands ballets, il est nécessaire que
le maître pèse les possibilités et les impossibilités, qu'il calcule les moyens et les obstacles;
d'après cet examen, il n'exigera plus de son

art les secours qu'il ne peut lui accorder, et ces compositions deviendront sages et régulières.

Si le maître de ballets sacrifie les grandes masses aux parties de détail, l'intérêt principal aux accessoires, et qu'il suspende la marche de l'action par des, danses insignifiantes; s'il substitue les pirouettes qui ne disent rien aux gestes qui parlent, les entrechats aux signes que les passions impriment sur les traits de la physionomie; s'il oublie que c'est un poème intéressant qu'il doit offrir au public et non un divertissement fastidieux de danse morte, tout sera perdu, l'action s'évanouira, rien ne sera à sa place, le fil sera rompu, la chaîne sera brisée, la trame déchirée, et cette composition monstrueuse dénuée d'ordre et d'intérêt n'annoncera que l'incapacité, l'ignorance et le mauvais goût de l'auteur.

Il est un point dans tous les arts, je dois le répéter, que les artistes ne peuvent dépasser; s'entêtent-ils à vouloir franchir les limites sages que la nature a posées, ils s'égarent et ne rencontrent dans leur course vagabonde que la chimère livrée aux caprices d'une imagination déréglée.

Il est heureux sans doute, pour les progrès de la

danse en action , qu'il y ait quelques maîtres de
ballets que leurs fautes et leurs chutes corrigent
insensiblement; en écoutant la voix du public
et celle de l'expérience , ils choisissent des
sujets moins diffus et plus généralement connus,
ils abandonnent le romanesque pour se livrer
à des compositions moins fantastiques, plus
nobles et plus sages ; ils n'essaient plus d'é-
tendre en cinq actes un sujet dont le fond ne
supporte que trois actes ; cette extension affoiblit l'action, elle ne marche plus, elle se traîne
et se trouve paralysée par des hors-d'œuvres.
Le maître de ballets qui ne donne point dans
ces erreurs, malheureusement trop communes,
est assuré du plus grand succès ; ses ouvrages
deviennent des modèles ; ils lui obtiennent des
éloges, des applaudissemens et une réputation
justement méritée.

Après avoir avancé qu'on pouvoit traiter les
plus grands sujets avec quatre principaux personnages, je n'ai pas prétendu exclure les rôles
secondaires, tels que ceux de confidens; je n'ai
pas voulu non plus bannir les chœurs agis-
sans et expressifs : à l'exemple des Grecs , ils
peuvent être employés dans quelques circonstances, soit pour perpétuer l'action, soit pour
participer à celle qui se passe devant eux : ces

chœurs produiront sans doute un grand effet,
s'ils sont confiés aux seconds acteurs et aux
coriphées : mais ces acteurs et ces coriphées
gâteront tout s'ils ne sont exercés à la pantomime et à l'art expressif des gestes. C'est un
talent de savoir les employer à propos et de
les faire disparoître lorsqu'ils deviennent inutiles ; car ils ne peuvent être témoins des scènes
mystérieuses qui se passent, qui forment le
nœud de l'action et qui en préparent le dénouement. Mais pour que le maître de ballets arrive
à ce but, il est absolument nécessaire qu'il
exerce son ame à sentir vivement, sa physionomie à recevoir les sensations diverses qu'elle
lui communique, les gestes qui doivent les rendre avec vérité ; si son cœur est froid, si son
ame est glacée, si son visage est invariable et
ne se prête point au jeu des passions, si ses
yeux sont fixes et immobiles, si son corps
est roide et guindé, et que les articulations
propres à le faire mouvoir ne jouent pas avec
facilité, si enfin la tête ne se meut pas avec
grace et que les effacemens du corps ne contrastent pas avec ses diverses positions, comment un tel maître de ballets pourra-t-il servir de modèle à ses danseurs ? il faut qu'il
sache et exécute, qu'il démontre et qu'il

opère. S'il est privé de toutes les qualités dont
je viens de faire l'énumération, il végétera,
languira dans l'obscurité; ses productions seront la contre-épreuve de. son moral : elles
seront froides et monotones comme lui. Un tel
maître de ballets, Monsieur, doit abandonner
la scène, et prendre un état qui n'exige que
la routine des mouvemens mécaniques.

_ C'est une erreur généralement accréditée de
croire qu'un maître de ballets peut les composer assis, et indiquer, par l'écriture et le
discours, les pas, les figures, les groupes,
l'action, l'expression et les gestes. Il n'y a pas
d'état plus fatigant au moral et au physique
que celui de maître de ballets ; il doit régler
et donner les pas; il doit les faire ; et si on ne
les prend point au premier coup-d'œil, il est
obligé de les recommencer plusieurs fois; lorsque le pas est saisi, il doit s'occuper d'un
autre enchaînement pour arriver au dessin ou
à la figure qu'il imagine ; mais lorsqu'il quitte
les formes symétriques, pour peindre celles
que l'on nomme irrégulières, les combinaisons deviennent plus difficiles.

Je me bornerai à citer deux exemples d'après
les principes de composition que j'ai établis.

Le maître de ballets veut-il régler un pas

de vingt-quatre lutteurs, il faut qu'il renonce à toute espèce de symétrie de figures, de mouvemens, de positions, d'attitudes et de groupes ; pour imprimer à cette action le caractère de la vérité, il doit composer séparément douze pas de *deux* différens ; ce travail pénible est l'ouvrage de plusieurs jours ; lorsque tous ces pas de deux sont composés et appris partiellement par les exécutans, on les réunit alors pour former un grand ensemble. Ce vaste tableau a le mérite de la variété et de la ressemblance ; il offre à chaque instant de nouveaux groupes, et il est en droit de produire un grand effet et de plaire, si toutefois il est exécuté avec cette force, cette intrépidité, et ce nerf que ce genre exige (1).

Je passe au second exemple, et je choisis pour sujet les Champs-Élysées, sujet d'autant plus difficile à bien traiter, qu'il ne présente que des ombres ; il est nécessaire que le maître de ballets lise et médite le sixième livre de l'Énéide de Virgile ; il y trouvera une foule de beautés, mais elles ne sont que descriptives et

---

(1) J'ai composé ce pas à Stuttgard, dans le premier acte du ballet d'*Alceste*, et il faisoit partie de la fête qu'Admète donnoit à Hercule et Lycomède.

historiques, elles font le charme de la poésie
et ne peuvent faire celui de la danse. Ces ombres sont heureuses, aucune passion ne trouble
leur repos. La danse peut-elle exprimer quelque chose, si les passions ne lui prêtent leurs
organes? Ces ombres ont des souvenirs, des
pensées douces ; mais comment les peindre?
Virgile, en visitant ces lieux enchantés, en aperçoit quelques-uns qui dansent ; voilà le maître
de ballets autorisé à employer les charmes de
son art.

Les ombres heureuses offrent tous les âges
et toutes les conditions ; les héros, les héroïnes,
les poëtes, les philosophes et les orateurs agi-
ront, l'adolescence et l'enfance danseront ; c'est
à l'imagination du peintre à tracer un vaste tableau ; s'il se contente de faire une allée d'arbres, terminée comme il est d'usage par une
petite montagne, le maître de ballets se trouvera
dans l'impossibilité de distribuer tous ces personnages sur un fond aussi étroitement combiné ;
car il lui faut des berceaux, des allées, de petites
collines, des bancs placés par la nature, des
eaux tombant de terrains inégaux. Tout cela
ne peut s'exécuter qu'en sautant des châssis ;
ce cadre alors est facile à remplir, le maître de
ballets peut placer sur ces terrains plus ou

moins élevés des groupes qui se pyramideront ; les percés seront consacrés à la promenade ; les parties plates à la danse et les collines du fond seront destinées à placer les enfans sur différens plans, en observant une dégradation combinée de manière à ce que les principes de l'optique et de la perspective soient parfaitement observés.

Comme aucune symétrie n'existe dans ces beaux lieux, le maître de ballets n'en doit présenter aucune dans sa composition. Ce paysage varié doit offrir, pour ainsi dire, une nouvelle nature ; d'autres arbres, d'autres plantes, d'autres fleurs que celles qui nous sont connues ; tout doit être vaporeux et peint en demi-teintes. La danse doit à son tour s'assimiler à ces variétés ; elle sera composée de groupes séparés et inégaux en nombre, ils se réuniront pour former des masses qui se diviseront pour former de nouveaux tableaux. La musique de ce ballet doit étaler tous les charmes de l'harmonie ; des mouvemens légers, des silences artistement ménagés donneront au maître de ballets les moyens de fixer ses tableaux.

On ne peut se dispenser de varier le costume, puisque les personnages le sont à l'infini.

Si le peintre-décorateur, le musicien, et le

maître de ballets se consultent et s'entendent, chose malheureusement inconnue, ils pourront alors se vanter de présenter au public un tableau vraiment neuf et intéressant. Mais ce ballet ne peut être bien fait, si le maître n'a pas à toutes ses répétitions les terrains, les plate-formes et les collines ; il ne s'agit pas d'en marquer les places avec du blanc ou du noir ; il faut, pour qu'il opère juste, que tout soit en place, de manière à ce qu'il puisse former ses groupes, distribuer ses personnages et imprimer à chacun d'eux le caractère, les attitudes et les mouvemens qui leur conviennent (1). Au reste, la combinaison qu'exige cette composition demande beaucoup de recherches et de temps, et ce n'est point en deux répétitions, ainsi qu'il est d'usage à l'Opéra, que l'on peut faire les Champs-Élysées de *Castor* et *Pollux*.

Si la partie mécanique de la danse donne au maître de ballets tant de peines et de fatigues; si elle exige tant de combinaisons, combien l'art du geste et de l'expression n'exige-t-il pas

---

(1) J'ai donné ce ballet à Vienne. Les décorations ont été exécutées d'après les dessins de *Servandoni* et de *Pillement*.

de travaux et de soins? Cette répétition des mouvemens, cette peinture animée des passions, cette action commandée par l'ame, cette agitation de toute la machine, enfin toutes ces transitions variées ne doivent-elles pas le mettre dans un état voisin du délire? Si *Agamemnon*, *Clitemnestre*, *Achille et Iphigénie* se trouvent en scène, voilà quatre rôles à enseigner; chacun des acteurs a un intérêt séparé, des sentimens opposés, des vues différentes; chacun d'eux doit avoir le caractère de la passion qui l'agite; il faut donc que le maître de ballets se pénètre de la situation intérieure de ces quatre personnages; il faut qu'il les représente tous, qu'il fasse les gestes qu'ils doivent imiter, que sa physionomie s'enflamme au degré juste des sensations que chacun d'eux éprouve; il doit prendre le maintien, saisir l'âge et le sexe de ces quatre acteurs ; les emportemens d'Achille, la fierté d'Agamemnon , le trouble, la douleur et les éclats de l'amour maternel; l'obéissance et la candeur d'Iphigénie prête à être sacrifiée.

D'après cette esquisse, vous devez être convaincu, Monsieur, que le maître de ballets, toujours en agitation, ne peut composer assis et le crayon à la main; ce n'est point un petit tableau de fantaisie que le peintre doit offrir, c'est un tableau d'histoire; tout doit y être grand, expressif et majestueux, et entraîner le public à cette illusion vive qui lui fait prendre la chose imitée pour la nature même.

Je suis, etc.

LETTRE XIII.

Des Connoissances d'Anatomie nécessaires
au maître de Ballets.

———

Je n'ai parlé que vaguement, Monsieur, d'une étude que je regarde comme absolument nécessaire à la danse; c'est celle de l'anatomie dans ce qu'elle a de relatif à cet art. Mon ouvrage étant didactique, je dois traiter avec soin tous les objets qui peuvent concourir aux progrès de la danse, répandre de la clarté dans la démonstration des principes, et en faciliter l'application.

Mon dessein n'est cependant ni d'entreprendre une dissertation anatomique, ni de me donner un air de démonstrateur qui me siéroit mal; je me bornerai à décrire les *articulations* qui coopèrent le plus aux mouvemens du danseur. Cette connoissance est d'autant plus utile, que la beauté et l'harmonie de la danse dépendent essentiellement du jeu souple et facile de ces articulations; elles sont autant de ressorts qui

déterminent les attitudes du corps, les mouvemens des jambes, les développemens des bras.
Sans elles, rien ne peut se faire dans l'art de la
danse : la tête, sur-tout, ne peut avoir d'inflexions ni contraster agréablement avec les positions du corps : c'est donc l'étude de cette
union et de cette harmonie qui constitue la danse
par excellence ; c'est elle qui fournit à cet art
des secours et des ressources qui lui ont manqué jusqu'à ce moment, parce que l'artiste n'a
ni envisagé le but, ni calculé l'étendue de la
carrière ; c'est elle enfin qui réduira à des principes constans et puisés dans la nature, des règles qui, jusqu'à présent, n'ont été que vagues
et incertaines.

En supposant, comme il est nécessaire de le
faire, que la danse acquiert un nouveau degré
de perfection, ne seroit-il pas de nécessité que
les maîtres, à l'exemple des peintres, eussent
une connoissance, sinon parfaite, du moins générale de l'anatomie ? Pourquoi tel danseur ne
réussit-il pas ? Est-ce défaut de conformation ?
Comment réduire ces questions à des principes
sûrs, si l'on n'a aucune notion de la construction physique du corps humain ? Un maître
criera : « Faites ceci comme moi, levez la jambe
comme moi, tournez - la comme moi, pliez

comme moi ». Voilà de l'égoïsme. L'élève répondra : « Je ne puis lever la jambe à la hauteur où vous levez la vôtre ; je ne puis plier ni arrondir mes temps comme vous ; mes bras et mes jambes ne peuvent parcourir, dans la même proportion des vôtres, les mêmes circonférences ».

Le maître dira que l'élève n'est qu'un sot ; et le maître ne sera qu'un routinier ignorant. Il voudra exiger les mêmes moyens dans son écolier que ceux dont la nature le fait jouir ; il rapportera tout à lui, sans s'apercevoir ni des différences, ni des difficultés que l'écolier ne peut vaincre, parce que la nature s'y oppose ; qu'elle se prête, mais qu'elle ne se change point, ou qu'elle ne peut changer que dans un âge tendre, où les os même n'ont pas encore acquis leur dernier degré de solidité ; ils sont, dans cette circonstance, l'image du jeune arbrisseau qui, malgré son penchant, obéit et prend la direction que le jardinier lui impose : de même, le maître habile guettera la nature, l'assujétira à ses desseins, et d'une main industrieuse il lui donnera des formes étrangères à son inclination et à ses penchans. Toutes ces observations ne sont pas d'un maître inepte et mercenaire qui dit : Tournez vos genoux sans savoir qu'ils ne peuvent que plier et s'étendre, et que c'est la hanche qui les détermine à telle ou telle position.

La connoissance de cette anatomie simple purgeroit à l'avenir le théâtre d'une foule d'impotens et d'incurables qui ne doivent leur état défectueux qu'à l'ignorance des maîtres; car la plupart de ceux qui se mêlent de donner des leçons, loin de pallier les défauts naturels, les aggravent encore par un exercice peu raisonné, soit en exigeant des choses impossibles auxquelles les leviers, les muscles et les articulations ne peuvent se prêter, soit en prenant des routes contraires à celles que la nature indique pour remédier à toutes les bizarreries que l'œil examinateur rencontre dans les conformations.

Pour donner des leçons utiles, il faut savoir connoître son élève, chaque écolier demande des principes différens : ce qui convient à l'un ne convient point à l'autre ; ce qui redresse celui-ci, estropie celui-là.

On entend par *articulation*, l'union des deux os attachés ensemble par des ligamens, et exécutant les mouvemens que la nature leur a assignés par le moyen des muscles qui y aboutissent, et les mettent en mouvement. On peut considérer ces muscles comme de vrais leviers de différentes espèces. Dans les uns, la résistance se trouve entre le point d'appui et la puissance ; dans les autres (et ceux-ci sont les plus fréquens dans l'économie animale), la puissance agit entre le point d'appui et la résistance. On a un exemple de la première espèce de levier, dans l'action par laquelle on s'élève sur la pointe du pied ; la puissance est alors appliquée au talon par les muscles extenseurs du pied, et la résistance est le poids du corps qui se trouve entre le talon où agit la puissance, et la pointe du pied où se trouve le point d'appui.

La flexion de la cuisse et de la jambe sur le tronc, fournit un exemple de la seconde espèce de leviers ; les fléchisseurs de la cuisse agissent alors entre le point d'appui, qui est en arrière, et le poids des membres qui forme la résistance en avant.

C'est par le moyen des différens os joints ensemble par des ligamens, et mus par des muscles, que le corps de l'homme se soutient, qu'il se lève, qu'il se baisse, qu'il se plie, qu'il s'étend, qu'il se meut dans tous les sens, qu'il opère toutes sortes de mouvemens. Pour que ces mouvemens se fassent avec plus de facilité, la nature a formé des os qui ont des cavités, et des os qui ont des têtes ; ces cavités et ces têtes qui se réunissent et s'emboîtent, sont

couverts de cartilages lisses et polis, sur-tout
pour les os qui sont destinés à produire des
mouvemens manifestes ; ce sont ces rencontres
et ces jonctions, que l'on nomme *articulations*.
Elles sont autant de points mobiles que la nature a ménagés dans la magnifique charpente
du corps humain, pour l'obliger d'obéir aux
volontés de l'ame, avec autant de célérité que
de facilité.

L'union et l'assemblage différens de toutes
les pièces osseuses dont la machine humaine
est composée, porte en général le nom d'*articulation*. La plus grande partie de ces pièces,
destinée à l'exécution de certains mouvemens
que le danseur est obligé de faire, ont entre
elles un rapport et une convenance d'où dépendent la liberté et la possibilité de leur
action ; d'autres, toujours immobiles, mais non
moins bien assorties, sont arrêtées fixement
ensemble; d'autres enfin, maintenues par des
intermèdes, tels que des cartilages et des ligamens, participent de la mobilité des unes et
de l'immobilité des autres.

Il y a donc des articulations de deux espèces,
les unes avec mouvement, et les autres sans
mouvement; j'omettrai ces dernières comme
absolument étrangères à mon sujet.

Les articulations mobiles peuvent toutes se rapporter à quatre espèces de mouvemens, savoir : à celui de *coulisse*, à celui de *genou*, à celui de *charnière* et à celui de *pivot*.

Le mouvement de *coulisse* se fait quand deux os coulent et glissent l'un sur l'autre, comme les vertèbres par leurs apophises obliques, la rotule sur le fémur.

Celui de *genou*, lorsque la tête d'un os se meut dans une cavité, comme la tête de la cuisse dans la cavité *cotyloïde* des os du bassin, celle du bras dans la cavité *glenoïde* de ceux de l'épaule.

Le mouvent de *charnière* ne peut avoir son exécution que lorsque l'extrémité de l'os a deux éminences et une cavité, et que l'extrémité de l'os qui s'articule avec le premier a deux cavités et une éminence, ou lorsqu'une extrémité de l'os est reçue par un autre os ; ou enfin lorsqu'un os en reçoit deux autres, un à chaque extrémité, comme les vertèbres.

Enfin le mouvement de *pivot* a lieu, lorsqu'un os considérable tourne sur une pointe, comme la première vertèbre du col sur l'apophise *odontoïde* de la seconde vertèbre, le mouvement du *radius* avec le *cubitus*, où le premier roule autour du second.

Il y a deux sortes d'*articulations par genou*, savoir ; une, qui se fait lorsqu'une tête est reçue dans une cavité superficielle , comme celle du bras avec l'épaule ; l'autre au contraire est celle où la tête d'un os est située dans une grande et profonde cavité , comme celle de la cuisse.

La charnière est également de deux sortes, l'une parfaite, et l'autre imparfaite. La parfaite est celle où les deux os se reçoivent mutuellement , comme font l'os du bras et l'os du coude ; le *tibia* et l'os de la jambe avec l'*astragal*.

La charnière imparfaite a lieu, lorsque de deux os articulés l'un reçoit l'autre , sans en être reçu, soit qu'il ait une ou plusieurs têtes ; ce qui se remarque dans l'*occipital* avec la première vertèbre du col, et dans plusieurs autres, telles que celles des doigts des pieds et des mains.

Donnons quelques exemples capables de développer l'emploi de ces différentes articulations relativement aux mouvemens qui constituent le mécanisme de l'art.

Les positions de la tête, ses contrastes avec le buste et ses oppositions, prêtent sans doute à la danse les plus grands agrémens. La tête donne de la valeur à toutes les attitudes, de l'élégance à toutes les positions, de la vie et de l'ame à tous les mouvemens du corps; si elle ne joue point avec grace, si elle ne contraste pas avec goût, tout est mort; et l'exécution, fût-elle du reste parfaite, paroîtra maussade, machinale et sans ame, si la tête, par ses différentes positions, ne l'embellit pas.

L'articulation qui coopère aux mouvemens de la tête dans toutes les positions, se nomme *pivot*. L'articulation par pivot se fait lorsqu'un os considérable tourne sur la pointe d'un autre; tel est le mouvement de la tête au moyen de *l'apophise odontoïde* de la seconde vertèbre du col qui tourne dans la première; ces mouvemens sont modifiés à l'infini et à la volonté de l'homme, par le secours des différens muscles appliqués aux leviers osseux qui concourent à la formation des articulations, lesquelles unissent la tête avec le col. Leur usage indique assez leur nom. Les uns sont fléchisseurs, les autres sont extenseurs, et leurs mouvemens s'exécutent lorsque la tête se baisse, lorsqu'elle se lève et qu'elle se porte en arrière, comme dans l'action de regarder le ciel. Les mouvemens qui portent la tête en dedans, en dehors, à droite et à gauche, et qui opèrent

tous les effacemens avec le buste, sont exécutés par l'action des muscles qu'il a plu aux
anatomistes de nommer *abducteurs* et *adduc-
teurs*, ou mieux *rotateurs* de la tête.

L'action simultanée de tous ces muscles produit l'immobilité de la tête dans l'effroi, l'épouvante ; leurs contractions spasmodiques ou dé-
sordonnées déterminent au contraire les mouvemens convulsifs qui ont lieu dans l'action de
menacer, dans la colère, etc. ; état d'immobilité
ou spasme qui est toujours en rapport avec
l'expression de stupeur du visage dans la crainte,
ou avec son désordre dans la fureur.

L'attitude de la tête, dans l'expression de la
bienveillance, n'est pas moins d'accord avec
l'état du visage.

Il sera donc important que le danseur s'ac-
coutume de bonne heure à surveiller l'état de
son visage en même temps que la position de
sa tête ; car rien n'est plus pénible pour le
spectateur que de voir se peindre, sur la physionomie de celui qui danse, les efforts qu'il
fait pour simuler une légèreté qu'il n'a point,
ou d'apercevoir sur son front les traces de la
préoccupation que lui cause l'attention qu'il
donne à ses mouvemens.

Rien ne contribue tant à l'élégance et à la

bonne grace que le mouvement des bras combinés avec les oppositions de la tête et avec les
positions des pieds ; pour que les bras soient
beaux, et qu'ils contrastent avec grace, il faut
qu'ils soient exactement arrondis ; s'ils décrivent des angles, ils sont défectueux. J'avoue
qu'il est un art à faire perdre au bras l'angle
saillant qu'il décrit lorsqu'il se plie, et que cet
art exige une application continuelle : tâchons
de démontrer quelles sont les articulations qui
opèrent ces rondeurs, et quels sont les muscles
ou les leviers qui y participent le plus.

Les rondeurs et les mouvemens variés des
bras dépendent du jeu de l'épaule, du bras, de
l'avant-bras et de la main ; pour que le bras
soit véritablement arrondi, il faut que le coude
soit moins élevé que l'épaule, et qu'il soit à
son tour plus élevé que le poignet ; de sorte
que le bras et le poignet, dans cette position,
décrivent à peu près un quart de cercle. L'articulation du bras avec l'épaule constitue *l'ar-*
ticulation par genou, c'est-à-dire qu'il peut
se mouvoir en haut, en bas, en dedans, en dehors, et faire toutes sortes de mouvemens de
fronde et de rotation ; celle du coude permet
seulement la flexion et l'extension, et forme
une charnière, ainsi que celle du poignet. Tous

ces mouvemens seroient insuffisans pour produire les courbures moëlleuses et arrondies des bras, s'ils n'étoient aidés par le moyen d'une seconde articulation qui se rencontre entre la partie inférieure et supérieure des deux os de l'avant-bras qui s'articulent ensemble latéralement, de manière à se mouvoir en axe ou pivot l'un autour de l'autre. De cette articulation latérale du *radius* avec le *cubitus*, résultent les mouvemens de *pronation* et de *supination* qui concourent à faire prendre au bras une courbure agréable et un arrondissement parfait.

Lorsque le bras est élevé et soutenu à la hauteur de l'épaule, tous les muscles de cette partie agissent de concert par une contraction tonique, en se balançant mutuellement ; si le bras, de cette position veut se porter en avant pour s'y arrondir d'une manière moëlleuse, l'omoplate, qui a d'autant plus de mobilité qu'elle n'est attachée que par des muscles, coopère, avec l'articulation des bras (1), à l'exé-

---

(1) L'articulation du bras, ainsi que je l'ai dit, permet des mouvemens en fronde et de rotation qui lui sont d'autant plus faciles, que la tête de l'os n'est point enclavée dans une cavité aussi profonde que celle de

cution de ces mouvemens flatteurs, dont le
principal agrément dérive d'une courbure adou-
cie en quart de cercle, à la formation de laquelle concourent beaucoup de mouvemens de
pronation et de *supination* de l'avant-bras,
ainsi que la flexion du poignet qui, en adoucis-
sant les angles, les rendent moins saillans. Mais
ce que la nature ne peut faire entièrement, l'art
y supplée; et les vêtemens étant artistement
garnis au bras, en diminuent la longueur, et
aident à son arrondissement parfait en apparence; car il seroit impossible de décrire avec
un instrument composé de ceux à branches
égales, et d'une troisième bien plus petite, un
quart de cercle.

Ce n'est que par des rondeurs que l'on peut
diminuer l'étendue des bras et leur donner de
la grace; ce n'est que par les effacemens du
corps qu'on trouve l'art de les faire paroître
plus courts. Point de principes, point de

---

la hanche, puisqu'elle ment sur une surface lisse, po-
lie, légèrement enfoncée, dont les rebords ne gènent
point l'étendue des mouvemens, comme ceux de la
cavité des os de la hanche bornent ceux de la cuisse,
surtout en dehors à cause, de la courbure en dedans du
col du fémur.

règles fixes pour les bras ; c'est le goût seul qui
leur assigne leurs mouvemens et leurs contours ; la nature se prête et obéit à ce goût ;
elle ne refuse point les secours qu'elle peut
prodiguer ; elle est esclave de la volonté ; mais
que cette volonté soit sage ou extravagante,
elle opère en conséquence. Les rondeurs diminuent les longueurs ; elles effacent les angles
formés naturellement par le bras et l'avant-
bras. Elles diminuent encore le grand angle
qui se décrit depuis le poignet jusqu'à la hanche, lorsque le bras est élevé et exactement
tendu ; mais toutes ces observations, quoique
puisées dans la nature, ne sont que vagues
quant à l'expression et à la bonne grace.

Les règles arrondissent machinalement les
bras, sans les rendre gracieux, sans les faire
parler ; et il faut que l'action des bras qui
constitue le geste parle ; que les mains articulent ; que les doigts concourent à la prononciation du pantomime ; qu'ils soient, pour me
servir de l'expression de *Garrick*, autant de
langues qui parlent. Il est aisé de voir et de
sentir que cette variété est au-dessus des règles,
que le geste n'en reçoit que de l'ame et du génie,
ou, pour mieux dire, des passions : ce sont elles
qui donnent de l'énergie et de la valeur aux

mouvemens ; elles les frappent, pour ainsi dire, au coin qui leur plaît, en leur assignant telle ou telle portion de valeur relativement à leur silence ou à leur murmure, à leur ton modéré, ou à leur éclat impétueux.

Passons maintenant aux articulations qui servent directement aux pas et aux mouvemens combinés du mécanisme de l'art.

On peut considérer la hanche comme la partie qui, primordialement, facilite le jeu de toutes celles qui lui sont subordonnées. On ne peut danser de bonne grace sans être exactement tourné en dehors; on ne peut décrire aucune rondeur sans le secours de la hanche, et la danse enfin ne peut être agréable sans contours, les angles comme en peinture doivent être évi s; c'est la hanche qui opère; elle commande à toutes les parties qui lui sont inférieures. Il seroit à souhaiter, pour la facilité et la beauté de l'exécution, que ses mouvemens fussent aussi complets que ceux du bras; mais la nature ne l'ayant pas jugé nécessaire, et la position des danseurs étant, comme je l'ai dit, anti-naturelle, il faut donc que l'artiste lutte sans cesse contre les hanches, et il faut à son tour que cette partie, violemment exercée, obéisse à l'art. Considérons maintenant cette *articulation.*

Les mouvemens que la cuisse décrit dans tous les temps variés de la danse déterminent tous ceux de la jambe et fixent la position des pieds ; ces mouvemens ne sont opérés que par le secours de la hanche, c'est-à-dire par l'articulation de cette partie, qui est composée de l'os nommé *fémur* et d'un des os du bassin. La jonction de ces deux os constitue *l'articulation par genou ;* son mouvement de rotation est moins manifeste que celui du bras avec l'épaule ; par la raison que la cavité des os des îles, ou autrement *cotiloïdes,* est bien plus profonde que celle du bras appelée *glénoïde ;* que les ligamens en sont plus forts et les muscles plus multipliés. La nature, sage et prudente dans ses opérations, ne pouvoit donner à cette partie autant de jeu qu'à celle du bras : trop de mobilité se seroit opposée à la solidité que les colonnes d'un édifice doivent avoir pour en supporter et en maintenir la charpente et la masse supérieure. Dès-lors il falloit des cavités plus profondes, des ligamens plus forts et des muscles plus multipliés pour en modifier les mouvemens, pour résister aux ébranlemens divers, et pour supporter le poids du corps, qui devient considérable lorsque, après s'être élancé, il retombe. C'est dans cet instant d'affaissement et de gravité que, le corps acquérant un poids considérable et proportionné à sa chute, il étoit nécessaire que la nature assignât à ces deux colonnes une force supérieure qui pût lutter contre le choc et maintenir le corps dans son équilibre et dans son aplomb. Ce n'est donc qu'avec un travail très-laborieux et un exercice violent que l'on peut parvenir à forcer, pour ainsi dire, le jeu de cette partie, pour lui faire opérer en apparence les mouvemens de rotation ; mouvemens qu'elle ne peut avoir aussi parfaitement que le bras, si l'art, l'application et l'exercice continuel ne la forcent, pour ainsi dire, à l'obéissance.

Ce n'est que par le secours de la hanche que l'on peut parvenir à se tourner parfaitement en dehors ; le genou ne peut point participer à cette position contrainte, puisque son *articulation* par charnière ne lui permet que le mouvement de flexion et d'extension ; le pied peut cependant se tourner dans cette *position* sans le secours de la hanche, par le moyen des muscles qui en dirigent le mouvement ; mais cette position dès-lors est outrée et défec-

tueuse, parce qu'elle contraste ridiculement
avec celle des parties supérieures. Pour être
donc parfaitement en dehors, il faut être tourné
non pas par partie, mais il faut l'être depuis
la hanche jusqu'au pied ; c'est elle qui pose et
qui dirige toutes les positions des parties qu'elle
commande et qui lui sont subordonnées par son
mouvement de rotation ; il n'est point d'articulation qui coopère avec plus de peine et moins
d'activité à la formation des pas que celle de la
hanche. J'ai déjà dit que les angles doivent
être proscrits des mouvemens des bras ; il est
nécessaire de dire qu'ils doivent également
l'être de tous les mouvemens que la cuisse et
la jambe décrivent de concert ; or tous ces
mouvemens, tous ces déploiemens, tous ces
ronds de jambe, devant tracer perpétuellement
des cercles, ne peuvent parvenir à dessiner
cette figure sans le secours de la hanche, puisqu'elle seule jouit de la faculté de se mouvoir
et de tourner dans tous les sens. Si je fais un
grand rond de jambe, le genou obéit, mais la
hanche opère ; si j'arrête ma jambe au demi-
cercle, elle se trouve placée ainsi que la cuisse
sur l'alignement de l'épaule, elle est élevée à
une certaine hauteur ; et, pour maintenir ces
parties dans une position contrainte et forcée,

tous les muscles sont en contraction, et sont, comme je l'ai dit ailleurs, dans une contraction tonique; mais si dans cette position je plie et je fléchis le genou pour former ce que l'on nomme communément attitude, alors les muscles de la cuisse conservent leur tension tonique, et ceux de la jambe font exécuter le mouvement de flexion. Si de cette attitude on passe subitement à une autre attitude en portant la jambe et la cuisse en avant, alors il y a mouvement de flexion à la cuisse et mouvement d'extension à la jambe; mais lorsque je tends toute la partie pour fixer le point juste de l'attitude, alors la contraction redevient tonique; si enfin je veux de cette position, en fléchissant le genou, reprendre un grand tour de jambe dans le moment de cette flexion, la cuisse sera dans un mouvement d'*adduction* modifié par les muscles qui en sont les moteurs, et la jambe qui, avant, étoit en extension sera fléchie.

Au reste, tout ceci n'est qu'une esquisse qui devient suffisante à l'art. Ce ne seroit point l'ouvrage de l'homme, que de vouloir définir tous les mouvemens variés et contraires dans lesquels l'exécution des pas met perpétuellement les muscles; assigner la marche de chacun d'eux, régler leur degré de tension, de flexion, d'*adduction* et d'*abduction*, supputer toutes leurs opérations variées, calculer sans erreur leurs rapports, apprécier leurs jeux contractés, ce seroit vainement fouiller dans les mystères de la nature; il est des secrets qu'elle ne révèle point, pas même sur le cadavre, lorsque la nature fait un effort violent, comme l'entrechat dans le danseur, le saut périlleux dans le sauteur, et la ruade dans le cheval; il est impossible, dans ces mouvemens où tous les muscles sont généralement en contraction, de déterminer leur jeu particulier et d'assigner à chacun la partie de mouvement qui lui est propre.

Si ces notions ne paroissent pas suffisantes, on pourra avoir recours aux sources de cette connoissance, consulter le squelette avec *Winslow*, supputer les forces musculaires avec *Borelli*, et étudier la mécanique animale dans l'ouvrage du célèbre *Barthès* ou dans ceux des anatomistes ou physiologistes qui ont traité ce sujet à fond. Ce que j'ai dit est plus que suffisant pour le but que je me propose; et cette portion de connoissance, quelque petite qu'elle soit, ne laissera pas de servir utilement au danseur, et de le guider dans les leçons qu'il donnera à ses élèves.   Je suis, etc.

LETTRE XIV.

Des autres Connoissances nécessaires au maître de Ballets.

———

Pour vous convaincre, Monsieur, de la difficulté d'exceller dans notre art, je vais vous faire l'esquisse des autres connoissances que nous devrions avoir ; connoissances qui, tout indispensables qu'elles sont, ne caractérisent cependant pas distinctement le maître de ballets ; car on pourroit les posséder sans être capable de composer le moindre tableau, de créer le moindre groupe, et d'imaginer la moindre situation.

A en juger par la quantité prodigieuse des maîtres en ce genre, qui se trouvent répandus dans l'Europe, on seroit tenté de croire que cet art est aussi facile qu'il est agréable ; mais ce qui prouve clairement qu'il est malaisé d'y réussir et de le porter à la perfection, c'est que ce titre de maître de ballets, si légèrement usurpé, n'est que trop rarement mérité. Nul

d'entre eux ne peut exceller, s'il n'est véritablement favorisé par la nature. De quoi est-on
capable sans le secours du génie, de l'imagination et du goût? Comment surmonter
les obstacles, aplanir les difficultés, et franchir
les bornes de la médiocrité, si l'on n'a reçu en
partage le germe de son art, si l'on n'est enfin
doué de tous les talens que l'étude ne donne
point, qui ne peuvent s'acquérir par l'habitude,
et qui, innés dans l'artiste, sont les forces qui
lui prêtent des ailes, et qui l'élèvent d'un vol
rapide au plus haut point de perfection et au
plus haut degré de son art?

Si vous consultez Lucien, vous apprendrez
de lui, Monsieur, toutes les qualités qui distinguent et qui caractérisent le grand maître
de ballets, et vous verrez que l'histoire, la
fable, les poèmes de l'antiquité et la science
des temps, exigent toute son application. Ce
n'est en effet que d'après d'exactes connoissances dans toutes ces parties, que nous pouvons espérer de réussir dans nos compositions.
Réunissons le génie du poète et le génie du
peintre, l'un pour concevoir, l'autre pour
exécuter.

Une teinture de géométrie ne peut être
encore que très-avantageuse : elle répandra de

la netteté dans les figures, de l'ordre dans les combinaisons, de la précision dans les formes; en abrégeant les longueurs, elle prêtera de la justesse à l'exécution.

Le ballet est une espèce de machine plus ou moins compliquée, dont les différens effets ne frappent et ne surprennent qu'autant qu'ils sont prompts et multipliés; ces liaisons et ces suites de figures, ces mouvemens qui se succèdent avec rapidité, ces formes qui tournent dans les sens contraires, ce mélange d'enchaî-nemens, cet ensemble et cette harmonie qui régnent dans les temps et dans les développe-mens, tout ne vous peint-il pas l'image d'une machine ingénieusement construite?

Les ballets, au contraire, qui traînent après eux le désordre et la confusion; dont la marche est inégale, dont les figures sont brouillées, ne ressemblent-ils pas à ces ouvrages de méca-nique mal combinés, qui, chargés d'une quan-tité immense de roues et de ressorts, trompent l'attente de l'artiste, et l'espérance du public, parce qu'ils pèchent également par les pro-portions et la justesse.

Nos productions tiennent souvent encore du merveilleux. Plusieurs d'entre elles exigent des machines : il est, par exemple, peu de sujets dans Ovide, que l'on puisse rendre sans y associer les changemens, les vols, les métamorphoses, etc. Il faut donc qu'un maître de ballets renonce aux sujets de ce genre, s'il n'est machiniste lui-même. On ne trouve malheureusement en province que des manoeuvres ou des garçons de théâtre, que la protection comique élève par degrés à ce grade ; leurs talens consistent et se renferment dans la science de lever les lustres ou de faire descendre par saccades une gloire mal équipée. Les théâtres d'Italie ne brillent point par les machines; ceux de l'Allemagne, construits sur les mêmes plans, sont également privés de cette partie magique du spectacle; en sorte qu'un maître de ballets se trouve fort embarrassé sur ces théâtres, s'il n'a quelque connoissance du mécanisme, s'il ne peut développer ses idées avec clarté, et construire à cet effet de petits modèles, qui servent toujours plus à l'intelligence des ouvriers que tous les discours, quelque clairs et quelque précis qu'ils puissent être.

Les théâtres de Paris et de Londres sont ceux où l'on trouve dans ce genre les plus grandes ressources. Les Anglais sont ingénieux; leurs machines de théâtre sont plus

simplifiées que les nôtres; aussi les effets en
sont-ils aussi prompts que subtils. Chez eux,
tous les ouvrages qui concernent la manœuvre
sont d'un fini et d'une délicatesse admirables;
cette propreté, ce soin et cette exactitude qu'ils
emploient dans les plus petites parties, peuvent
contribuer sans doute à la vitesse et à la précision. C'est principalement dans leurs pantomimes, genre trivial, sans goût, sans intérêt,
d'une intrigue basse, que les chefs-d'œuvre
du mécanisme se déploient. On peut dire que
ce spectacle, qui entraîne après lui des dépenses
immenses, est fait pour des yeux que rien
ne peut blesser, et qu'il réussiroit médiocrement sur nos théâtres, où l'on n'aime la
plaisanterie qu'autant qu'elle est associée à la
décence, qu'elle est fine et délicate, et qu'elle
ne blesse ni les mœurs ni le goût.

Un compositeur qui veut s'élever au-dessus
du commun, doit étudier les peintres, et les
suivre dans leurs différentes manières de composer et de faire. Son art a le même objet à
remplir que le leur, soit pour la ressemblance,
le mélange des couleurs, le *clair-obscur*, soit
pour la manière de grouper et de draper les
figures, et les poser dans les attitudes élégantes,
de leur donner enfin du caractère, du feu, de

l'expression : or, le maître de ballets pourra-t-il
réussir s'il ne réunit les parties et les qualités
qui constituent le grand peintre ?

Je pars de ce principe, pour oser croire que
l'étude de l'anatomie jettera de la netteté dans
les préceptes qu'il donnera aux sujets qu'il
voudra former : il démêlera dès-lors aisément
les vices de conformation et les défauts d'habitude qui s'opposent si souvent au progrès
des élèves. Connoissant la cause du mal, il y
remédiera facilement ; dirigeant ses leçons et
ses préceptes d'après un examen sage et exact,
ils ne porteront jamais à faux. C'est au peu
d'application que les maîtres apportent à reconnoître la conformation de leurs écoliers
(conformation qui varie tout autant que les
physionomies), que l'on doit cette nuée de
mauvais danseurs, qui seroit moindre sans
doute, si on avoit eu le talent de les placer
dans le genre qui leur étoit propre.

M. Bourgelat, écuyer du roi, chef de l'académie de Lyon, aussi cher aux étrangers qu'à
sa nation, ne s'est pas borné à exercer des
chevaux une grande partie de sa vie ; il en a
soigneusement recherché la nature ; il en a
reconnu jusqu'aux fibres les plus déliées. Ne
croyez pas que les maladies de ces animaux

aient été l'unique but de ses études anatomi-
ques ; il a forcé, pour ainsi dire, la nature à
lui avouer ce qu'elle avoit constamment refusé
de révéler jusqu'à lui ; la connoissance intime
de la succession harmonique des membres du
cheval dans toutes ses allures, et dans tous les
airs, ainsi que la découverte du la source, du
principe, et des moyens de tous les mouvemens dont l'animal est susceptible, l'ont conduit à une méthode unique, simple, facile,
qui tend à ne jamais rien exiger du cheval que
dans des temps justes, naturels et possibles ;
temps qui sont les seuls où l'exécution ne soit
point pénible à l'animal, et où il ne sauroit se
soustraire à l'obéissance.

Le peintre n'étudie point l'anatomie pour
peindre des squelettes ; il ne dessine point
d'après l'écorché de *Michel-Ange*, pour placer
ces figures hideuses dans ses tableaux ; cependant ces études lui sont absolument utiles
pour rendre l'homme dans ses proportions,
et pour le dessiner dans ses mouvemens et dans
ses attitudes.

Si le *nu* doit se faire sentir sous la draperie,
il faut encore que les os se fassent sentir sous
les chairs. Il est essentiel de discerner la place
que chaque partie doit occuper : l'homme

enfin doit se trouver sous la draperie, l'écorché sous la peau, et le squelette sous les chairs, pour que la figure soit dessinée dans la vérité de la nature et dans les proportions raisonnées de l'art.

Le dessin est trop utile aux ballets, pour que ceux qui les composent ne s'y attachent pas sérieusement. Il contribuera à l'agrément des formes; il répandra de la nouveauté et de l'élégance dans les figures, de la volupté dans les groupes, des graces dans les positions du corps, de la précision et de la justesse dans les attitudes. Néglige-t-on le dessin, on commet des fautes grossières dans la composition. Les têtes ne se trouvent plus placées agréablement, et contrastent mal avec les effacemens du corps; les bras ne sont plus posés dans des situations aisées; tout est lourd, tout annonce la peine, tout est privé d'ensemble et d'harmonie.

Le maître de ballets qui ignorera la musique, phrasera mal les airs; il n'en saisira pas l'esprit et le caractère; il n'ajustera pas les mouvemens de la danse à ceux de la mesure avec cette précision et cette finesse d'oreille qui sont absolument nécessaires, à moins qu'il ne soit doué de cette sensibilité d'organe que la nature donne plus communément que l'art, et qui est fort au dessus de celle que l'on peut acquérir par l'application et l'exercice.

Le bon choix des airs est une partie aussi essentielle à la danse, que le choix des mots et le tour des phrases l'est à l'éloquence. Ce sont les mouvemens et les traits de la musique, qui fixent et déterminent tous ceux du danseur. Le chant des airs est-il uniforme et sans goût, le ballet se modelera sur ce chant ; il sera froid et languissant.

Tel est le rapport intime qui se trouve entre la musique et la danse, qu'il n'est pas douteux, Monsieur, qu'un maître de ballets ne retire des avantages certains de la connoissance-pratique de cet art ; il pourra communiquer ses idées au musicien ; et s'il joint le goût au savoir, il composera ses airs lui-même, ou il fournira au compositeur les principaux traits qui doivent caractériser son action : ces traits étant expressifs et variés, la danse ne pourra manquer de l'être à son tour. La musique bien faite doit peindre, doit parler : la danse, en imitant ses sons, sera l'écho qui répétera tout ce qu'elle articulera. Est-elle muette, au contraire, ne dit-elle rien au danseur, il ne peut lui répondre ; et dès lors tout sentiment, toute expression sont bannis de l'exécution.

Rien n'étant indifférent au génie, rien ne doit l'être au maître de ballets. Il ne peut se distinguer dans son art, qu'autant qu'il s'appliquera à l'étude de ceux dont je viens de parler: exiger qu'il les possède tous dans un degré de supériorité qui n'est réservé qu'à ceux qui se livrent particulièrement à chacun d'eux, ce seroit demander l'impossible; mais s'il n'en a pas la pratique, il doit en avoir l'esprit.

Je ne veux que des connoissances générales, qu'une teinture de chacune des sciences qui, par le rapport qu'elles ont entre elles, peuvent concourir à l'embellissement et à la gloire de la nôtre.

Tous les arts se tiennent par la main, et sont l'image d'une famille nombreuse, qui cherche à s'illustrer; l'utilité dont ils sont à la société, excite leur émulation; la gloire est leur but, ils se prêtent mutuellement des secours pour y atteindre. Chacun d'eux prend des routes opposées, comme chacun d'eux a des principes différens; mais on y trouve cependant certains traits frappans, certain air de ressemblance, qui annoncent leur union intime et le besoin qu'ils ont les uns des autres pour s'élever, pour s'embellir, et pour se perpétuer.

De ce rapport des arts, de cette harmonie

qui règne entre eux, il faut conclure, Monsieur,
que le maître de ballets dont les connoissances
seront les plus étendues, et qui aura le plus
de génie et d'imagination, sera celui qui mettra
le plus de feu, de vérité, d'esprit et d'intérêt
dans ses compositions.

Je suis, etc.

LETTRE XV.

Études du maître de Ballets.

———

Si les arts s'entr'aident, Monsieur, s'ils offrent des secours à la danse, la nature semble s'empresser à lui en présenter à chaque instant de nouveaux ; la cour et le village, les élémens, les saisons, tout concout à lui fournir les moyens de se varier et de plaire.

Un maître de ballets doit donc tout voir, tout examiner, puisque tout ce qui existe dans l'univers peut lui servir de modèle.

Que de tableaux diversifiés ne trouvera-t-il pas chez les artisans ! chacun d'eux a des attitudes différentes relativement aux positions et aux mouvemens que leurs travaux exigent. Cette allure, ce maintien, cette façon de se mouvoir toujours analogue à leur métier, et toujours comique, doivent être saisis par le compositeur ; elle est d'autant plus facile à imiter, qu'elle est ineffaçable chez les gens de métier, eussent-ils même fait fortune, et abandonné leurs professions; effets ordinaires de l'habitude lorsqu'elle est contractée par le temps, et fortifiée par les peines et les travaux.

Que de tableaux bizarres et singuliers ne trouvera-t-il pas encore dans la multitude de ces oisifs agréables, de ces petits-maîtres subalternes, qui sont les singes et les caricatures des ridicules de ceux à qui l'âge, le nom ou la fortune semblent donner des priviléges de frivolité, d'inconséquence et de fatuité!

Les embarras des rues, les promenades publiques, les guinguettes, les amusemens et les travaux de la campagne, une noce villageoise, la chasse, la pêche, les moissons, les vendanges, la manière rustique d'arroser une fleur, de la présenter à sa bergère, de dénicher des oiseaux, de jouer du chalumeau, tout lui offre des effets pittoresques et variés, d'un genre et d'un coloris différens.

Un camp, des évolutions militaires, les exercices, les attaques et les défenses des places, un port de mer, une rade, un embarquement et un débarquement; voilà des images qui doivent attirer nos regards, et porter notre art à sa perfection, si l'exécution en est naturelle.

Les chefs-d'œuvre des Racine, des Corneille, des Voltaire, des Crébillon, ne peu-

vent-ils pas encore servir de modèles à la danse
dans le genre noble ? Ceux des Molière, des
Regnard, et de plusieurs auteurs célèbres ne
nous présentent-ils pas des tableaux d'un genre
moins élevé ? Je vois le peuple dansant se récrier
à cette proposition ; je l'entends qui me traite
d'insensé : mettre des tragédies et des comédies en danse, quelle folie ! Y a-t-il de la
possibilité? Oui, sans doute : resserrez l'action
de l'avare, retranchez de cette pièce tout
dialogue tranquille, rapprochez les incidens,
réunissez tous les tableaux épars de ces drames,
et vous réussirez.

Vous rendrez intelligiblement la scène de la
Bagne, celle où l'Avare fouille la *Flèche*, celle où
Frosine l'entretient de sa maîtresse ; vous pein-
drez le désespoir et la fureur d'Harpagon avec
des couleurs aussi vives que celles que Molière
a employées, si toutefois vous avez une ame.
Tout ce qui peut servir à la peinture doit servir
à la danse : que l'on me prouve que les pièces
des auteurs que je viens de nommer sont dépourvues de caractères, dénuées d'intérêt, privées de situations fortes, et qu'un peintre habile ne pourroit jamais imaginer, d'après ces
chefs-d'œuvre, que des tableaux froids et désagréables, alors je conviendrai que ce que

j'ai avancé n'est qu'un paradoxe : mais s'il peut résulter de ces pièces une multitude d'excellens tableaux , j'ai gain de cause ; ce n'est plus ma faute si les peintres panto- mimes nous manquent, et si le génie ne fraie point avec nos danseurs.

Batyle, *Pilade*, *Hilas* ne succédèrent-ils pas aux comédiens lorsque ceux-ci furent bannis de Rome ? ne commencèrent-ils pas à représenter en *pantomime* les scènes des meilleures pièces de ce temps? Encouragés par leurs succès , ils tentèrent de jouer des actes sé- parés, et la réussite de cette entreprise les déter- mina enfin à donner des pièces entières , qui fu- rent reçues avec des applaudissemens universels.

Mais ces pièces , dira-t-on, étoient générale- lement connues ; elles servoient , pour ainsi dire , de programme aux spectateurs, qui , les ayant gravées dans la mémoire , suivoient l'acteur sans peine , et le devinoient même avant qu'il s'exprimât. N'aurons-nous pas les mêmes avantages lorsque nous mettrons en danse les drames les plus estimés de notre théâtre ? serions-nous moins bien organisés que les danseurs de Rome ? et ce qui s'est fait du temps d'Auguste , ne peut-il se faire au- jourd'hui ? Ce seroit avilir les hommes que de le penser, et dépriser le goût et l'esprit de notre siècle que de le croire.

Revenons à mon sujet ; il faut qu'un maître de ballets connoisse les beautés et les imperfections de la nature. Cette étude le déterminera toujours à en faire un beau choix ; ces peintures d'ailleurs pouvant être tour à tour historiques, poétiques, critiques, allégoriques et morales, il ne peut se dispenser de prendre des modèles dans tous les rangs, dans tous les états, dans toutes les conditions. A-t-il de la célébrité, il pourra, par la magie et les charmes de son art, ainsi que le peintre et le poète, faire détester et punir les vices, récompenser et chérir les vertus.

Si le maître de ballets doit étudier la nature, et en faire un beau choix ; si le choix des sujets qu'il veut traiter en danse contribue en grande partie à la réussite de son ouvrage, ce n'est qu'autant qu'il aura l'art et le génie de les embellir, de les disposer et de les distribuer d'une manière noble et pittoresque.

Veut-il peindre, par exemple, la jalousie et tous les mouvemens de fureur et de désespoir qui la suivent, qu'il prenne pour modèle un homme dont la férocité et la brutalité naturelles soient corrigées par l'éducation; un portefaix seroit dans son genre un modèle aussi vrai, mais il ne seroit pas si beau ; le bâton dans ses mains suppléeroit au défaut d'expression ; et cette imitation, quoique prise dans la nature, révolteroit l'humanité, et ne traceroit que le tableau choquant de ses imperfections. D'ailleurs l'action d'un crocheteur jaloux sera moins pittoresque que celle d'un homme dont les sentimens seront élevés. Le premier se vengera dans l'instant, en faisant sentir le poids de son bras; le second, au contraire, luttera contre les idées d'une vengeance aussi basse que déshonorante ; ce combat intérieur de la fureur et de l'élévation de l'ame prêtera de la force et de l'énergie à sa démarche, à ses gestes, à ses attitudes, à sa physionomie, à ses regards : tout caractérisera sa passion ; tout décèlera la situation de son cœur : les efforts qu'il fera sur lui-même pour modérer les mouvemens dont il sera tourmenté, ne serviront qu'à les faire éclater avec plus de véhémence et de vivacité : plus sa passion sera contrainte, plus la chaleur sera concentrée, et plus l'effet sera attachant.

L'homme grossier et rustique ne peut fournir au peintre qu'un seul instant ; celui qui suit sa vengeance est toujours celui d'une joie basse

et triviale. L'homme bien né lui en présente;
au contraire, une multitude; il exprime sa
passion et son trouble en cent manières différentes, et l'exprime toujours avec autant de
feu que de noblesse. Que d'oppositions et
de contrastes dans ses gestes ! que de gradations et de dégradations dans ses emportemens ! que de nuances et de transitions différentes sur sa physionomie ! que de vivacité
dans ses regards ! quelle expression, quelle
énergie dans son silence ! L'instant où il est
détrompé offre encore des tableaux plus variés,
plus séduisans, et d'un coloris plus tendre et
plus agréable. Ce sont tous ces traits que le
maître de ballets doit saisir.

Les compositeurs célèbres, ainsi que les poètes
et les peintres illustres, se dégradent toujours
lorsqu'ils emploient leur temps et leur génie à
des productions d'un genre bas et trivial. Les
grands hommes ne doivent créer que de grandes
choses, et abandonner toutes celles qui sont
puériles à ces êtres subalternes, à ces demi-
talens, dont l'existence ne marque que le ridicule.

La nature ne nous offre pas toujours des modèles parfaits; il faut donc avoir l'art de les
corriger, de les placer dans des dispositions

agréables, dans des jours avantageux, dans des situations heureuses qui, dérobant aux yeux ce qu'ils ont de défectueux, leur prêtent encore les graces et les charmes qu'ils devroient avoir pour être vraiment beaux.

Le point difficile, comme je l'ai déjà dit, est d'embellir la nature sans la défigurer; de savoir conserver tous ses traits, et d'avoir le talent de les adoucir ou de leur donner de la force. Saisir l'instant, voilà le secret le plus important du peintre; le rendre avec vérité, voilà le prodige de l'art. La nature! la nature! et nos compositions seront belles : renonçons à l'art, s'il n'emprunte ses traits, s'il ne se pare de sa simplicité; il n'est séduisant qu'autant qu'il se déguise, et il ne triomphe véritablement que lorsqu'il est méconnu, et qu'on le prend pour elle.

Je crois, Monsieur, qu'un maître de ballets qui ne sait point parfaitement la danse ne peut composer que médiocrement. J'entends par danse, le sérieux; il est la base fondamentale du ballet. En ignore-t-on les principes, on a peu de ressources; il faut dès-lors renoncer au grand, abandonner l'histoire, la fable, les genres nationaux, et se livrer uniquement à ces ballets de paysans, dont on est rebattu et ennuyé de-

puis *Fossan*, cet excellent danseur comique,
qui apporta en France la fureur de sauter. Je
compare la belle danse à une mère-langue; les
genres mixtes et corrompus qui en dérivent, à
ces jargons que l'on entend à peine, et qui varient à proportion que l'on s'éloigne de la capitale, où règne le langage épuré.

Le mélange des couleurs, leur dégradation
et les effets qu'elles produisent à la lumière,
doivent fixer encore l'attention du maître de
ballets; ce n'est que d'après l'expérience que
j'ai senti le relief que ces effets donnent aux
figures, la netteté qu'ils répandent dans les
formes, et l'élégance qu'ils prêtent aux groupes. J'ai suivi dans *les Jalousies*, ou *les Fêtes
du sérail*, la dégradation des lumières que les
peintres observent dans leurs tableaux; les
couleurs fortes et entières tenoient la première
place, et formoient les parties avancées de celui-ci; les couleurs moins vives et moins éclatantes étoient employées ensuite. J'avois réservé les couleurs tendres et vaporeuses pour
les fonds; la même dégradation étoit observée
encore dans les tailles. L'exécution se ressentit
de cette heureuse distribution; tout étoit d'accord, tout étoit tranquille; rien ne se heurtoit,
rien ne se détruisoit; cette harmonie séduisoit

l'œil, qui embrassoit toutes les parties sans se
fatiguer; mon ballet eut d'autant plus de succès, que, dans celui que j'ai intitulé le *Ballet
Chinois*, et que je remis à Lyon (1), le mauvais arrangement des couleurs et leur mélange
choquant blessoient les yeux; toutes les figures
papillotoient et paroissoient confuses, quoique
dessinées correctement; rien enfin ne faisoit
l'effet qu'il auroit dû faire. Les habits *tuèrent*,
pour ainsi dire, l'ouvrage, parce qu'ils étoient
dans les mêmes teintes que la décoration : tout
étoit riche, tout étoit brillant en couleurs,
tout éclatoit avec la même prétention; aucune
partie n'étoit sacrifiée, et cette égalité dans les
objets privoit le tableau de son effet, parce que
rien n'étoit en opposition, l'œil du spectateur fatigué ne distinguoit aucune forme.
Cette multitude de danseurs qui traînoient après
eux le brillant *de l'oripeau*, et l'assemblage
bizarre des couleurs, éblouissoient les yeux sans
les satisfaire. La distribution des habits étoit
telle, que l'homme cessoit de paroître dès

_____

(1) Ce ballet a été depuis donné à Paris et à Londres,
avec des habits pleins de goût, de la composition du
sieur Boquet, dessinateur de l'Académie Royale de
musique.

l'instant qu'il cessoit de se mouvoir; cependant ce ballet fut rendu avec toute la précision possible. La beauté du théâtre lui donnoit une élégance et une netteté qu'il ne pouvoit avoir à Paris sur celui de M. *Monnet;* mais, soit que les habits et la décoration n'aient pas été d'accord, soit enfin que le genre que j'ai adopté l'emporte sur celui que j'ai quitté, je suis obligé de convenir que de tous mes ballets c'est celui qui a fait ici le moins de sensation.

La dégradation dans les tailles et dans les couleurs des vêtemens est inconnue au théâtre; ce n'est pas la seule partie qu'on y néglige; mais cette négligence ne me paroît pas excusable dans de certaines circonstances, surtout à l'Opéra, théâtre de la fiction; théâtre où la peinture peut déployer tous ses trésors; théâtre qui, souvent dénué d'action forte et privé d'intérêt vif, doit être riche en tableaux de tous les genres, ou du moins devroit l'être.

Une décoration, de quelque espèce qu'elle soit, est un grand tableau préparé pour recevoir des figures. Les actrices et les acteurs, les danseurs et les danseuses, sont les personnages qui doivent l'orner et l'embellir; mais, pour que ce tableau plaise et ne choque point la vue, il faut que de justes proportions brillent également dans les différentes parties qui le composent.

Si, dans une décoration représentant un temple ou un palais or et azur, les habillemens des acteurs sont bleu et or, ils détruiront l'effet de la décoration, et la décoration à son tour privera les habits de l'éclat qu'ils auroient eu sur un fond plus tranquille. Une telle distribution dans les couleurs éclipsera le tableau, le tout ne formera qu'un camaïeu, et ce coup-d'œil monotone fatiguera bientôt l'œil, et prêtera son uniformité et sa froideur à l'action.

Les couleurs des draperies et des habillemens doivent trancher sur la décoration; je la compare à un beau fond : s'il n'est tranquille, s'il n'est harmonieux, si les couleurs en sont trop vives et trop brillantes, il détruira le charme du tableau, il privera les figures du relief qu'elles doivent avoir; rien ne se détachera, parce que rien ne sera ménagé avec art; et le papillotage qui résultera de la mauvaise entente des couleurs, ne présentera qu'un panneau de découpures enluminé sans goût et sans intelligence.

Dans les décorations d'un beau simple, et peu varié de couleurs, les habits riches et éclatans peuvent être admis, ainsi que tous ceux qui seront coupés par des couleurs vives et entières.

Dans les décorations de goût et d'idée, comme palais chinois, place publique de Constantinople, ornés pour une fête, genre bizarre qui ne soumet la composition à aucune règle sévère, qui laisse un champ libre au génie, et dont le mérite augmente à proportion de la singularité que le peintre y répand ; dans ces sortes de décorations, dis-je, brillantes en couleurs, chargées d'étoffes rehaussées d'or et d'argent, il faut des habits drapés dans le *costume*, mais il les faut simples et dans des nuances entièrement opposées à celles qui éclatent le plus dans la décoration ; si l'on n'observe exactement cette règle, tout se détruira faute d'ombres et d'oppositions; tout doit être d'accord, tout doit être harmonieux au théâtre : lorsque la décoration sera faite pour les habits, et les habits pour la décoration, le charme de la représentation sera complet.

Les artistes surtout et les gens de goût sentiront la justesse et l'importance de cette observation.

La dégradation des tailles ne doit pas être observée moins scrupuleusement dans les instans où la danse fait partie de la décoration.

L'Olympe, ou le Parnasse, est du nombre de ces morceaux qui ne peuvent séduire ou plaire, si le peintre et le maître des ballets ne sont d'accord sur les proportions, la distribution et les attitudes des personnes.

Dans un spectacle aussi riche en ressources que celui de notre Opéra, n'est-il pas choquant et ridicule de ne point trouver de dégradations dans les tailles, lorsqu'on s'y attache et qu'on s'en occupe dans les morceaux de peinture qui ne sont qu'accessoires au tableau? Jupiter, par exemple, au haut de l'Olympe, ou Apollon au sommet du Parnasse, ne devroient-ils pas paroître plus petits, à raison de l'éloignement, que les Divinités et les Muses, qui, étant au-dessous d'eux, sont plus rapprochés du spectateur? Si, pour faire illusion, le peintre se soumet aux règles de la perspective, d'où vient que le maître de ballets, qui est peintre lui-même ou qui devroit l'être, en secoue le joug? Comment les tableaux plairont-ils, s'ils ne sont vraisemblables, s'ils sont sans proportion, et s'ils péchent contre les règles que l'art a puisées dans la nature par la comparaison des objets? C'est dans les tableaux fixes et tranquilles de la danse, que la dégradation doit avoir lieu; elle est moins importante dans

ceux qui varient et qui se forment en dansant. J'entends par tableaux fixes tout ce qui
fait groupe dans l'éloignement, tout ce qui est
dépendant de la décoration, et qui, d'accord
avec elle, forme une grande machine bien entendue.

Mais comment, me direz-vous, observer
cette dégradation? Si c'est un *Vestris* qui danse
Apollon, faudra-t-il priver le ballet de cette
ressource, et sacrifier tout le charme qu'il y
répandra, au charme d'un seul instant? Non,
certes; mais on prendra pour le tableau tranquille un Apollon proportionné aux différentes parties de la machine; un jeune homme
de quinze ans, que l'on habillera de même que
le véritable Apollon : il descendra du Parnasse; et, à l'aide des ailes de la décoration,
on l'*escamotera*, pour ainsi dire, en substituant à sa place la taille élégante et le talent
supérieur.

C'est par des épreuves réitérées que je me
suis convaincu des effets admirables que produisent les dégradations. Le premier essai que
j'en fis, et qui me réussit, fut dans un ballet
de chasseurs; et cette idée, peut-être neuve
dans les ballets, fut enfantée par l'impression
que me fit une faute grossière de M. *Servan-*

doni, faute d'inattention, et qui ne peut détruire le mérite de cet artiste ; c'étoit, je crois, dans la représentation de la *Forêt en-chantée*, spectacle plein de beauté, et tiré du *Tasse.* Un pont fort éloigné étoit placé à la droite du théâtre ; un grand nombre de cavaliers défiloient ; chacun d'eux avoit l'air et la taille gigantesques, et paroissoit beaucoup plus grand que la totalité du pont ; les chevaux postiches étoient plus petits que les hommes, et ces défauts de proportions choquèrent les yeux même des moins exercés. Ce pont pouvoit avoir de justes proportions avec la décoration, mais il n'en avoit pas avec les objets vivans qui devoient le passer : il falloit donc, ou les supprimer, ou leur en substituer de plus petits ; des enfans, par exemple, montés sur des chevaux modelés, proportionnés à leur taille, et au pont, lequel, dans cette circonstance, étoit la partie qui devoit régler et déterminer le décorateur, auroient produit l'effet le plus séduisant et le plus vrai.

J'essayai donc, dans une chasse, d'exécuter ce que j'avois desiré dans le spectacle de *Servandoni* ; la décoration représentoit une forêt, dont les routes étoient parallèles au spectateur. Un pont terminoit le tableau, en laissant voir

derrière lui un paysage fort éloigné. J'avois
divisé cette entrée en six classes toutes dégradées ; chaque classe étoit composée de trois
chasseurs et de trois chasseresses ; ce qui formoit en tout le nombre de trente-six figurans
ou figurantes : les tailles de la première classe
traversoient la route la plus proche du spectateur ; celles de la seconde les remplaçoient en
parcourant la route suivante ; et celles de la
troisième leur succédoient en passant à leur
tour sous la troisième route ; ainsi du reste,
jusqu'à ce qu'enfin la dernière classe, composée
de petits enfans, termina cette course, en passant sur le pont. La dégradation étoit si correctement observée, que l'œil s'y trompoit : ce
qui n'étoit qu'un effet de l'art et des proportions avoit l'air le plus vrai et le plus naturel : la fiction étoit telle , que le public
n'attribuoit cette dégradation qu'à l'éloignement des objets , et qu'il s'imaginoit que c'é-
toient toujours les mêmes chasseurs et les mêmes
chasseresses qui parcouroient les différens chemins de la forêt. La musique avoit la même
dégradation dans les sons , et devenoit plus
douce à mesure que la chasse s'enfonçoit dans
la forêt qui étoit vaste et peinte de bon goût.

Je ne saurois vous dire le plaisir que me procura cette idée, dont l'exécution surpassa même mon attente, et qui fut généralement sortie.

Voilà, Monsieur, l'illusion que produit le théâtre, lorsque toutes les parties en sont d'accord et que les artistes prennent la nature pour leur guide et leur modèle.

Je crois que j'aurai à-peu-près rempli l'objet que je me suis proposé dans cette lettre, en vous faisant faire encore une observation sur l'entente des couleurs. Les *Jalousies* ou *les Fêtes du sérail* vous ont offert l'esquisse de la distribution qui doit régner dans les quadrilles des ballets; mais comme il est plus ordinaire d'habiller les danseurs et les danseuses uniformément, j'ai fait une épreuve qui m'a réussi, et qui ôte à l'uniformité des habits le ton dur et monotone qu'ils ont ordinairement : c'est la dégradation exacte de la même couleur, divisée dans toutes les nuances, depuis le bleu foncé jusqu'au bleu le plus tendre; depuis le rose vif jusqu'au rose pâle; depuis le violet jusqu'au lilas clair : cette distribution donne du jeu et de la netteté aux figures; tout se détache et fuit dans de justes proportions; tout enfin a du relief et se découpe agréablement de dessus les fonds.

Si, dans une décoration représentant un antre de l'enfer, le maître des ballets veut que la levée du rideau laisse voir et ce lieu terrible, et les tourmens des *Danaïdes*, des *Ixion*, des *Tantale*, des *Sisyphes*, et des différens emplois des divinités infernales ; s'il veut enfin offrir au premier coup-d'œil un tableau mouvant et effrayant des supplices des enfers, comment réussira-t-il dans cette composition momentanée s'il n'a l'art de distribuer les objets et de les ranger dans la place que chacun d'eux doit occuper, s'il n'a le talent de saisir l'idée première du peintre, et de subordonner toutes les siennes au fond que celui-ci lui a préparé ? Ce sont des rochers obscurs et lumineux, des parties éteintes, des parties brillantes de feu : c'est une horreur bien entendue qui doit régner dans le tombeau ; tout doit être affreux ; tout enfin doit indiquer le lieu de la scène et annoncer les tourmens et les douleurs de ceux qui la remplissent. Les habitans des enfers, tels qu'on les représente au théâtre, sont vêtus de toutes les couleurs qui composent les flammes ; tantôt le fond de leur habit est noir, tantôt il est ponceau, ou couleur de feu : ils empruntent enfin toutes les teintes qui sont employées dans la décoration. L'attention que doit avoir le maître de ballets c'est de placer

sur les parties obscures de la décoration les
habits les plus clairs et les plus brillans, et de
distribuer sur toutes les masses de clair les
habits les plus sombres et les moins éclatans :
de cet heureux arrangement naîtra l'harmo—
nie ; la décoration servira, si j'ose m'exprimer
ainsi, de *repoussoir* au ballet ; celui-ci, à son
tour, augmentera le charme de la peinture et
lui prêtera toutes les forces capables de séduire,
d'émouvoir, de faire illusion au spectateur.

Je suis, etc.

~~~~~~

LETTRE XVI.

Choix des Sujets.

JE puis vous assurer avec connoissance de cause, Monsieur, et d'après des épreuves réitérées, que les sujets puisés dans l'histoire sont ceux qui peuvent fournir à l'art pantomime les plus riches images et les plus grands moyens d'expression. Le genre tragique a cet avantage que tout y est fortement prononcé, que les passions sont entières, qu'elles s'annoncent avec tout leur éclat. Ce genre énergique présente au maître des ballets de grands traits et de beaux caractères, des situations à dessiner, des groupes à imaginer, des incidens à saisir, des coups de théâtre à peindre ; le dénouement d'une action vigoureuse lui offrira le modèle d'un vaste tableau rempli d'intérêt.

Il ne faut pas croire cependant que mon goût pour le genre tragique soit exclusif ; j'ai parcouru tous les genres. *Variété* doit être la devise du maître de ballets. Mon imagination ne

me détermine pas à donner une préférence absolue aux objets qui portent le caractère de la
tristesse ou celui de la terreur. *Young* ne sera
jamais mon unique modèle. Si j'ai quelquefois
préféré les sujets tragiques, c'est par reconnoissance : ce genre m'a fourni de grands moyens
d'action et d'expression ; le jeu varié des passions a prêté aux gestes et à la physionomie
cette éloquence vive et animée que les sujets
tendres et langoureux m'ont constamment re-
fusée : je peignois en grand, mes teintes étoient
vigoureuses, et je les employois avec les pinceaux hardis d'une imagination exaltée. Si je
voulois vous ennuyer, Monsieur, je vous ferois
part de la nomenclature des ballets que j'ai
composés, et vous verriez que sur cent il n'y
en a que trente qui soient véritablement tragiques. Il est bien singulier que l'on ait comme
ignoré jusqu'à présent que le genre le plus
propre aux expressions de la danse est le genre
tragique. Il fournit de grands tableaux, des
situations nobles, et des coups de théâtre heureux ; d'ailleurs, les passions étant plus fortes
et plus décidées dans les héros que dans les
hommes ordinaires, l'imitation en devient plus
facile, l'action du pantomime plus chaude, plus
vraie, plus intelligible.

La poésie et la fable présentent au maître de ballets de magnifiques sujets, presque tout dessinés; il n'aura que les couleurs à y placer et le clair-obscur à y mettre.

La fable lui offre encore de petits sujets, qui ne peuvent fournir qu'à l'action agréable d'un pas de deux ou de trois. Ce sont de jolis tableaux de chevalet; ils ne demandent point un grand cadre, mais ces sujets ne peuvent s'étendre sans le secours des épisodes. Un seul acte suffit à l'exposition, au nœud et au dénouement, et ces sortes de sujets n'exigent qu'une seule décoration. Ce genre ne demande que des teintes légères propres à peindre l'amour; il acquerroit sans doute plus d'intérêt si la jalousie étoit de la partie. Les contrastes font le charme de l'art. C'est au maître de ballets à chercher et à choisir dans la mythologie des traits qui lui présentent ces oppositions.

La danse proprement dite n'étoit dans son origine que l'expression naïve de la joie; mais lorsque l'on a voulu étendre les effets de cette expression primitive, on lui a assigné des règles, des principes et une marche régulière; j'ai pensé qu'il étoit possible de lui donner plus d'extension en lui faisant peindre des différens sentimens qui agitent l'ame. J'ai donc déclaré

la guerre aux habitudes, j'ai combattu long-
temps contre la phalange antique des préjugés ; mais j'ai eu de la peine à vaincre, et je
suis parvenu, à force de combats, à obtenir une
victoire complète.

Encouragé par le succès qu'obtinrent mes
premiers essais, j'entrepris, en l'année 1751,
de transporter sur la scène le magnifique sujet du *Jugement de Páris*. Cette fable donna
à ma composition deux actes pleins d'action
et d'expression. Cependant je le mis en trois
actes. Le dernier n'offroit qu'une fête, où la
danse seule brilloit de tout son éclat. Cette
représentation réussit au-delà de mon attente ;
mais, moins indulgent que le public, je me ju-
geois sévèrement ; et, ayant toujours préféré la
qualité à la quantité ; m'étant fortement persuadé
que les longueurs, dans un ballet en action,
effacent les impressions reçues, je fus très-fâ-
ché de n'avoir pas cousu mon divertissement à
la fin du second acte ; en diminuant les longueurs, je n'aurois pas éteint le feu que l'action et l'expression avoient allumé, ni amorti
les impressions vives qu'elles venoient de faire
éprouver au spectateur.

LETTRE XVII.

De la composition des Ballets.

La poésie, la peinture, et la danse, ne sont, mon cher élève, ou ne doivent être qu'une copie fidèle de la belle nature. C'est par la vérité de l'imitation que les ouvrages des Corneille et des Racine, des Raphaël et des Michel-Ange, ont passés à la postérité, après avoir obtenu (ce qui est assez rare) les suffrages même de leur siècle. Que ne pouvons-nous joindre aux noms de ces grands hommes ceux des maîtres de ballets qui se sont rendus célèbres dans leur temps ; mais à peine les connoît-on; est-ce la faute de l'art? est-ce la leur ?

Un ballet est un tableau, ou plutôt une suite de tableaux liés entre eux par l'action qui fait le sujet du ballet ; la scène est, pour ainsi dire, la toile sur laquelle le compositeur rend ses idées ; le choix de la musique, la décoration, le costume, en sont le coloris ; le compositeur est le peintre. Si la nature lui a donné ce feu

et cet enthousiasme, ame de tous les arts imitateurs, l'immortalité ne peut-elle pas lui être
assurée? Pourquoi ne connoissons - nous aucun maître de ballets? C'est que les ouvrages
de ce genre ne durent qu'un instant, et sont
effacés presque aussitôt que l'impression qu'ils
ont produite; c'est qu'il ne reste aucun ves-
tige des plus sublimes productions des *Batyle*
et des *Pilade*. A peine conserve-t-on une
idée de ces pantomimes si célèbres dans le
siècle d'Auguste.

Du moins si ces grands compositeurs, ne
pouvant transmettre à la postérité leurs tableaux fugitifs, nous eussent transmis leurs
idées, leurs principes sur leur art; s'ils eussent
tracé les règles d'un genre dont ils étoient
créateurs, leurs noms et leurs écrits auroient
traversé l'immensité des âges, et ils n'auroient
pas consacré leurs peines et leurs veilles à la
gloire d'un moment. Ceux qui les ont suivis
auroient eu des principes, et l'on n'auroit pas
vu périr l'art de la pantomime et du geste,
portés jadis à un point qui étonne encore l'imagination.

Depuis la perte de cet art, personne n'a
cherché à le retrouver; personne n'a entrepris
de le créer, pour ainsi dire, une seconde fois.

1.   15

Effrayés des difficultés de cette entreprise, mes prédécesseurs y ont renoncé; et, plutôt que de s'honorer par quelque heureuse tentative, ils ont laissé subsister un divorce qui paroissoit devoir être éternel, entre la danse purement dite et la pantomime.

Plus hardi qu'eux, peut-être avec moins de talens, j'ai osé deviner l'art de faire des ballets en action, de réunir l'action à la danse, de lui donner des caractères, des idées; j'ai osé me frayer des routes nouvelles. L'indulgence du public m'a encouragé; elle m'a soutenu dans des crises capables de rebuter l'amour-propre; et mes succès semblent m'autoriser à satisfaire votre curiosité sur un art que vous chérissez, et auquel j'ai consacré tous mes momens.

Depuis le règne d'Auguste jusqu'à nos jours, les ballets n'ont été que de foibles esquisses de ce qu'ils peuvent être encore. Cet art, enfant du génie et du goût, peut s'embellir, se varier à l'infini. L'histoire, la fable, la peinture, tout se réunit pour le tirer de l'obscurité où il est enseveli; et l'on s'étonne que les compositeurs aient dédaigné des secours si puissans!

Les programmes des ballets, qui ont été donnés, il y a un siècle ou environ, dans les différentes cours de l'Europe, feroient soupçonner que cet art (qui n'étoit rien encore), loin d'avoir fait des progrès, s'est de plus en plus affoibli. Ces sortes de traditions, il est vrai, sont toujours fort suspectes. Il en est des ballets comme des fêtes en général ; rien de si beau, de si séduisant sur le papier, et souvent rien de si triste et de si mal entendu à l'exécution.

. Je pense, Monsieur, que l'art de la danse en action n'est resté dans l'enfance que parce qu'on en a borné les effets à celui de ces feux d'artifice, faits simplement pour amuser les yeux. Quoiqu'il partage avec les meilleurs drames l'avantage d'émouvoir et de captiver le spectateur par le charme de l'intérêt et de l'illusion, on ne l'a pas soupçonné de pouvoir parler à l'ame.

Si nos ballets sont foibles, monotones, languissans ; s'ils sont dénués d'intentions, d'expression et de caractère, c'est moins, je le répète, la faute de l'art que celle de l'artiste. Ignore-t-il que la danse unie à la pantomime est un art d'imitation ? Je serois tenté de le croire, puisque le plus grand nombre des compositeurs se borne à copier servilement un certain nombre de pas et de figures dont le public est rebattu depuis des siècles ; de sorte que si les ballets de **Phaéton**, ou de tout autre opéra, étoient remis par un compositeur moderne, ils diflèreroient si peu de ceux qui ont été faits dans la nouveauté, que l'on s'imagineroit que ce sont toujours les mêmes.

En effet, il est rare, pour ne pas dire impossible, de trouver du génie dans les plans, de l'élégance dans les formes, de la légèreté dans les groupes, de la précision et de la netteté dans la distribution des figures; à peine connoit-on l'art de déguiser les vieilles choses, et de leur donner un air de nouveauté.

Il faudroit que les maitres de ballets consultassent les tableaux des grands peintres; cet examen les rapprocheroit sans doute de la nature: ils éviteroient alors le plus souvent qu'il leur seroit possible cette symétrie dans les figures, qui, faisant répétition d'objets, offre sur la même toile deux tableaux semblables.

Dire que je blâme généralement toutes les figures symétriques; penser que je prétende en abolir totalement l'usage, ce seroit cependant mal interpréter mes idées.

L'abus des meilleures choses est toujours nuisibles; je ne désapprouve que l'usage trop fréquent et trop répété de ces sortes de figures; usage dont mes confrères sentiront le vice, lorsqu'ils s'attacheront à copier fidèlement la nature, et à peindre sur la scène les différentes passions, avec les nuances et le coloris que chacune d'elles exige en particulier.

Les figures symétriques de la droite à la gauche ne sont supportables, selon moi, que dans les corps d'entrée, qui n'ont aucun caractère d'expression, et qui, ne disant rien, sont faits uniquement pour donner le temps aux premiers danseurs de reprendre leur respiration : elles peuvent avoir lieu dans un ballet général qui termine une fête; elles peuvent encore passer dans des pas d'exécution, de quatre, de six, etc., quoique, à mon sens, il soit ridicule de sacrifier, dans ces sortes de morceaux, l'expression et le sentiment à l'adresse du corps et à l'agilité des jambes; mais la symétrie doit faire place à la nature dans les scènes d'action. Un exemple, quelque foible qu'il soit, me rendra peut-être plus intelligible, et suffira pour étayer mon sentiment.

Une troupe de nymphes, à l'aspect imprévu d'une troupe de jeunes faunes, prend la fuite avec autant de précipitation que de frayeur; les faunes au contraire poursuivent les nymphes avec cet empressement que donne ordi-

nairement l'apparence du plaisir : tantôt ils
s'arrêtent pour examiner l'impression qu'ils
font sur les nymphes ; celles-ci suspendent en
même temps leur course ; elles considèrent les
faunes avec crainte, cherchent à démêler leur
desseins, et à s'assurer par la fuite un asyle
qui puisse les garantir du danger qui les menace; les deux troupes se joignent; les nymphes résistent, se défendent et s'échappent
avec une adresse égale à leur légèreté, etc.

Voilà ce que j'appelle une scène d'action, où
la danse doit parler avec feu, avec énergie;
où les figures symétriques et compassées ne
peuvent être employées sans altérer la vérité,
sans choquer la vraisemblance, sans affoiblir
l'action et refroidir l'intérêt. Voilà, dis-je,
une scène qui doit offrir un beau désordre, et
où l'art du compositeur ne doit se montrer que
pour embellir la nature.

Un maître de ballets, sans intelligence et
sans goût, traitera ce morceau de danse machinalement, et le privera de son effet, parce
qu'il n'en sentira pas l'esprit. Il placera sur
plusieurs lignes parallèles les nymphes et les
faunes; il exigera scrupuleusement que toutes
les nymphes soient posées dans des attitudes
uniformes, et que les faunes aient les bras

élevés à la même hauteur; il se gardera bien, dans sa distribution, de mettre cinq nymphes à droite, et sept nymphes à gauche, ce seroit pécher contre les vieilles règles de l'opéra; mais il fera un exercice froid et compassé d'une scène d'action qui doit être pleine de feu.

Des critiques de mauvaise humeur, et qui ne connoissent point assez l'art pour juger de ses différens effets, diront que cette scène ne doit offrir que deux tableaux; que le desir des faunes doit tracer l'un, et la crainte des nymphes peindre l'autre. Mais que de nuances différentes à ménager dans cette crainte et ce desir! que d'oppositions, que de gradations et de dégradations à observer, pour que de ces deux sentimens il résulte une multitude de tableaux, tous plus animés les uns que les autres.

Les passions étant les mêmes chez tous les hommes, elles ne diffèrent qu'à proportion de leur sensibilité; elles agissent avec plus ou moins de force sur les uns que sur les autres, et se manifestent au dehors avec plus ou moins de véhémence et d'impétuosité. Ce principe posé (et la nature le démontre tous les jours), on doit diversifier les attitudes, répandre des

nuances dans l'expression, et dès-lors l'action
pantomime de chaque personnage cesse d'être
monotone. Ce seroit être aussi fidèle imitateur
qu'excellent peintre, que de mettre de la variété
dans l'expression des têtes, de donner à quelques-uns des faunes de la férocité; à ceux-là,
moins d'emportement; à ceux-ci, un air plus
tendre; aux autres enfin, un caractère de volupté qui suspendroit ou qui partageroit la
crainte des nymphes. L'esquisse de ce tableau
détermine naturellement la composition de
l'autre : je vois alors des nymphes qui flottent
entre le plaisir et la crainte; j'en aperçois
d'autres qui me peignent, par le contraste de
leurs attitudes, les différens mouvemens dont
leur ame est agitée; celles-ci sont plus fières
que leurs compagnes; celles-là mêlent à leur
frayeur un sentiment de curiosité, qui rend le
tableau plus piquant : cette diversité est d'autant plus séduisante, qu'elle est l'image de la
nature. Convenez donc avec moi, Monsieur,
que la symétrie doit toujours être bannie de la
danse en action.

Je demanderai à tous ceux qui ont des préjugés d'habitude s'ils trouveront de la symétrie dans un troupeau qui veut échapper à
la dent meurtrière des loups, ou dans des

paysans qui abandonnent leurs champs et leurs
hameaux pour éviter la fureur de l'ennemi qui
les poursuit ? Non, sans doute; mais l'art est de
savoir déguiser l'art. Je ne prêche point le désordre et la confusion ; je veux, au contraire, que la
régularité se trouve dans l'irrégularité même; je
demande des groupes ingénieux, des situations
fortes, mais toujours naturelles, une manière de
composer qui dérobe aux yeux toute la peine du
compositeur. Quant aux figures, elles ne sont
en droit de plaire que lorsqu'elles sont pré-
sentées avec rapidité, et dessinées avec autant
de goût que d'élégance.

Je suis, etc.

LETTRE XVIII.

Règles à suivre dans la Composition des Ballets.

———

JE ne puis m'empêcher, Monsieur, de désapprouver les maîtres de ballets, qui ont l'entêtement ridicule de vouloir que les figurans et les figurantes se modèlent exactement d'après eux, et compassent leurs mouvemens, leurs gestes et leurs attitudes d'après les leurs : cette singulière prétention ne doit-elle pas s'opposer au développement des graces naturelles des exécutans, et étouffer en eux le sentiment d'expression qui leur est propre?

Ce principe me paroît d'autant plus dangereux, qu'il est rare de trouver des maîtres de ballets d'un goût sûr et éclairé; il y en a si peu qui soient excellens comédiens, et qui possèdent l'art de peindre, par les gestes, les mouvemens de l'ame ! Il est, dis-je, si difficile de rencontrer parmi nous des *Batyle* et des *Pilade*, que je ne saurois me dispenser de condamner tous ceux qui, par l'idée qu'ils ont d'eux-mêmes, prétendent à se faire imiter. S'ils sentent foiblement, ils exprimeront de même; leurs gestes seront froids, leur physionomie sans caractère, leurs attitudes sans passions. N'est-ce pas induire les figurans à erreur que de leur présenter des copies médiocres? n'est-ce pas perdre son ouvrage que de le faire exécuter gauchement? peut-on d'ailleurs donner des préceptes fixes pour l'action pantomime? les gestes ne sont-ils pas l'ouvrage de l'ame, et les interprètes fidèles de ses mouvemens?

Un maître de ballets sensé doit faire, dans cette circonstance, ce que font la plupart des poètes, qui, n'ayant ni les talens ni les organes propres à la déclamation, font lire leur pièce, et s'abandonnent entièrement à l'intelligence des comédiens pour la représenter. Ils assistent, direz-vous, aux répétitions, j'en conviens; mais ils donnent moins de préceptes que de conseils. *Cette scène me paroît rendue foiblement ; vous ne mettez pas assez de débit dans telle autre; celle-ci n'est pas jouée avec assez de feu, et le tableau qui résulte de cette situation me laisse quelque chose à desirer :* voilà le langage du poète. Le maître de ballets, à son exemple, doit faire recommencer une scène en action, jusqu'à ce qu'enfin ceux qui l'exécutent aient rencontré cet instant de naturel inné chez tous les hommes; instant précieux qui se montre toujours avec autant de force que de vérité, lorsqu'il est produit par le sentiment.

Le ballet bien composé est une peinture vivante des passions, des mœurs, des usages, des cérémonies et du costume de tous les peuples de la terre : conséquemment il doit être pantomime dans tous les genres, et parler à l'ame par les yeux; est-il dénué d'expression, de tableaux frappans, de situations fortes, il n'offre plus alors qu'un spectacle froid et monotone. Ce genre de composition ne peut souffrir de médiocrité; à l'exemple de la peinture, il exige une perfection d'autant plus difficile à atteindre, qu'il est subordonné à l'imitation fidèle de la nature, et qu'il est mal-aisé, pour ne pas dire impossible, de saisir cette sorte de vérité séduisante qui dérobe l'illusion au spectateur, qui le transporte en un instant dans le lieu où la scène a dû se passer, qui met son ame dans la même situation où elle seroit, s'il voyoit l'action réelle dont l'art ne lui présente que l'imitation. Quelle précision ne faut-il pas encore avoir pour n'être pas

au-dessus ou au-dessous de l'objet que l'on
veut imiter? Il est aussi dangereux de trop
embellir son modèle que de l'enlaidir : ces
deux défauts s'opposent également à la ressemblance : l'un exagère la nature, l'autre la
dégrade.

Les ballets étant des représentations, ils doivent réunir les parties du drame. Les sujets que
l'on traite en danse sont pour la plupart vides
de sens, et n'offrent qu'un amas confus de scènes
aussi mal cousues que désagréablement conduites; cependant, il est en général indispen-
sable de se soumettre à de certaines règles.
Tout sujet de ballets doit avoir son exposition,
son nœud et son dénouement. La réussite de ce
genre de spectacle dépend en partie du bon
choix des sujets et de leur distribution.

L'art de la pantomime est sans doute plus
borné de nos jours qu'il ne l'étoit sous le règne
d'Auguste; il est quantité de choses qui ne peuvent se rendre intelligiblement par le secours
des gestes. Tout ce qui s'appelle dialogue tranquille ne peut trouver place dans la pantomime.
Si le compositeur n'a pas l'adresse de retrancher de son sujet ce qui lui paroît froid et monotone, son ballet ne fera aucune sensation. Si
le spectacle de M. *Servandoni* ne réussissoit

pas, ce n'étoit pas faute de gestes; les bras de
ses acteurs n'étoient jamais dans l'inaction; cependant ses représentations pantomimes étoient
de glace; à peine une heure et demie de mouvemens et de gestes fournissoit-elle un seul instant
au peintre.

Diane et Actéon, Diane et Endimion, Apollon et Daphné, Titon et l'Aurore, Acis et Ga-
lathée, ainsi que tous les sujets de cette espèce,
ne peuvent fournir à l'intrigue d'un ballet en
action, sans le secours d'un génie vraiment poétique. *Télémaque dans l'île de Calypso* offre
un plan plus vaste, et fera le sujet d'un très-
beau ballet, si toutefois le compositeur a l'art
d'élaguer du poème tout ce qui ne peut servir
au peintre, s'il a l'adresse de faire paroître
Mentor à propos, et le talent de l'éloigner de
la scène, dès l'instant qu'il pourroit la refroidir.

Si les licences que l'on prend journellement
dans les compositions théâtrales ne peuvent
s'étendre au point de faire danser Mentor dans
le ballet de *Télémaque*, c'est une raison plus
que suffisante pour que le compositeur ne se
serve de ce personnage qu'avec beaucoup de
ménagement. Ne dansant point, il devient
étranger au ballet; son expression, d'ailleurs,
étant dépourvue des graces que la danse prête

aux gestes et aux attitudes, paroît moins animée, moins chaude, et conséquemment moins
intéressante. Il est permis aux grands talens
d'innover, de sortir des règles ordinaires, et de
frayer des routes nouvelles, lorsqu'elles peuvent conduire à la perfection de leur art.

Mentor, dans un spectacle de danse, peut et
doit agir en dansant ; cela ne choquera ni la vérité ni la vraisemblance, pourvu que le compositeur ait l'art de lui conserver un genre de
danse et d'expression analogue à son caractère,
à son âge et à son emploi. Je crois, Monsieur,
que je risquerois l'aventure, et que des deux
maux j'éviterois le plus grand, l'ennui, qui ne
devroit jamais trouver place sur la scène.

C'est un défaut bien capital que celui de vouloir associer des genres contraires, et de mêler
sans distinction le sérieux avec le comique, le
noble avec le trivial, le galant avec le burlesque.
Ces fautes grossières, mais communes chez
beaucoup de maîtres, décèlent la médiocrité
de l'esprit ; elles affichent le mauvais goût et
l'ignorance du compositeur. Le caractère et le
genre d'un ballet ne doivent point être défigurés
par des épisodes d'un genre et d'un caractère
opposés ; les métamorphoses, les transforma-
tions et les changemens qui s'emploient com-

munément dans les pantomimes anglaises des
danseurs de corde, ne peuvent être employés
dans des sujets nobles ; c'est encore un autre
défaut, que de doubler et de tripler les objets :
ces répétitions de scènes refroidissent l'action,
et appauvrissent le sujet.

Une des parties essentielles du ballet est,
sans contredit, la variété ; les incidens et les tableaux qui en résultent doivent se succéder
avec rapidité : si l'action ne marche avec promptitude, si les scènes languissent, si le feu ne se
communique également partout ; que dis-je,
s'il n'acquiert de nouveaux degrés de chaleur à
mesure que l'intrigue se dénoue, le plan est
mal conçu, mal combiné ; il pèche contre les
règles du théâtre, et l'exécution ne produit
alors d'autre sensation sur le spectateur que
celle de l'ennui qu'elle traîne après elle.

J'ai vu, le croiriez-vous, Monsieur, quatre
scènes semblables dans le même sujet ; j'ai vu
des meubles faire l'exposition, le nœud et le
dénouement d'un grand ballet ; j'ai vu enfin associer des incidens burlesques à l'action la plus
noble et la plus voluptueuse ; la scène se passoit cependant dans un lieu respecté de toute
l'Asie ; de pareils contre-sens ne choquent-ils
pas le bon goût ? en mon particulier, j'en au-

rois été foiblement étonné si je n'avois connu
le mérite du compositeur ; cela m'a presque persuadé qu'il y a plus d'indulgence dans la capitale que partout ailleurs.

Tout ballet compliqué et diffus, qui ne me
tracera pas avec netteté et sans embarras l'action qu'il représente, dont je ne pourrai deviner l'intrigue qu'un programme à la main ; tout
ballet dont je ne sentirai pas le plan, et qui ne
m'offrira pas une exposition, un nœud et un
dénouement, ne sera plus, suivant mes idées,
qu'un simple divertissement de danse, plus ou
moins bien exécuté, et qui ne m'affectera que
médiocrement, puisqu'il ne portera aucun caractère, et qu'il sera dénué d'action et d'intérêt.

Mais la danse de nos jours est belle ; elle est,
dira-t-on, en droit de séduire et de plaire, dégagée même du sentiment et de l'esprit dont
vous voulez qu'elle se décore. Je conviendrai
que l'exécution mécanique de cet art est portée
à un degré de perfection qui ne laisse rien à
desirer ; j'ajouterai même qu'elle a souvent des
graces, de la noblesse ; mais ce n'est qu'une
partie des qualités qu'elle doit avoir.

Les pas, l'aisance et le brillant de leur enchaînement, l'aplomb, la fermeté, la vîtesse,
la légèreté, la précision, les oppositions des

1.   16

bras avec les jambes, voilà ce que j'appelle le mécanisme de la danse. Lorsque le génie ne dirige pas tous ces mouvemens, et que le sentiment et l'expression ne leur prêtent pas des forces capables de m'émouvoir et de m'intéresser, j'applaudis alors à l'adresse, j'admire l'homme-machine, je rends justice à sa force, à son agilité; mais il ne me fait éprouver aucune émotion; il ne m'attendrit pas, et ne me cause pas plus de sensation que l'arrangement des mots suivans :

Fait.. pas.. le.. la.. honte.. non.. crime.. et.. l'échafaud.

Cependant ces mots arrangés par le poëte, composent ce beau vers du comte d'Essex :

Le crime fait la honte, et non pas l'échafaud.

Il faut conclure de cette comparaison, que la danse renferme en elle tout ce qui est nécessaire au beau langage, et qu'il ne suffit pas d'en connoître l'alphabet. Qu'un homme de génie arrange les lettres, forme et lie les mots, elle cessera d'être muette, elle parlera avec autant de force que d'énergie; et les ballets partageront alors avec les meilleurs pièces du théâtre la gloire de toucher, d'attendrir, de faire couler des larmes, d'amuser, de séduire et de plaire.

dans les genres moins sérieux. La danse embéllie par le sentiment, et conduite par le talent, recevra enfin avec les éloges et les applaudissemens que toute l'Europe accorde à la poésie et à la peinture, les récompenses glorieuses dont on les honore.

Je suis, etc.

LETTRE XIX.

*De la disposition des parties principales
et des parties accessoires.*

Si les grandes passions conviennent à la tragédie, elles ne sont pas moins nécessaires au genre pantomime. Notre art est assujéti, en quelque façon, aux règles de la perspective; les petits détails se perdent dans l'éloignement. Il faut, dans les tableaux de la danse, des traits marqués, de grandes parties, des caractères vigoureux, des masses hardies, des oppositions et des contrastes aussi frappans qu'artistement ménagés.

Un habile maître doit pressentir d'un coup-d'œil, l'effet général de toute la machine, et ne jamais sacrifier le tout à la partie.

Sans oublier les principaux personnages de la représentation, il doit penser au plus grand nombre; fixe-t-il toute son attention sur les premiers danseurs et les premières danseuses, l'action devient froide , la marche des scènes se ralentit, et l'exécution est sans effet.

Les principaux personnages de la tragédie de Mérope sont, Mérope, Polifonte, Egiste , Narbas ; mais quoique les autres acteurs ne soient point chargés de rôles aussi importans, ils ne concourent pas moins à l'action générale et à la marche du drame , qui seroit coupée et suspendue, si l'un de ces personnages man- quoit à la représentation de cette pièce.

Il ne faut point d'inutilité au théâtre; con- séquemment on doit bannir de la scène ce qui peut y jeter du froid , et n'y introduire que le nombre exact de personnages nécessaires à l'exécution du drame.

Un ballet en action doit être une pièce de ce genre ; il doit être divisé par scènes et par actes ; chaque scène en particulier doit avoir , ainsi que l'acte, un commencement, un milieu , et une fin ; c'est-à-dire, son exposition, son nœud et son dénouement.

J'ai dit que les principaux personnages d'un ballet ne devoient pas faire oublier les subal- ternes ; je pense même qu'il est moins difficile de faire jouer des rôles transcendans à Hercule et Omphale , à Ariane et Bacchus, à Ajax et Ulisse, etc., qu'à vingt-quatre personnes qui seront de leur suite. S'ils ne disent rien sur la scène, ils y sont de trop, et doivent en être bannis; s'ils y parlent, il faut que leur conversation soit toujours analogue à celle des premiers acteurs.

L'embarras n'est donc pas de donner un caractère dominant et distinctif à Ajax et Ulisse, puisqu'ils l'ont naturellement, et qu'ils sont les héros de la scène; la difficulté consiste à y introduire les figurans avec décence; à leur donner des rôles plus ou moins forts, à les associer aux actions de nos deux héros; à placer adroitement des femmes dans ce ballet; à faire partager à quelqu'une d'elles la situation d'Ajax; à faire pencher enfin le plus grand nombre en faveur d'Ulisse. Le triomphe de celui-ci, et la mort de son rival présentent à l'artiste une foule de tableaux plus piquans, plus pittoresques les uns que les autres, et dont les contrastes et le coloris doivent produire les plus vives sensations. Il est aisé de concevoir, d'après mes idées, que le ballet pantomime doit toujours être action, et que les figurans ne doivent prendre la place de l'acteur qui quitte la scène, que pour la remplir à leur tour, non pas simplement par des figures symétriques et des pas compassés, mais par une

expression vive et animée, qui tienne le spectateur toujours attentif au sujet que les acteurs
précédens ont exposé.

Mais, par un malheureux effet de l'habitude,
ou de l'ignorance, il est peu de ballets raisonnés; on danse pour danser; on s'imagine que
le tout consiste dans l'action des jambes, dans
les sauts élevés, et qu'on a répondu à l'idée que
les gens de goût se forment d'un ballet, lorsqu'on le charge d'exécutans qui n'exécutent
rien, qui se mêlent, qui se heurtent, qui n'offrent que des tableaux froids et confus, dessinés sans goût, groupés sans grace, privés de
toute harmonie, et de cette expression, fille du
sentiment, qui seule peut embellir l'art, en lui
donnant la vie.

Il faut convenir néanmoins que l'on rencontre quelquefois dans ces sortes de compositions,
des beautés de détail, et quelques étincelles
de génie; mais il en est très-peu qui forment
un tout et un ensemble. Le tableau péchera ou
par la composition, ou par le coloris; ou s'il
est dessiné correctement, il n'en sera peut-
être pas moins sans goût, sans grace et sans
imitation.

Ne concluez pas de ce que j'ai dit plus haut,
sur les figurans et sur les figurantes, qu'ils doi-

vent jouer des rôles aussi marqués que les premiers sujets ; mais comme l'action d'un ballet
est tiède , si elle n'est générale , je soutiens
qu'il faut qu'ils y participent avec autant d'art
que de ménagement ; car il est important
que les sujets chargés des principaux rôles conservent de la force et de la supériorité sur les
objets qui les environnent. L'art du compositeur est donc de rapprocher et de réunir toutes
ses idées en un seul point, afin que les opérations de l'esprit et du génie y aboutissent toutes.
Avec ce talent les caractères paroîtront dans
un beau jour , et ne seront ni sacrifiés , ni effacés par les objets qui ne sont faits que pour
leur prêter de la vigueur et des ombres.

Un maître de ballets doit s'attacher à donner à tous les acteurs dansans , une action,
une expression et un caractère différens ; ils
doivent tous arriver au même but par des routes
diverses , et concourir unanimement et de concert, à peindre , par la vérité de leurs gestes
et de leur imitation , l'action que le compositeur a pris soin de leur tracer. Si l'uniformité
règne dans un ballet , si l'on ne découvre pas
cette diversité d'expression, de forme, d'attitude et de caractère , que l'on rencontre dans
la nature ; si ces nuances délicates , mais vraies,

qui peignent les mêmes passions avec des traits
plus ou moins marqués et des couleurs plus ou
moins vives, ne sont point ménagées avec art,
et distribuées avec goût et intelligence, alors
le tableau est à peine une copie médiocre d'un
excellent original; et comme il ne présente aucune vérité, il n'a la force, ni le droit d'émouvoir ni d'affecter.

Ce qui me choqua il y a quelques années
dans le ballet de *Diane* et *Endimion*, que je
vis exécuter à Paris, est moins l'exécution mécanique que la mauvaise distribution du plan.
Quelle idée de saisir pour l'action, l'instant
où Diane est occupée à donner à Endimion
des marques de sa tendresse ? Le compositeur est-il excusable d'associer des paysans à
cette déesse, et de les rendre témoins de sa
foiblesse et de sa passion, et peut-on pécher
plus grossièrement contre la vraisemblance ?
Diane, suivant la fable, ne voyoit Endimion
que lorsque la nuit décrivoit son cours, et dans le
temps où les mortels sont livrés au sommeil:
cela ne doit-il pas exclure toute suite ? L'a-
mour seul pourroit être de la partie ; mais des
paysans, des nymphes, Diane à la chasse,
quelle licence! quel contre sens! ou, pour
mieux dire, quelle ignorance! On voit aisé-

ment que l'auteur n'avoit qu'une idée confuse
et imparfaite de la fable, qu'il a mêlé celle
d'Actéon où Diane est dans le bain avec ses
nymphes, à celle d'Endimion. Le nœud de ce
ballet étoit singulier; les nymphes y jouoient le
personnage de la chasteté; elles vouloient massacrer l'Amour et le Berger; mais Diane,
moins vertueuse qu'elles, et emportée par sa
passion, s'opposoit à leur fureur et voloit au
devant de leurs coups. L'Amour, pour les punir de cet excès de vertu, les rendoit sensibles.
De la haine elles passoient avec rapidité à la
tendresse, et ce dieu les unissoit aux paysans.
Vous voyez, Monsieur, que ce plan est contre
toutes les règles, et que la conduite en est aussi
peu ingénieuse qu'elle est fausse. Je comprends
que le compositeur a tout sacrifié à l'effet, et
que la scène des flèches en l'air prêtes à percer
l'Amour, l'avoit séduit; mais cette scène étoit
déplacée. Nulle vraisemblance d'ailleurs dans
le tableau; on avoit prêté aux nymphes le caractère et la fureur des Bacchantes qui déchi-
rèrent Orphée; Diane avoit moins l'expression
d'une amante que d'une furie; Endimion peu
reconnoissant, et peu sensible à la scène qui
se passoit en sa faveur, paroissoit moins tendre
qu'indifférent. L'Amour n'étoit qu'un enfant

craintif, que le bruit intimide, et que la peur fait fuir : tels sont les caractères manqués qui affoiblissoient le tableau, qui le privoient de son effet, et qui attestoient l'ineptie du compositeur.

Que les maîtres de ballets qui voudront se former une idée juste de leur art, jettent attentivement les yeux sur les batailles d'Alexandre, peintes par *Lebrun ;* sur celles de Louis xiv, peintes par *Vander-Meulen ;* ils verront que ces deux héros qui sont les sujets principaux de chaque tableau, ne fixent point seuls l'œil admirateur. Cette quantité prodigieuse de combattans, de vaincus et de vainqueurs, partage agréablement les regards, et concourt unanimement à la beauté et à la perfection de ces chefs-d'œuvre ; chaque tête a son expression et son caractère particulier ; chaque attitude a de la force et de l'énergie ; les groupes, les terrassemens, les renversemens sont aussi pittoresques qu'ingénieux : tout parle, tout intéresse parce que tout est vrai ; parce que l'imitation de la nature est fidelle ; en un mot, parce que tout concourt à l'effet général. Que l'on jette ensuite sur ces tableaux un voile qui dérobe à la vue les siéges, les batailles, les trophées, les triomphes ; que l'on ne laisse voir enfin que les deux héros; l'intérêt s'affoiblira : il ne restera que les portraits de deux grands princes.

Les tableaux exigent une action, des détails, un certain nombre de personnages, dont les caractères, les attitudes et les gestes doivent être aussi vrais et aussi naturels qu'expressifs. Si le spectateur éclairé ne démêle point, au premier coup-d'œil, l'idée du peintre; si le trait d'histoire dont il a fait choix ne se retrace pas à l'imagination du spectateur avec promptitude, la distribution est défectueuse, l'instant mal choisi, et la composition obscure et de mauvais goût.

Cette différence du tableau au portrait devroit être également reçue dans la danse. Le ballet, comme je le sens, et tel qu'il doit être, se nomme à juste titre ballet; ceux, au contraire, qui sont monotones et sans expression, qui ne présentent que des copies tièdes et imparfaites de la nature, ne doivent s'appeler que des divertissemens fastidieux et inanimés.

Le ballet est l'image d'un tableau bien composé, s'il n'en est l'original. Vous me direz, peut-être, qu'il ne faut qu'un seul trait au peintre et qu'un seul instant pour caractériser le sujet de son tableau; mais que le ballet est une continuité d'actions, un enchaînement de circonstances qui doit en offrir une multitude. Nous voilà d'accord ; et, pour que ma comparaison soit plus juste, je mettrai le ballet en action, en parallèle avec la galerie du Luxembourg peinte par *Rubens :* chaque tableau présente une scène ; cette scène conduit naturellement à une autre ; de scène en scène on arrive au dénouement, et l'œil lit sans peine et sans embarras l'histoire d'un prince dont la mémoire est gravée par l'amour et la reconnoissance dans le cœur de tous les Français.

Je crois décidément, Monsieur, qu'il n'est pas moins difficile à un peintre et à un maître de ballets de faire un poëme ou un drame en peinture et en danse, qu'il ne l'est à un poète d'en composer un ; car, si le génie manque, on n'arrive à rien : ce n'est point avec les jambes que l'on peut peindre ; tant que la tête des danseurs ne conduira pas leurs pieds, ils s'égareront toujours, et leur exécution sera machinale : et qu'est-ce que l'art de la danse quand il se borne à tracer quelques pas avec une froide régularité ?

Je suis, etc.

LETTRE XX.

Suite du même sujet.

La danse et les ballets sont , Monsieur, la folie du jour; ils sont suivis avec une espèce de fureur, et jamais art ne fut plus encouragé par les applaudissemens que le nôtre. La scène française, la plus riche de l'Europe en drames de l'un et de l'autre genre , et la plus fertile en grands talens a été forcée , en quelque façon, pour satisfaire au goût du public, et se mettre à la mode , d'associer les danses à ses représentations (1).

Le goût vif et déterminé pour les ballets est général ; tous les souverains en décorent leurs spectacles , moins pour se modeler d'après nos usages , que pour satisfaire l'empressement qu'excite cet art. La plus petite troupe de province traîne après elle un essaim de danseurs et de danseuses; que dis-je ? les farceurs et les

---

(1) Cet usage ne subsiste plus.

marchands d'orviétan comptent beaucoup plus sur la vertu de leurs ballets que sur celle de leur baume ; c'est avec des entrechats qu'ils fascinent les yeux de la populace; et le débit de leurs remèdes augmente ou diminue à proportion que leurs divertissemens sont plus ou moins nombreux.

L'indulgence avec laquelle le public applaudit à de simples ébauches, devroit, ce me semble, engager l'artiste à chercher la perfection. Les éloges doivent encourager et non éblouir au point de persuader qu'on a tout fait, et qu'on a atteint le but auquel on peut parvenir. La sécurité de la plupart des maîtres, le peu de soins qu'ils se donnent pour aller plus loin, me feroient soupconner qu'ils imaginent qu'il n'est rien au delà de ce qu'ils savent, et qu'ils touchent aux bornes de l'art.

Le public, de son côté, aime à se faire une douce illusion, et à se persuader que le goût et les talens de son siècle sont fort au dessus de ceux des siècles précédens ; il applaudit avec fureur aux cabrioles de nos danseurs et aux minauderies de nos danseuses. Je ne parle point de cette partie du public, qui en est l'ame et le ressort, de ces hommes sensés qui, dégagés des préjugés de l'habitude, gémissent de la

dépravation du goût, qui écoutent avec tranquillité, qui regardent avec attention, qui pèsent
avant de juger, et qui n'applaudissent jamais
que lorsque les objets les remuent, les affectent
et les transportent : ces battemens de mains
prodigués au hasard ou sans ménagement, perdent souvent les jeunes gens qui se livrent au
théâtre. Les applaudissemens sont les alimens
des arts, je le sais, mais ils cessent d'être salu-
taires s'ils ne sont distribués à propos, une
nourriture trop forte, loin de former le tem-
pérament, le dérange et l'affoiblit. Les com-
mençans au théâtre sont l'image des enfans que
l'amour trop aveugle et trop tendre de leurs
parens perd sans ressource. On aperçoit les
défauts et les imperfections à mesure que l'illusion s'efface, et que l'enthousiasme de la nouveauté diminue.

La Peinture et la Danse ont cet avantage sur
les autres arts, qu'ils sont de tous les pays, de
toutes les nations ; que leur langage est universellement entendu et qu'ils font partout une
égale sensation.

Si notre art, tout imparfait qu'il est, séduit
et enchaîne le spectateur ; si la Danse dénuée
des charmes de l'expression, cause quelque
fois du trouble, de l'émotion, et jette notre

ame dans un désordre agréable; quelle force et quel empire n'auroit elle pas sur nos sens, si ces mouvemens étoient dirigés par l'esprit, et ses tableaux esquissés par le sentiment! Il n'est pas douteux que les ballets ne deviennent rivaux de la peinture, lorsque ceux qui les exécutent seront moins automates, et que ceux qui les composent seront mieux organisés.

Un beau tableau n'est qu'une copie de la nature; un beau ballet est la nature même, embellie de tous les charmes de l'art. Si de simples images m'entraînent à l'illusion; si la magie de la peinture me transporte; si je suis attendri à la vue d'un tableau; si mon ame séduite est vivement affectée par ce prestige; si les couleurs, et le pinceau dans les mains du peintre habile, se joue de mes sens au point de me montrer la nature, de la faire parler, de l'entendre et de lui répondre; quelle sera ma sensibilité, que deviendrai-je, et quelle sensation n'éprouverai je pas à la vue d'une représentation encore plus vraie, d'une action rendue par mes semblables? quel empire n'auront pas sur mon imagination des tableaux vivans et variés? rien n'intéresse si fort l'humanité que l'humanité même. Oui, Monsieur, il est honteux que la danse renonce à l'empire qu'elle

peut avoir sur l'ame, et qu'elle ne s'attache
qu'à plaire aux yeux.

« Et vous, jeunes gens, qui voulez faire des
» ballets, et qui croyez que pour y réussir il
» ne s'agit que d'avoir figuré deux ans sous un
» homme de talent, commencez par en avoir.
» Vous voulez composer d'après l'histoire, et
» vous l'ignorez; d'après les poètes, et vous
» ne les connoissez pas : appliquez-vous à les
» étudier; que vos ballets soient des poèmes;
» apprenez l'art de faire un beau choix. N'en-
» treprenez jamais de grands dessins, sans en
» avoir fait un plan raisonné; jetez vos idées
» sur le papier, relisez-les cent fois; divisez
» votre drame par scènes; que chacune d'elles
» soit intéressante, et conduise successivement
» sans embarras, sans inutilités à un dénoue-
» ment heureux; évitez soigneusement les
» longueurs; elles refroidissent l'action et en
» ralentissent la marche : songez que les ta-
» bleaux et les situations sont les plus beaux
» momens de la composition : faites danser
» vos figurans et vos figurantes, mais qu'ils
» parlent et qu'ils peignent en dansant; qu'ils
» soient pantomimes, et que les passions les
» métamorphosent à chaque instant. Si leurs
» gestes et leur physionomie sont sans cesse

» d'accord avec leur ame, l'expression qui en
» résultera sera celle du sentiment et vivifiera
» votre ouvrage. N'allez jamais à la répétition
» la tête pleine de figures et vide de bon sens;
» soyez pénétrés de votre sujet; l'imagination
» vivement frappée de l'objet que vous vou-
» drez peindre, vous fournira les traits, les pas
» et les gestes convenables. Vos tableaux au-
» ront du feu, de l'énergie; ils seront pleins de
» vérité, lorsque vous serez affectés et remplis
» de vos modèles. Portez l'amour de votre art
» jusqu'à l'enthousiasme. On ne réussit dans
» les compositions théâtrales qu'autant que le
» cœur est agité, que l'ame est vivement
» émue, que l'imagination est embrâsée.

» Êtes-vous tièdes, au contraire? votre sang
» circule-t-il paisiblement dans vos veines?
» votre cœur est-il de glace? votre ame est-
» elle insensible? renoncez au théâtre; aban-
» donnez un art qui n'est pas fait pour vous.
» Livrez-vous à un métier, où les mouvemens
» de l'ame soient inutiles, où le génie n'ait rien
» à faire et où il ne faut que des bras et des
» mains. »

Ces avis donnés et suivis, Monsieur, déli-
vreroient la scène d'une quantité innombrable
de mauvais danseurs, de mauvais maîtres de

ballets, et enrichiroient les forges et les bou-
tiques des artisans d'un très-grand nombre
d'ouvriers plus utiles aux besoins de la société,
qu'ils ne l'étoient à ses amusemens et à ses
plaisirs.

Je suis, etc.

LETTRE XXI.

Défauts de nos premiers Ballets.

QUE dites-vous, Monsieur, de tous les titres dont on décore tous les jours ces mauvais divertissemens destinés en quelque façon à l'ennui, et que suivent toujours le froid et le dégoût ? On les nomme tous ballets pantomimes, quoique dans le fond ils ne disent rien. La plupart des danseurs ou des compositeurs auroient besoin d'adopter l'usage que les peintres suivoient dans les siècles d'ignorance ; ils substituoient à la place du masque des rouleaux de papier qui sortoient de la bouche des personnages ; et sur ces rouleaux, l'action, l'expression et la situation que chacun d'eux devoit rendre étoient écrites. Cette précaution utile, qui mettoit le spectateur au fait de l'idée et de l'exécution imparfaite du peintre, pourroit seule l'instruire aujourd'hui de la signification des mouvemens mécaniques et indéterminés de nos pantomimes. Le dialogue des pas de deux, les réflexions des entrées seules, et les conversations des figurans et des figurantes de nos jours seroient au moins expliqués. Un bouquet, un rateau, une cage, une vielle ou une guitarre, voilà à peu près ce qui fournit l'intrigue de nos superbes ballets ; voilà les sujets grands et vastes qui naissent de l'imagination de nos compositeurs. Avouez, Monsieur, qu'il faut avoir un talent bien éminent et bien supérieur, pour les traiter avec quelque distinction. Un petit pas tricoté fait mal adroitement sur le coude-pied sert d'exposition de nœud et de dénouement à ces chefs-d'œuvre ; cela veut dire, *voulez-vous danser avec moi ?* et l'on danse : ce sont là les drames ingénieux dont on nous repaît ; c'est ce qu'on nomme des ballets d'invention, de la danse pantomime (1).

Fossan, le plus agréable et le plus spirituel des danseurs comiques, a fait tourner la tête aux élèves de *Terpsychore ;* tous ont voulu le copier, mais sans l'avoir vu. On a sacrifié le beau genre au trivial ; on a secoué le joug des principes ; on a dédaigné et rejeté toutes les règles ; on s'est livré à des sauts, à des tours de

---

(1) Il faut se rappeler que ces lettres ont été écrites à une époque où l'art étoit loin de la perfection qu'il a acquise depuis.

force ; on a cessé de danser, et l'on s'est cru pantomime : comme si l'on pouvoit être déclaré tel, lorsqu'on manque par l'expression ; lorsqu'on ne peint rien ; lorsque la danse est totalement défigurée par des charges grossières ; lorsqu'elle se borne à des contorsions hideuses ; lorsque le masque grimace à contre-sens ; enfin, lorsque l'action, qui devoit être accompagnée et soutenue par la grace, est une suite d'effets répétés, d'autant plus désagréables pour le spectateur, qu'il souffre lui-même du travail pénible et forcé de l'exécutant. Tel est cependant, Monsieur, le genre dont le théâtre est en possession ; et il faut convenir que nous sommes riches en sujets de cette espèce. Cette fureur d'imiter ce qui n'est pas imitable, fait et fera la perte d'un nombre infini de danseurs, et de maîtres de ballets. La parfaite imitation demande que l'on ait en soi le même goût, les mêmes dispositions, la même conformation, la même intelligence et les mêmes organes que l'original qu'on se propose d'imiter : or, comme il est rare de trouver deux êtres également ressemblans en tout, il est aussi rare de trouver deux hommes dont les talens, le genre et la manière soient exactement semblables. Le mélange que les danseurs ont fait de la cabriole

avec la belle danse, a altéré son caractère, et
dégradé sa noblesse; c'est un alliage qui diminue sa valeur, et qui s'oppose, ainsi que je le
prouverai dans la suite, à l'expression vive et
à l'action animée qu'elle pourroit avoir, si elle
se dégageoit de toutes les inutilités qu'elle met
au nombre de ses perfections. « Ce n'est pas
d'aujourd'hui qu'on donne le titre de ballet à
des danses figurées que l'on ne devroit appeler
que du nom de divertissement : on prodigua
jadis ce titre à toutes les fêtes éclatantes qui
se donnèrent dans les différentes cours de l'Europe. L'examen que j'ai fait de toutes ces fêtes,
me persuade que l'on a eu tort de le leur accorder; je n'y ai jamais vu la danse en action;
les grands récits étoient mis en usage au défaut
de l'expression des danseurs, pour avertir le
spectateur de ce qu'on alloit représenter;
preuve très-claire et très-convaincante de leur
ignorance ainsi que du silence et de l'inefficacité
de leurs mouvemens. Dès le troisième siècle,
on commençoit à s'apercevoir de la monotonie
de cet art, et de la négligence des artistes.
St. Augustin lui-même, en parlant des ballets, dit qu'on étoit obligé de placer sur le bord
de la scène un homme qui expliquoit à haute
voix l'action qu'on alloit peindre. Sous le règne

de Louis XIV, les récits, les dialogues et les monologues ne servoient — ils pas également d'interprètes à la danse ? elle ne faisoit que bégayer. Ses sons foibles et inarticulés avoient besoin d'être soutenus par la musique et d'être expliqués par la poésie ; ce qui équivaut sans doute à l'espèce de héraut d'armes du théâtre, au crieur public dont je viens de vous parler. Il est en vérité bien étonnant, Monsieur, que l'époque glorieuse du triomphe des beaux arts, de l'émulation et des progrès des artistes n'ait point été celle d'une révolution dans la danse et dans les ballets ; et que nos maîtres, non moins encouragés et non moins excités alors par les succès qu'ils pouvoient se promettre dans un siècle où tout sembloit élever et seconder le génie, soient demeurés dans la langueur et dans une honteuse médiocrité. Vous savez que le langage de la peinture, de la poésie, et de la sculpture étoit déjà celui de l'éloquence et de l'énergie. La musique, quoique encore au berceau commençoit à s'exprimer avec noblesse ; cependant la danse étoit sans vie, sans caractère et sans action. Si le ballet est le frère des autres arts, ce n'est qu'autant qu'il en réunira les perfections ; mais on ne sauroit lui déférer ce titre glorieux dans l'état

pitoyable où il se trouve ; convenez avec moi,
Monsieur, que ce frère, qui devoit faire honneur à la famille, est un sujet déplorable, sans
goût, sans esprit, sans imagination, qui mérite
à tous égards d'être méconnu.

On nous a transmis soigneusement le nom
des hommes illustres qui se sont distingués
alors, nous n'ignorons pas même ceux des sauteurs qui brilloient par leur souplesse et leur
agilité, et nous n'avons qu'une idée très-impar-
faite du nom de ceux qui composoient les ballets : quelle sera donc celle que nous nous for-
merons de leurs talens ? Je considère toutes les
productions de ce genre, dans les différentes
cours de l'Europe, comme des ombres imparfaites de ce qu'elles sont aujourd'hui, et de ce
qu'elles pourront être un jour, j'imagine que
c'est à tort que l'on a donné ce nom à des spectacles somptueux, à des fêtes éclatantes qui
réunissoient tout-à-la-fois la magnificence des
décorations, le merveilleux des machines, la
richesse des vêtemens, la pompe du costume,
les charmes de la poésie, de la musique et de
la déclamation, le séduisant des voix, le brillant de l'artifice et de l'illumination, l'agrément
de la danse et des divertissemens, l'amusement
des sauts périlleux et des tours de force : toutes

ces parties détachées forment autant de spectacles différens; ces mêmes parties réunies en composent un digne des plus grands rois. Ces fêtes étoient d'autant plus agréables, qu'elles étoient diversifiées, que chaque spectateur pouvoit y savourer ce qui étoit relatif à son goût et à son génie, mais je ne vois pas dans tout cela ce que je dois trouver dans le ballet. Dégagé des préjugés de mon état et de tout enthousiasme, je considère ce spectacle compliqué comme celui de la variété et de la magnificence, ou comme la réunion intime des arts aimables; ils y tiennent tous un rang égal; ils ont dans les programmes les mêmes prétentions; je ne conçois pas néanmoins comment la danse peut donner un titre à ces divertissemens, puisqu'elle n'y est point en action, qu'elle n'y dit rien, et qu'elle n'a nulle transcendance sur les autres arts, qui concourent unanimement et de concert aux charmes, à l'élégance et au merveilleux de ces représentations.

Le ballet est, suivant *Plutarque*, une conversation muette, une peinture parlante et animée, qui s'exprime par les mouvemens, les figures et les gestes. Ses figures sont sans nombre, dit cet auteur, parce qu'il y a une infinité de choses que le ballet peut exprimer. *Phryni-*

cus, l'un des plus anciens auteurs tragiques, dit que le ballet lui fournissoit autant de traits et de figures différentes, que la mer a de flots aux grandes marées d'hiver.

— Conséquemment un ballet bien fait peut se passer du secours des paroles : j'ai même remarqué qu'elles 'refroidissoient l'action, et qu'elles affoiblissoient l'intérêt. Lorsque les danseurs, animés par le sentiment, se transformeront sous mille formes différentes avec les traits variés des passions; lorsqu'ils seront des Prothée, et que leur physionomie et leurs regards traceront tous les mouvemens de leur ame; lorsque leurs bras sortiront de ce chemin étroit que l'école leur a prescrit, et que, parcourant avec autant de grace que de vérité un espace plus considérable, ils décriront, par des positions justes, les mouvemens successifs des passions; lorsqu'enfin ils associeront l'esprit et le génie à leur art, les récits deviendront inutiles; tout parlera, chaque mouvement sera expressif, chaque attitude peindra un sentiment, chaque geste dévoilera une intention, chaque regard annoncera une nouvelle passion; tout sera séduisant, parce que tout sera vrai, et que l'imitation sera prise dans la nature.

Si je refuse le titre de *ballet* à toutes ces fêtes, si la plupart des danses de l'Opéra, quelqu'agréables qu'elles me paroissent, ne se présentent pas à mes yeux avec les traits distingués du ballet, c'est moins la faute du célèbre maître qui les compose que celle des poëtes.

Le ballet, dans quelque genre qu'il soit, doit avoir, suivant *Aristote*, ainsi que la poésie, deux parties différentes, qu'il nomme *partie de qualité* et *partie de quantité*. Il n'y a rien de sensible qui n'ait sa matière, sa forme et sa figure, conséquemment le ballet cesse d'exister, s'il ne renferme ces parties essentielles qui caractérisent et qui désignent tous les êtres, tant animés qu'inanimés. Sa matière est le sujet que l'on veut représenter, sa forme est le tour ingénieux qu'on lui donne, et sa figure se prend des différentes parties qui le composent : la forme constitue donc les *parties de qualité*, et l'étendue celles de *quantité*. Voilà, comme vous voyez, les ballets subordonnés en quelque sorte aux règles de la poésie; cependant ils diffèrent des tragédies et des comédies, en ce qu'ils ne sont point assujétis à l'unité de lieu, à l'unité de temps et à l'unité d'action; mais ils exigent absolument unité de dessin, afin que toutes les scènes se rappro-

chent et aboutissent au même but. Le ballet
est donc le frère du poëme; il ne peut souffrir
la contrainte des règles étroites du drame; ni
ces entraves que le génie s'impose dans les ouvrages soutenus des beautés du style, anéanti-
roient totalement la composition du ballet, et
le priveroient de cette variété qui en est le
charme.

Il seroit peut-être avantageux, Monsieur,
aux auteurs de secouer un peu le joug et de diminuer la gêne, si toutefois ils avoient la sagesse de ne pas abuser de la liberté, et d'éviter
les piéges qu'elle tend à l'imagination, piéges
dangereux dont les poëtes anglais les plus célèbres n'ont pas eu la force de se garantir. Cette
différence du poëme au drame ne conclut rien
contre ce que je vous ai dit dans mes autres
lettres, puisque ces deux genres de poésie doivent également avoir une exposition, un noeud
et un dénouement.

En rapprochant toutes mes idées, en réunis-
sant ce que les anciens ont dit des ballets, en
ouvrant les yeux sur mon art, en examinant
ses difficultés, en considérant ce qu'il fut jadis,
ce qu'il est aujourd'hui, et ce qu'il peut être si
l'esprit vient à son aide; je ne puis m'aveugler
au point de convenir que la danse sans action,

sans règles, sans esprit et sans intérêt, forme un ballet ou un poème en danse. Dire qu'il n'y a point de ballets à l'Opéra, seroit une fausseté. L'acte des Fleurs, l'acte d'*Églé* dans les *Talens lyriques*, le prologue des Fêtes Grecques et Romaines, l'acte Turc de l'*Europe galante*, un acte entre autres de *Castor et Pollux*, et quantité d'autres où la danse est ou peut être mise en action avec facilité, et sans effort de génie de la part du compositeur, m'offrent véritablement des ballets agréables et très-intéressans; mais ces danses figurées qui ne disent rien, qui ne présentent aucun sujet, qui ne portent aucun caractère, qui ne me tracent point une intrigue suivie et raisonnée, qui ne font point partie du drame, et qui tombent pour ainsi dire des nues, ne sont à mon sens, comme je l'ai déjà dit, que de simples divertissemens de danse, et qui ne déploient que les mouvemens compassés et les difficultés mécaniques de l'art. Tout cela n'est que de la matière : c'est de l'or, si vous voulez, mais dont la valeur sera toujours bornée, si l'esprit ne le met pas en œuvre, et ne lui prête mille formes nouvelles. La main habile d'un artiste peut attacher un prix inestimable aux choses les plus viles, et, d'un trait hardi, donner à l'argile la moins précieuse le sceau de l'immortalité.

Concluons, Monsieur, qu'il est véritablement peu de ballets raisonnés, que la danse est
une belle statue agréablement dessinée, qu'elle
brille également par les contours, les positions
gracieuses, la noblesse de ses attitudes, mais
qu'il lui manque une ame. Les connoisseurs la
regardent avec les mêmes yeux que Pygmalion,
lorsqu'il contemploit son ouvrage; ils font les
mêmes vœux que lui, et ils desirent ardemment que le sentiment l'anime, que le génie
l'éclaire, et que l'esprit lui enseigne à s'exprimer.

Je suis, etc.

LETTRE XXII.

Des Ballets d'Opéra.

La composition des ballets de l'opéra exige, à mon gré, une imagination féconde et poétique. Corriger souvent le poëme, lier la danse à l'action, imaginer des scènes analogues aux drames, les adapter adroitement aux sujets, suppléer à ce qui est échappé au génie du poëte, remplir enfin les vides et les lacunes qui font languir souvent leurs productions ; voilà l'ouvrage du compositeur ; voilà ce qui doit fixer son attention, ce qui peut le tirer de la foule, et le distinguer de ces maîtres qui croient être au-dessus de leur état, lorsqu'ils ont arrangé des pas et formé des figures dont le dessin se borne à des ronds, des carrés, des lignes droites, des moulinets et des chaînes.

L'opéra n'est guère fait que pour les yeux et les oreilles ; il est moins le spectacle du cœur et de la raison, que celui de la variété et de l'amusement. On pourroit cependant lui donner une forme et un caractère plus intéressans; mais, cette matière étant étrangère à mon art et au sujet que je traite, je l'abandonne aux auteurs ingénieux qui peuvent remédier à la monotonie de la féerie et à l'ennui que le merveilleux traîne après lui. Je dirai simplement que la danse, dans ce spectacle, devroit être placée dans un jour plus avantageux. J'avancerai seulement que l'opéra est son élément, que c'est là que l'art devroit prendre de nouvelles forces, et paroître avec le plus d'avantage; mais, par un malheur qui naît de l'entêtement des poètes, ou de la maladresse des maîtres de ballets, la danse à ce spectacle ne tient à rien et ne dit rien; elle est, dans mille circonstances, si peu analogue au sujet, et si indépendante du drame, que l'on pourroit la supprimer, sans affoiblir l'intérêt, sans interrompre la marche des scènes et sans en refroidir l'action. La plupart des poètes modernes se servent des ballets comme d'un ornement de fantaisie, qui ne peut ni soutenir l'ouvrage ni lui prêter de la valeur; et dans le fait ils n'ont pas tort, parce que les compositeurs n'ont pas senti qu'il falloit que les ballets tinssent au sujet, et que les auteurs les ont regardés comme des hors-d'œuvre imaginés

pour remplir le vide des entr'actes : mais ils
auroient dû apercevoir que ces accessoires,
et ces épisodes étrangers à l'action, nuisent à
l'ouvrage; ces objets contraires et toujours
désunis, ce cahos de choses mal cousues, partagent l'attention et fatiguent bien plus l'imagination qu'ils ne la satisfont : dès-lors le plan
de l'auteur disparoît, le fil échappe, la trame
se brise, l'action s'évanouit, l'intérêt diminue,
et le plaisir s'envole. Tant que les ballets de
l'opéra ne seront pas étroitement unis au
drame, et qu'ils ne concourront pas à son
exposition, à son nœud et à son dénouement,
ils seront froids et désagréables. Chaque ballet devroit, à mon sens, offrir une scène qui
enchaînât, et qui liât intimement le premier
acte avec le second, le second avec le troisième, etc. Ces scènes, absolument nécessaires
à la marche du drame, seroient vives et animées; les danseurs seroient forcés d'abandonner
leur allure, et de prendre une ame pour les
rendre avec vérité et avec précision; ils seroient
contraints d'oublier en quelque sorte leurs
pieds et leurs jambes, pour penser à leur
physionomie et à leurs gestes; chaque ballet
seroit le complément de l'acte, et le termine-
roit heureusement. Ces sujets, puisés du fond

même du drame, seroient écrits par le poète:
le musicien seroit chargé de les traduire avec
fidélité, et les danseurs de les réciter par le
geste, et de les expliquer avec énergie. Par ce
moyen, plus de vide, plus d'inutilité, plus de
longueur et plus de froid dans la danse de
l'opéra; tout seroit saillant et animé, tout marcheroit au but et de concert; tout séduiroit,
parce que tout seroit spirituel, et paroîtroit
dans un jour plus avantageux; tout enfin feroit
illusion et deviendroit intéressant, parce que
tout seroit d'accord, et que chaque partie
tenant la place qu'elle doit occuper naturellement, elles s'entr'aideroient et se prêteroient
réciproquement des forces.

J'ai toujours regretté, Monsieur, que
Rameau n'ait pas associé son génie à celui
de *Quinault.* Tous deux créateurs et tous deux
pleins de génie, ils auroient été faits l'un pour
l'autre; mais le préjugé, le langage des connoisseurs sans *connoissances*, de ces demi-sa-
vans, qui ne savent rien, mais qui se font
suivre de la multitude, tout a dégoûté *Rameau*
et lui a fait abandonner les grandes idées qu'il
avoit. Ajoutez à cela les désagrémens que tout
auteur essuie des directeurs de l'opéra. On
leur paroît sans goût, si l'on n'est aussi gothique

qu'eux : ils traitent d'ignorans ceux qui n'a-
doptent point avec bonhomie les vieilles lois
de ce spectacle, et les anciennes rubriques auxquelles ils sont attachés de père en fils. A peine
est-il permis à un maître de ballets de faire
changer le mouvement d'un air ancien ; on a
beau leur dire que nos prédécesseurs avoient
une exécution simple, que les airs lents s'a-
justoient à la tranquillité et au flegme de leur
exécution ; vains efforts ! ils connoissent les
anciens mouvemens, ils savent battre la mesure ; mais ils n'ont que des oreilles, et ne
peuvent céder aux représentations que l'art
agrandi peut leur faire ; ils regardent tout du
but où ils sont restés, et ne peuvent pénétrer
dans la carrière immense que les talens ont
parcourue. La danse cependant, encouragée,
applaudie et protégée s'est dégagée depuis quelque temps des entraves que la musique vouloit
lui donner. Non seulement M. *Lany* a fait
exécuter les airs dans le vrai goût, mais il en
ajouta de modernes aux vieux opéra, et substitua aux chants simples et monotones de la
musique de *Lulli* des morceaux pleins d'expression et de variété.

Les Italiens ont été à cet égard bien plus
sages que nous. Mais constans pour leur an-

cienne musique, mais plus fidèles à *Métas-tasio*, ils l'ont et le font mettre encore tous les jours en musique par tous les maîtres de chapelle qui ont des talens. Les cours d'Allemagne, d'Espagne, de Portugal et d'Angleterre ont conservé pour ce grand poète la même vénération : la musique varie à l'infini ; et les paroles, quoique toujours les mêmes, ont toujours le prix de la nouveauté : chaque maître de musique donne à ce poète une nouvelle expression, une nouvelle grace : tel sentiment négligé par l'un, est embelli par l'autre : telle pensée affoiblie par celui-ci, est rendue avec énergie par celui-là : tel beau vers énervé par *Graun* (1), est rendu avec chaleur par *Hasse* (2). L'avantage sans doute eût été certain, non seulement pour la danse, mais encore pour les autres arts qui concourent aux charmes et à la perfection de l'opéra, si le célèbre Rameau avoit pu, sans offenser les *Nestor* du siècle et cette foule de gens qui ne voient rien au dessus de *Lully*, mettre en musique les chefs-d'œuvre du père et du créa-

_____

(1) Maître de musique du roi de Prusse.

(2) Maître de chapelle du roi de Pologne, électeur de Saxe.

teur de la poésie lyrique. Cet homme, d'un génie vaste, embrassoit toutes les parties à la fois dans ses compositions : tout est beau, tout est grand, tout est harmonieux : chaque artiste peut, en entrant dans les vues de cet auteur, produire des chefs-d'œuvre différens. Maîtres de musique et de ballets, chanteurs et danseurs, chœurs, tous également peuvent avoir part à sa gloire. Ce n'est pas que la danse, dans tous les opéra de *Quinault*, soit généralement bien placée et toujours en action : mais il seroit facile de faire ce que le poète a négligé, et de finir ce qui de sa part ne peut être envisagé que comme des ébauches.

Malgré l'admiration que l'on a conservé long-temps pour Lully, je dirai que sa musique dansante est froide, langoureuse et sans caractère; elle fut composée à la vérité dans un temps où la danse étoit tranquille, et où les danseurs ignoroient totalement ce que c'est que l'expression. Tout étoit donc à merveille : la musique étoit faite pour la danse, et la danse pour la musique : mais ce qui se marioit alors ne peut plus s'allier aujourd'hui : les pas sont multipliés, les mouvemens sont rapides et se succèdent avec promptitude : les enchaînemens et le **mélange** des temps sont sans nombre :

les difficultés, le brillant, la vitesse, les repos,
les indécisions, les attitudes, les positions variées : tout cela, dis-je, ne peut plus s'ajuster
avec cette musique tranquille et ce chant uniforme qui règne dans la composition des anciens maîtres. La danse sur de certains airs
de *Lully* me fait une impression semblable à
celle que j'éprouve dans la scène des deux doc-
teurs du *Mariage forcé de Molière*. Ce contraste d'une volubilité extrême et d'un flegme
inébranlable produit sur moi le même effet:
des contraires aussi choquans ne peuvent en
vérité trouver place sur la scène ; ils en détruisent le charme et l'harmonie, et privent les
tableaux de leur ensemble.

La musique est à la danse ce que les paroles sont à la musique : ce parallèle ne signifie
autre chose, si ce n'est que la musique dansante est ou devroit être le poème écrit, qui
fixe et détermine les mouvemens et l'action du
danseur : celui-ci doit donc le réciter et le
rendre intelligible par l'énergie et la vivacité
de ses gestes, par l'expression vive et animée
de sa physionomie : conséquemment, la danse
en action est l'organe qui doit rendre et qui
doit expliquer clairement les idées écrites de
la musique.

Rien ne seroit si ridicule qu'un opéra sans paroles : on a pu en juger par la scène d'*Antonin Caracalla* dans la petite pièce de *la Nouveauté*; sans le dialogue qui la précède, comprendroit-on quelque chose à l'action des chanteurs ? Eh bien, Monsieur, la danse sans musique n'est pas plus expressive que le chant sans parole : c'est une espèce de folie ; tous ses mouvemens sont extravagans, et n'ont aucune signification. Faire des pas hardis et brillans, parcourir le théâtre avec autant de vîtesse que de légèreté sur un air froid et monotone, voilà ce que j'appelle une danse sans musique. C'est à la composition variée et harmonieuse de *Rameau* ; c'est aux traits et aux conversations spirituelles qui règnent dans ses airs, que la danse doit tous ses progrès ; elle a été réveillée, elle est sortie de la léthargie où elle étoit plongée dès l'instant que ce créateur d'une musique savante, mais toujours agréable et toujours voluptueuse, a paru sur la scène. Que n'eût-il pas fait si l'usage de se consulter mutuellement eût régné à l'opéra, si le poète et le maître de ballets lui avoient communiqué leurs idées, si l'on avoit eu soin de lui esquisser l'action de la danse, les passions qu'elle doit peindre successivement dans un sujet raisonné, et les tableaux qu'elle doit rendre dans telle ou telle situation! C'est pour lors que la musique auroit porté le caractère du poème, qu'elle auroit tracé les idées du poète, qu'elle auroit été parlante et expressive, et que le danseur auroit été forcé d'en saisir les traits, de se varier et de peindre à son tour. Cette harmonie qui auroit régné dans deux arts si intimes, auroit produit l'effet le plus séducteur et le plus admirable; mais, par un malheureux effet de l'amour propre, les artistes, loin de se connoître et de se consulter, s'évitent scrupuleusement. Comment un spectacle aussi compliqué que celui de l'opéra, peut-il réussir si ceux qui sont à la tête des différentes parties qui lui sont essentielles opèrent sans se communiquer leurs idées?

Le poète s'imagine que son art l'élève au-dessus du musicien: celui-ci craindroit de déroger s'il consultoit le maître de ballets; celui-là ne se communique point au dessinateur; le peintre décorateur ne parle qu'aux peintres en sous-ordre; et le machiniste enfin, souvent méprisé du peintre, commande souverainement aux manœuvres du théâtre. Pour peu que le poète s'humanisât, il donneroit le ton, et les choses changeroient de face; mais il n'écoute que sa verve; dédaignant les autres arts, il ne peut en avoir qu'une foible idée, il ignore l'effet que chacun d'eux peut produire en particulier, et celui qui peut résulter de leur harmonie. Le musicien, à son exemple, prend les paroles, il les parcourt sans attention, et, se livrant à la fertilité de son génie, il compose de la musique qui ne signifie rien, parce qu'il n'a pas entendu le sens de ce qu'il n'a lu que des yeux, ou qu'il sacrifie au brillant de son art et à l'harmonie qui le flatte, l'expression vraie qu'il devroit attacher au récitatif. Fait-il une ouverture, elle n'est point relative à l'action qui va se passer; qu'importe après tout? n'est-il pas sûr de la réussite, si elle fait grand bruit? Les airs de danse sont toujours ceux qui lui coûtent le moins à composer; il suit à cet égard les vieux modèles; ses prédécesseurs sont ses guides; il ne fait aucun effort pour répandre de la variété dans ces sortes de morceaux, et pour leur donner un caractère neuf. Ce chant monotone dont il devroit se défier, qui assoupit la danse et qui endort le spectateur, est celui qui le séduit, parce qu'il lui coûte moins de peine à saisir, et que l'imitation servile des airs anciens n'exige ni un goût, ni un talent, ni un génie supérieur.

Le peintre-décorateur, faute de connoître parfaitement le drame, donne souvent dans l'erreur; il ne consulte point l'auteur, mais il suit ses idées, qui, souvent fausses, s'opposent à la vraisemblance qui doit se trouver dans les décorations, à l'effet d'indiquer le lieu de la scène. Comment peut-il réussir s'il ignore l'endroit où elle doit se passer? ce n'est cependant que d'après les connoissances exactes de l'action et des lieux qu'il devroit agir; sans cela, plus de vérité, plus de *costume*, plus de pittoresque.

Chaque peuple a des lois, des coutumes, des usages, des modes et des cérémonies opposées; chaque nation diffère dans ses goûts, dans son architecture, dans sa manière de cultiver les arts; celui d'un habile peintre est donc de saisir cette variété; son pinceau doit être fidèle; s'il n'est de tous les pays, il cesse d'être vrai et n'est plus en droit de plaire.

Le dessinateur, pour les habits, ne consulte personne; il sacrifie souvent le *costume* d'un peuple ancien à la mode du jour, ou au caprice d'une danseuse ou d'une chanteuse en réputation.

Le maître de ballets n'est instruit de rien: on le charge d'une partition; il compose les danses sur la musique qui lui est présentée; il distribue les pas particuliers, et l'habillement donne ensuite un nom et un caractère à la danse.

Le machiniste est chargé du soin de présenter les tableaux du peintre, dans le point de perspective, et dans les différens jours qui leur conviennent; son premier soin est de ranger les morceaux de décoration avec tant de justesse, qu'ils n'en forment qu'un seul bien entendu et bien d'accord; son talent consiste à les présenter avec vitesse, et à les dérober avec promptitude. S'il n'a pas l'art de distribuer les lumières à propos, il affoiblit l'ouvrage du peintre, et il détruit l'effet de la décoration. Telle partie du tableau qui doit être éclairée devient noire et obscure ; telle autre qui demande à être privée de lumière se trouve claire et brillante. Ce n'est pas la grande quantité de lampions jetés au hasard, ou arrangés symétriquement, qui éclaire bien un théâtre, et qui fait valoir la scène; le talent consiste à savoir distribuer les lumières par parties, ou par *masses* inégales, afin de forcer les endroits qui demandent un grand jour, de ménager ceux qui en exigent peu, et de négliger les parties qui en sont moins susceptibles. Le peintre étant obligé de mettre des nuances et des dégradations dans ces tableaux pour que la perspective s'y rencontre, celui qui doit l'éclairer, devroit, ce me semble, le consulter, afin d'observer les mêmes nuances et les mêmes dégradations dans les lumières. Rien ne seroit plus mauvais qu'une décoration peinte dans le même *ton* de couleur et dans les mêmes nuances; il n'y auroit ni lointain ni perspective : de même, si les morceaux de peinture, divisés pour former un tout, sont éclairés avec la même force, il n'y aura plus d'*entente*, plus de *masses*, plus d'opposition, et le tableau sera sans effet.

Permettez-moi, Monsieur, une digression; quoique étrangère à mon art, elle pourra peut-être devenir utile à l'opéra.

La danse avertit en quelque façon le machiniste de se tenir prêt au changement des décorations; vous savez, en effet, que, le divertissement terminé, les lieux changent. Comment remplit-on ordinairement l'intervalle des actes, intervalle absolument nécessaire à la manœuvre du théâtre, au repos des acteurs, et au changement d'habits de la danse et des chœurs? Que fait l'orchestre? Il détruit les idées que la scène vient d'imprimer dans mon ame; il joue un *passe-pied;* il reprend un *rigodon,* ou un *tambourin* fort gai, lorsque je suis vivement ému et fortement attendri par l'action sérieuse qui vient de se passer ; il suspend le charme d'un moment délicieux ; il efface de mon cœur les images qui l'intéressoient ; il étouffe et amortit le sentiment dans lequel il se plaisoit : ce n'est pas tout encore, et vous allez voir le comble de l'inintelligence : cette action touchante n'a été qu'ébauchée; l'acte suivant doit la terminer et me porter les derniers coups ; or, de cette musique gaie et triviale, on passe subitement à une *ritournelle* triste et lugubre : quel contraste choquant ! S'il permet encore à l'auteur de me ramener à l'intérêt qu'il m'a fait perdre, ce ne sera qu'à pas lents ; mon cœur flottera long-temps entre la distraction qu'il vient d'éprouver, et la douleur à laquelle on tente de le rappeler : le piége que la fiction me présente une seconde fois, me paroît trop grossier ; je cherche à l'éviter et à m'en défendre machinalement et malgré moi : il faut alors que l'art fasse des efforts inouis pour m'en imposer et pour me faire succomber de nouveau. Vous conviendrez que cette vieille méthode, si chère encore à nos musiciens, blesse toute vraisemblance ; ils ne

doivent pas se flatter de triompher de moi au
point d'exciter à leur gré et subitement dans
mon ame tous ces ébranlemens divers. Le premier instant me disposoit à céder à l'impression des objets qui m'étoient offerts. Le second
détruit totalement ce premier effet; et la nouvelle
sensation qu'il produit sur moi est si différente
et si distante de celle à laquelle je m'étois d'a-
bord livré, que je ne saurois y revenir sans une
peine extrême, surtout lorsque mes fibres ont
naturellement plus de propension et plus de
tendance à se déployer dans le dernier sens où
elles viennent d'être mues; en un mot, Monsieur, cette chute soudaine, ce brusque passage
du pathétique à l'enjoué, du diatonique en harmonique, ou du chromatique en harmonique
à une *gavotte*, ou à une sorte de *pont-neuf*,
ne me semble pas moins discordant, qu'un air
qui commenceroit dans un ton et qui finiroit
dans un autre (1). J'ose croire qu'une pareille

---

(1) Le trio des Parques d'*Hyppolite* et *Aricie*, qui
n'avoit pu être rendu à l'Opéra tel qu'il est, offre un
exemple de ce genre. Nous en avions un du second
genre dans le tremblement de terre fait pour le second
acte des *Indes Galantes*, que l'orchestre ne put jamais
exécuter en 1785; et dont l'effet avoit été néanmoins

disparate. blessera toujours ceux que le plaisir de sentir conduit au spectacle ; car elle peut n'être pas aperçue par les originaux qui n'y vont que par air, et qui, tenant une énorme lorgnette à la main, préfèrent la satisfaction d'étaler leurs ridicules, de voir et d'être vus, à celle de goûter le plaisir que les arts réunis peuvent procurer.

Que les poètes descendent du sacré vallon ; que les artistes, chargés des différentes parties qui composent l'Opéra, agissent de concert et se prêtent mutuellement des secours, ce spectacle alors aura le plus grand succès. Les talens réunis réussiront toujours. Il n'y a qu'une basse jalousie et qu'une mésintelligence indigne des talens, qui puissent flétrir les arts, avilir ceux qui les professent, et s'opposer à la perfection

---

surprenant dans l'épreuve ou dans l'essai que des musiciens habiles et de bonne volonté en avoient fait en présence de M. *Rameau*. Si ces morceaux n'eussent pas été au-dessus des forces des exécutans, croyez-vous qu'un *tambourin* qui les auroit suivis eût été bien placé ? et tout entr'acte ne seroit-il pas mieux employé par le musicien, s'il lioit le sujet, s'il tâchoit de conserver l'impression faite, et de préparer le spectateur à celle à laquelle il veut le conduire ?

I.

d'un ouvrage qui exige autant de détails et de beautés différentes que l'Opéra.

J'ai toujours regardé un opéra comme un grand tableau qui doit offrir le merveilleux et le sublime de la peinture dans tous les genres, dont le sujet doit être dessiné par le poète, et colorié ensuite par des peintres habiles dans des genres opposés, qui, tous animés par l'honneur et la noble ambition de plaire, doivent terminer le chef-d'œuvre avec cet accord, cette intelligence qui annoncent et qui caractérisent les vrais talens. C'est du poète premièrement que dépend le succès, puisque c'est lui qui compose, qui place, qui dessine et qui met, à proportion de son génie, plus ou moins de beauté, plus ou moins d'action, et par conséquent plus ou moins d'intérêt dans son tableau. Les peintres qui secondent son imagination sont, le maître de musique, le maître de ballets, le peintre décorateur, le dessinateur pour le *costume* des habits, et le machiniste : tous cinq doivent également concourir à la perfection et à la beauté de l'ouvrage, en suivant exactement l'idée primitive du poète qui, à son tour, doit veiller soigneusement sur le tout. L'œil du maître est un point nécessaire ; il doit entrer dans tous les détails ; il n'en est point de petits et de minutieux à l'Opéra ;

les choses qui paroissent de la plus foible conséquence choquent, blessent et déplaisent lorsqu'elles ne sont pas rendues avec exactitude
et avec précision. Ce spectacle ne peut donc
souffrir de médiocrité ; il ne séduit qu'autant
qu'il est parfait dans toutes ses parties. Convenez, Monsieur, qu'un auteur qui abandonne
son ouvrage aux soins de cinq personnes qu'il
ne voit jamais, qui se connoissent à peine et
qui s'évitent toutes, ressemble assez à ces pères
qui confient l'éducation de leurs fils à des mains
étrangères, et qui, par dissipation ou par esprit de grandeur, croiroient déroger s'ils veil-
loient à leurs progrès. Que résulte-t-il d'un
préjugé si faux ? Tel enfant né pour plaire,
devient maussade et ennuyeux. Voilà l'image
du poète dans celui du père, et l'exemple du
poème dans celui de l'enfant.

Vous me direz peut-être que je fais d'un poète
un homme universel ? Non, Monsieur ; mais
un poète doit avoir de l'esprit, du goût et des
connoissances variées. Je suis du sentiment
d'un auteur qui dit que les grands morceaux de
peinture, de musique et de danse, qui ne frappent pas à un certain point un ignorant bien or-
ganisé, sont ou mauvais ou médiocres.

Sans être musicien, un poète ne peut-il pas

sentir si tel trait de musique rend sa pensée ;
si tel autre n'affoiblit pas l'expression , si celui-
ci prête de la force à la passion et donne des
graces et de l'énergie au sentiment ? Sans être
peintre-décorateur , ne peut-il pas concevoir si
telle décoration qui doit représenter une forêt
de l'Afrique , n'emprunte pas la forme de celle
de Fontainebleau ? si tel autre qui doit offrir
une rade de l'Amérique , ne ressemble pas à
celle de Toulon ? si celle-ci qui doit montrer
le palais de quelque empereur du Japon , ne se
rapproche pas trop de celui de Versailles ? et
si la dernière , qui doit tracer les jardins de
Sémiramis , n'offre pas ceux de Marly? Sans
être danseur et maître de ballets , il peut également s'apercevoir de la confusion qui y ré-
gnera , du peu d'expression des exécutans ; il
peut, dis-je, sentir si son action est rendue avec
chaleur, si les tableaux en sont assez frappans,
si la pantomime est vraie, et si le caractère de
la danse répond au caractère du peuple et de la
nation qu'elle doit représenter. Ne peut-il pas
encore sentir les défauts qui se rencontrent dans
les vêtemens par des négligences ou un faux
goût qui, l'éloignant du *costume* , détruit toute
illusion ? A-t-il besoin enfin d'être machiniste
pour s'apercevoir que telle machine ne marche

point avec promptitude, rien de si simple que
d'en condamner la lenteur, ou d'en admirer la
précision et la vitesse. Au reste, c'est au machiniste à remédier à la mauvaise combinaison qui
s'oppose à leurs effets, à leur jeu et à leur
activité.

Un compositeur de musique devroit savoir
la danse, ou du moins connoître le temps et
la possibilité des mouvemens qui sont propres
à chaque genre, à chaque caractère et à chaque
passion, pour pouvoir ajuster des traits convenables à toutes les situations que le danseur
peut peindre successivement ; mais, loin de
s'attacher aux premiers élémens de cet art, et
d'en apprendre la théorie, il fuit le maître de
ballets, il imagine que son art l'élève et lui
donne le pas sur la danse ; je ne prétends point
le lui disputer, quoiqu'il n'y ait que la supériorité, et non la nature du talent qui puisse mé-
riter des préséances et des distinctions.

La plupart des compositeurs suivent, je le
répète, les vieilles rubriques de l'Opéra ; ils
font des *passe-pieds*, parce que mademoiselle
Prévot les *couroit* avec élégance ; des *musettes*,
parce que mademoiselle *Sallé* et M. *Dumoulin*
les dansoient avec autant de grace que de volupté ; des *tambourins*, parce que c'étoit le

genre où mademoiselle *Camargo* excelloit ; des
chaconnes enfin et des *passacailles*, parce que
le célèbre *Dupré* s'étoit comme fixé à ces mouvemens qui s'ajustoient à son goût, à son genre
et à la noblesse de sa taille : mais tous ces excellens sujets n'y sont plus ; ils ont été remplacés et au-delà dans des parties, et ne le
seront peut-être jamais dans les autres. Mademoiselle *Lany* a effacé toutes celles qui brilloient par la beauté, la précision et la hardiesse
de leur exécution ; c'étoit la première danseuse
de l'univers : mais on n'a point oublié l'expression naïve de mademoiselle *Sallé ;* ses graces
sont toujours présentes, et la minauderie des
danseuses de ce genre n'a pu éclipser cette noblesse et cette simplicité harmonique des mouvemens tendres, voluptueux, mais toujours
décens de cette aimable danseuse. Personne n'a
encore succédé à M. *Dumoulin ;* il dansoit les
pas de deux avec une supériorité que l'on aura
de la peine à atteindre ; toujours tendre, toujours gracieux, tantôt papillon, tantôt zéphir,
un instant inconstant, un autre instant fidèle ;
toujours animé par un sentiment nouveau, il
rendoit avec volupté tous les tableaux de la
tendresse. M. *Vestris* a remplacé le célèbre
Dupré, c'est faire son éloge ; aussi nous avons eu

M. *Lany*, dont la supériorité excitoit l'admiration, et l'élevoit au-dessus des éloges que je pourrois lui prodiguer. Nous avons des danseurs et des danseuses qui mériteroient d'être cités, si cela ne m'éloignoit pas trop de mon but. Nous avons enfin des jambes et une exécution que nos prédécesseurs n'avoient point : cette raison devroit déterminer, ce me semble, les musiciens à varier leurs mouvemens, et à ne plus travailler pour ceux qui n'existent que dans la mémoire du public, et dont le genre est presque éteint. La danse de nos jours est neuve ; il est absolument nécessaire que la musique le soit aussi.

On se plaint que les danseurs ont du mouvement sans action, des graces sans expression ; mais ne pourroit-on pas remonter à la source du mal ? Dévoilez-en les causes, vous l'attaquerez avec avantage, et vous emploierez alors les remèdes propres à la guérison.

J'ai dit que la plupart des ballets de ce spectacle étoient froids, quoique bien dessinés et bien exécutés ; est-ce uniquement la faute du compositeur ? Lui seroit-il possible d'imaginer tous les jours de nouveaux plans, et de mettre la danse en action à la fin de tous les actes de l'Opéra ? Non, sans doute, la tâche

seroit trop pénible à remplir ; un tel projet
d'ailleurs ne peut s'exécuter sans des contradictions infinies , à moins que les poètes ne se
prêtent à cet arrangement , et ne travaillent de
concert avec le maître de ballets sur tous les
projets qui auront la danse pour but.

Voyons ce que fait habituellement le maître
de ballets à ce spectacle, et examinons l'ouvrage qu'on lui distribue. On lui donne une
partie de répétition ; il l'ouvre, et il lit : *Prologue : passe-pied pour les jeux et les plaisirs , gavotte pour les ris , et rigodon pour
les songes agréables.* Au premier acte : *air
marqué pour les guerriers , second air pour
les mêmes , musette pour les prêtresses.* Au
second acte : *loure pour les peuples , tambourin et rigodon pour les matelots.* Au troisième acte : *air marqué pour les démons, air
vif pour les mêmes.* Au quatrième acte : *entrée des Grecs et chaconne , sans compter les
Vents, les Tritons, les Naïades, les Heures,
les Signes du zodiaque, les Bacchantes, les
Zéphirs, les Ondins et les Songes funestes ;*
car cela ne finiroit jamais. Voilà le maître de
ballets bien instruit ! le voilà chargé de l'exécution d'un plan bien magnifique et bien ingénieux ! Qu'exige le poète ? que tous les person-

nages du ballet dansent, et on les fait danser : de cet abus naissent les prétentions ridicules.

Monsieur, dit le premier danseur au maître de ballets, je remplace un tel, et je dois danser tel air : par la même raison, mademoiselle une telle se réserve les *passe-pieds*, l'autre les *musettes*, celle-ci les *tambourins*, celui-là les *loures*, celui-ci la *chaconne* ; et ce droit imaginaire, cette dispute d'emplois et de genres, fournissent à chaque opéra vingt entrées seules qui sont dansées avec des habits d'un goût et d'un genre opposés, mais qui ne diffèrent ni par le caractère, ni par l'esprit, ni par les enchaînemens de pas, ni par les attitudes ; cette monotonie prend sa source de l'imitation machinale. M. *Vestris* est le premier danseur, il ne danse qu'au dernier acte, c'est la règle ; elle est au reste conforme au proverbe qui astreint à conserver les meilleures choses pour les dernières. Que font les autres danseurs de ce genre ? ils estropient l'original, ils le *chargent*, et n'en prennent que les défauts ; car il est plus aisé de saisir les ridicules que d'imiter les perfections : tels les courtisans d'*Alexandre*, qui, ne pouvant lui ressembler par sa valeur et ses vertus héroïques, portoient tous le cou de côté pour imiter le défaut naturel de ce prince. Voilà donc de froides copies qui multiplient de cent manières différentes l'original, et qui le défigurent continuellement. Ceux d'un autre genre sont aussi maussades et aussi ridicules; ils veulent saisir la précision, la gaîté et la belle formation des enchaînemens de M. *Lany,* et ils sont détestables. Toutes les femmes veulent danser comme dansoit mademoiselle *Lany,* et toutes les femmes, en ce cas, ont des prétentions très-ridicules : tout le monde veut copier, personne ne veut avoir un caractère à soi. L'homme s'évite, il craint de se montrer avec ses propres traits, il en emprunte toujours d'étrangers, et il rougiroit d'être lui : aussi faut-il acheter le plaisir d'admirer quelques bons originaux par l'ennui de voir une multitude de mauvaises copies qui les précèdent. Que veulent dire d'ailleurs cette quantité d'entrées seules, qui ne tiennent et ne ressemblent à rien? Que signifient tous ces corps sans ame, qui se promènent sans graces, qui se déploient sans goût, qui pirouettent sans *aplomb,* sans fermeté, et qui se succèdent d'acte en acte avec le même froid? Pourrons-nous donner le titre de *monologues* à ces sortes d'entrées dépourvues d'intérêt et d'expression? Non, sans doute, car le monologue tient à l'action, il marche de concert avec la scène, il peint, il retrace, il instruit. Mais comment faire parler une entrée seule, me direz-vous? Rien de si facile, Monsieur, et je vais vous le prouver clairement.

Deux bergers, par exemple, épris d'une bergère, la pressent de se décider et de faire un choix : *Thémire*, c'est le nom de la bergère, hésite, balance, elle n'ose nommer son vainqueur : sollicitée vivement, elle cède enfin à l'amour, et donne la préférence à *Aristée;* elle fuit dans le bois pour cacher sa défaite, mais son vainqueur la suit pour jouir de son triomphe. *Tircis* abandonné, *Tircis* méprisé, peint son trouble et sa douleur; bientôt la jalousie et la fureur s'emparent de son cœur, il s'y livre tout entier, et il m'avertit par sa retraite qu'il court à la vengeance et qu'il veut immoler son rival. Celui-ci paroît un instant après : tous ses mouvemens me tracent l'image du bonheur; ses gestes, ses attitudes, sa physionomie, ses regards, tout me présente le tableau du sentiment et de la volupté. *Tircis*, au désespoir, cherche son rival, et il l'aperçoit dans le moment où il exprime la joie la plus délicieuse et la plus pure. Voilà des contrastes simples, mais naturels : le bonheur de l'un

augmente la peine de l'autre. *Tircis*, désespéré,
n'a d'autre ressource que celle de la vengeance;
il attaque *Aristée* avec cette fureur et cette impétuosité qu'enfante la jalousie et le dépit de se
voir méprisé : celui-ci se défend; mais, soit
que l'excès du bonheur énerve le courage, soit
que l'Amour satisfait soit enfant de la Paix, il
est prêt à succomber sous les efforts de *Tircis*;
ils se servent, pour combattre, de leurs hou-
lettes; les fleurs et les guirlandes, composées
par l'Amour et destinées pour la Volupté, deviennent des armes pour leurs fureurs : tout est
sacrifié dans cet instant de vengeance; le bouquet même dont *Thémire* a décoré l'heureux
Aristée, ne sauroit échapper à la rage de l'a-
mant outragé. Cependant *Thémire paroît;* elle
aperçoit son amant enchaîné avec la guirlande
dont elle l'avoit orné; elle le voit terrassé aux
pieds de *Tircis*. Quel désordre! quelle crainte!
elle frémit du danger de perdre ce qu'elle aime:
tout annonce sa frayeur, tout caractérise sa
passion. Fait-elle des efforts pour dégager son
amant, c'est l'amour en courroux qui les lui
fait faire. Furieuse, elle se saisit d'un dard
égaré à la chasse; elle s'élance sur *Tircis*, et
l'en frappe de plusieurs coups. A ce tableau
touchant, l'action devient générale, des ber-

gers et des bergères accourent de toutes parts.
Thémire, désespérée d'avoir commis une action aussi noire, veut s'en punir et se percer le
cœur; les bergères s'opposent à un dessein si
cruel. *Aristée*, partagé entre l'amour et l'a-
mitié, vole vers *Thémire*, la prie, la presse et
la conjure de conserver ses jours; il court à
Tircis, et s'empresse de lui donner du secours;
il invite les bergers à en prendre soin. *Thémire*, désarmée, mais accablée de douleur, fait
un effort pour s'approcher de *Tircis*; elle embrasse ses genoux, et lui donne toutes les marques d'un repentir sincère; celui-ci, toujours
tendre, toujours amant passionné, semble chérir le coup qui va le priver de la lumière. Les
bergères, attendries, arrachent *Thémire* de ce
lieu, théâtre de la douleur et de la plainte : elle
tombe évanouie dans leurs bras. Les bergers,
de leur côté, entraînent *Tircis*; il est près
d'expirer, et il peint encore la douleur qu'il
ressent d'être séparé de *Thémire*, et de ne
pouvoir mourir dans ses bras. *Aristée*, ami
tendre, mais amant fidèle, exprime son trouble et sa situation de cent manières différentes;
il éprouve mille combats, il veut suivre *Thémire*, mais il ne veut pas quitter *Tircis*; il
veut consoler l'amante, mais il veut secourir

l'ami. Cette agitation est suspendue, cette in-décision cruelle cesse enfin : un instant de ré-flexion fait triompher dans son cœur l'amitié ; il s'arrache enfin de *Thémire* pour voler à *Tircis*.

Ce plan peut paroître mauvais à la lecture, mais il fera le plus grand effet sur la scène ; il n'offre pas un instant que le peintre ne puisse saisir ; les situations et les tableaux multipliés qu'il présente ont un coloris, une action et un intérêt toujours nouveau ; l'entrée seule de *Tircis* et celle d'*Aristée* sont pleines de pas-sions ; elles peignent, elles expriment, elles sont de vrais monologues. Les deux pas de *trois* sont l'image de la scène dialoguée dans deux genres différens ; et le ballet en action qui ter-mine ce petit roman, intéressera toujours très-vivement tous ceux qui auront un cœur et des yeux, si toutefois ceux qui l'exécutent ont une ame et une expression de sentiment aussi vive qu'animée.

Vous concevez, Monsieur, que, pour peindre une action où les passions sont variées, et où les transitions de ces mêmes passions sont aussi subites que dans le programme que je viens de vous tracer, il faut de toute nécessité que la musique abandonne les mouvemens et les mo-

dulations pauvres qu'elle emploie dans les airs
destinés à la danse. Des sons arrangés machinalement et sans esprit ne peuvent ni servir le
danseur, ni convenir à une action vive ; il ne
s'agit donc point d'assembler simplement des
notes suivant les règles de l'école : la succession
harmonique des tons doit, dans cette circonstance, imiter ceux de la nature, et l'inflexion
juste de sons présenter l'image du dialogue.

Je ne blâme point généralement, Monsieur,
les *entrées seules* de l'Opéra ; j'en admire les
beautés souvent dispersées, mais j'en voudrois
moins. Le trop en tout genre devient ennuyeux ;
je desirerois encore plus de variété dans l'exécution, car rien n'est si ridicule que de voir
danser les bergers de *Tempé*, comme les divinités de l'*Olimpe*. Les habits et les caractères
étant sans nombre à ce spectacle, je souhaite-
rois que la danse ne fût pas toujours la même :
cette uniformité choquante disparoîtroit sans
doute si les danseurs étudioient le caractère de
l'homme qu'ils doivent représenter, s'ils saisis-
soient ses moeurs, ses usages et ses coutumes.
Ce n'est qu'en se substituant à la place du héros
et du personnage qu'on joue, que l'on peut
parvenir à le rendre et à l'imiter parfaitement.
Personne ne rend plus justice que moi aux

entrées seules, dansées par les premiers sujets; ils y déploient toutes les beautés mécaniques des mouvemens harmonieux du corps :
mais desirer et faire des vœux pour que ces
mêmes sujets faits pour s'illustrer, mêlent quelquefois aux graces de corps les mouvemens de
l'ame; ambitionner de les admirer sous une
forme plus séduisante, et de n'être pas borné
enfin à les contempler uniquement comme de
belles machines bien combinées et bien proportionnées, ce n'est pas, je crois, mépriser
leur exécution, avilir leur talent et décrier leur
genre; c'est exactement les engager à l'embellir et à l'annoblir.

Passons au vêtement. La variété et la vérité
dans le *costume* y sont aussi rares que dans la
musique, dans les ballets, et dans la danse
simple. L'entêtement est égal dans toutes les
parties de l'Opéra; il préside en souverain à
ce spectacle. Grec, Romain, Berger, Chas-
seur, Guerrier, Faune, Sylvain, Jeux, Plaisirs, Ris, Tritons, Vents, Feux, Songes,
Grand-Prêtre, et Sacrificateurs, tous les habits de ces personnages sont coupés sur le
même patron, et ne diffèrent que par la couleur et les embellissemens que la profusion
bien plus que le goût jette au hasard. L'Ori-

peau brille partout : le paysan, le matelot et
le héros en sont également chargés. Plus un
habit est garni de colifichets, de paillettes, de
gaze et de réseau, et plus il a de mérite aux
yeux de l'acteur et du spectateur sans goût.
Rien n'est si singulier que de voir à l'Opéra
une troupe de guerriers qui viennent de combattre, de disputer et de remporter la victoire.
Traînent-ils après eux l'horreur du carnage ?
Leur physionomie paroît-elle animée ? leurs
regards sont-ils encore terribles ? leurs cheveux sont-ils épars et dérangés ? Non, Monsieur, rien de tout cela ; ils sont parés avec le
dernier scrupule, et ils ressemblent plutôt à
des hommes efféminés sortant des mains du
baigneur, qu'à des guerriers échappés à celles
de l'ennemi. Que devient la vérité ? où est la
vraisemblance ? d'où naîtra l'illusion ? et comment n'être pas choqué d'une action si fausse
et si mal rendue ? Il faut de la décence au
théâtre, j'en conviens ; mais il faut, avant tout,
de la vérité et du naturel dans l'action, du
nerf et de la vigueur dans les tableaux, et un
désordre bien entendu dans tout ce qui en
exige. Que dire de ces *tonnelets* roides, qui,
dans certaines positions de la danse, pla-
çoient pour ainsi dire la hanche à l'épaule, et

qui en éclipsoient tous les contours. Je bannirois tout arrangement symétrique dans les habits; arrangement froid qui désigne l'art sans goût et qui n'a nulle grace. J'aimerois mieux des draperies simples et légères, contrastées par les couleurs, et distribuées de façon à me laisser voir la taille du danseur. Je les voudrois légères, sans cependant que l'étoffe fût ménagée : de beaux *plis*, de belles *masses*, voilà ce que je demande ; et l'extrémité de ces draperies voltigeant et prenant de nouvelles formes, à mesure que l'exécution deviendroit plus vive et plus animée, tout auroit l'air svelte. Un élan, un pas vif, une fuite, agiteroient la draperie dans des sens différens ; voilà ce qui nous rapprocheroit de la peinture, et par conséquent de la nature ; voilà ce qui prête de l'agrément aux attitudes et de l'élégance aux positions ; voilà enfin ce qui donne au danseur cet air leste, qu'il ne pouvoit avoir sous le harnois gothique de l'Opéra. Les paniers ridicules de nos danseuses s'opposoient également à la liberté, à la vîtesse, et à l'action prompte et animée de la danse ; ils privoient encore la taille de son élégance et des justes proportions qu'elle doit avoir ; ils diminuoient l'agrément des bras ; ils *enterroient* pour ainsi

dire les graces; ils contraignoient et gênoient
la danseuse à un tel point, que le mouvement de son panier l'occupoit quelquefois plus
sérieusement que celui de ses bras et de ses
jambes. Tout acteur au théâtre doit être libre:
il ne doit pas même recevoir des entraves du
rôle et du personnage qu'il a à représenter; si
son imagination est partagée, si la mode d'un
costume ridicule le gêne au point d'être accablé
par son habit, d'en sentir le poids, et d'oublier
son rôle, de gémir enfin sous le faix qui l'assom-
me, peut-il avoir de l'aisance et de la chaleur? Il
doit dès-lors se délivrer d'une mode qui appau-
vrit l'art, et qui empêche le talent de se montrer.
Mademoiselle *Clairon*, actrice inimitable, faite
pour secouer les usages adoptés par l'habitude,
supprima les paniers, et les supprima sans préparation et sans ménagement. Le vrai talent sait
s'affranchir des lois de la routine. Le même
goût qui porta l'art de cette grande actrice à
un si haut degré de perfection, lui fit sentir le
ridicule de ces anciens costumes du théâtre;
et, cherchant à rendre, à imiter la nature dans
son jeu, elle pensa, avec raison, qu'il falloit
la suivre dans les habillemens. Le caprice ne
conduisit point mademoiselle *Clairon*, lorsqu'elle se dépouilla d'un ornement aussi ridi-

dule qu'embarrassant ; c'est qu'elle avoit étudié
toutes les parties de son art, et cherché à les rapprocher de la perfection. La raison, l'esprit, le
bon sens et la nature l'ont guidée dans cette réforme : elle a consulté les anciens, et elle s'est imaginée que *Médée*, *Electre* et *Ariane* n'avoient
point l'air, le ton, l'allure et l'habillement de nos
petites-maîtresses ; elle a senti qu'en s'éloignant
de nos usages, elle se rapprocheroit de ceux
de l'antiquité ; que l'imitation des personnages
qu'elle représente seroit plus vraie, plus naturelle ; que son action d'ailleurs étant vive et animée, elle la rendroit avec plus de feu et de vivacité,
lorsqu'elle se seroit débarrassée du poids et dégagée de la gêne d'un vêtement ridicule ; elle s'est
persuadée enfin que le public ne mesureroit pas
ses talens sur l'immensité de son panier. Il est
cetain qu'il n'appartient qu'au mérite supérieur
d'innover, et de changer en un instant la forme
des choses auxquelles l'habitude, bien moins
que le goût et la réflexion, nous avoit attachés. M. *Chassé*, acteur unique, qui avoit
l'art de mettre de l'intérêt dans des scènes
froides, et d'exprimer par le geste les pensées
les moins frappantes, secoua pareillement les
tonnelets, ou ces paniers roides, qui ôtoient
toute aisance à l'acteur, et qui en faisoient,

pour ainsi dire, une machine mal organisée;
les casques et les habits symétriques furent
aussi proscrits par lui; il substitua aux *tonnelets* guindés des draperies bien étendues,
et aux panaches antiques des plumes distribuées avec goût et élégance. Le simple, le
galant et le pittoresque composoient sa parure.

M. *Le Kain*, excellent tragique, suivit
l'exemple de M. *Chassé*. Il fit plus encore; il
sortit du tombeau de *Ninus*, dans la *Sémiramis*
de M. de *Voltaire*, les manches retroussées,
les bras ensanglantés, les cheveux hérissés et
les yeux égarés. Cette peinture forte, mais
naturelle, frappa, intéressa, jeta le trouble et
l'horreur dans l'ame du spectateur. La réflexion
et l'esprit de critique succédèrent un instant
après à l'émotion, mais il étoit trop tard;
l'impression étoit faite, le trait étoit lancé;
l'acteur avoit touché le but, et les applaudissemens furent la récompense d'une action heureuse, mais hardie, qui, sans doute, auroit
échoué, si un acteur subalterne et moins ac-
cueilli eût tenté de l'entreprendre.

M. *Boquet*, chargé des dessins et du *costume* des habits de l'Opéra, a remédié aussi
aux défauts qui régnoient dans cette partie
si essentielle à l'illusion. Il est à desirer qu'on

laisse à ces hommes si bien inspirés la liberté
d'agir, et qu'on ne s'oppose point à des idées qui
tendent à porter les choses à leur perfection.

Quant aux décorations, Monsieur, je ne
vous en parlerai point ; elles ne péchent pas
par le goût à l'Opéra ; elles pourroient même
être belles, parce que les artistes qui sont employés dans cette partie ont réellement du
mérite ; mais la cabale et une économie mal entendue bornent souvent le génie des peintres,
et étouffent leurs talens. D'ailleurs, ce qui paroît en ce genre à l'Opéra ne porte jamais
le nom de l'auteur ; au moyen de cet arrangement, il y a fort peu d'émulation, et par conséquent fort peu de décorations qui ne laissent
une infinité de choses à desirer.

Je finirai cette lettre par une réflexion qui
me paroît bien simple. La danse, à ce spectacle, a trop de caractères idéaux, trop de personnes chimériques et trop d'êtres de fantaisie
à rendre, pour qu'elle puisse les représenter
tous avec des traits et des couleurs différentes :
moins de féerie, moins de merveilleux, plus
de vérité, plus de naturel, et la danse paroîtra
dans un plus beau jour. Je serois fort embarrassé, par exemple, de donner de l'intention
à la danse d'une *comète*, à celle des *signes du*

zodiaque, des *heures*, etc. Les interprètes de
Sophocle, d'*Euripide* et d'*Aristophane*, disent cependant que les danses des Epyptiens
représentoient les mouvemens célestes et l'harmonie de l'univers; ils dansoient en rond autour d'un autel qu'ils regardoient comme le
soleil; et cette figure, qu'ils décrivoient en se
tenant par les mains, désignoit le zodiaque ou
le cercle des signes; mais tout cela n'étoit,
ainsi que bien d'autres choses, que des figures
et des mouvemens de convention, auxquels on
attachoit une signification invariable. Je crois
donc, Monsieur, qu'il nous seroit plus facile
de peindre nos semblables; que l'imitation en
seroit plus naturelle et plus séduisante; mais
c'est aux poètes, comme je l'ai dit, à chercher
les moyens de faire paroître des hommes sur le
théâtre de l'Opéra. Où en seroit l'impossibilité? Ce qui s'est fait une fois peut se répéter
mille autres avec succès. Il est sûr que les pleurs
d'*Andromaque*, que l'amour de *Junie* et de
Britannicus, que la tendresse de *Mérope* pour
Égiste, que la soumission d'*Iphigénie*, et l'a-
mour maternel de *Clytemnestre*, toucheront
bien davantage que toute notre magie d'Opéra.
La *Barbe-Bleue* et le *Petit-Poucet* n'atten-
drissent que les enfans; les tableaux de l'hu-

manité sont les seuls qui parlent hautement à
l'ame, qui l'affectent, qui l'ébranlent et qui la
transportent. On s'intéresse foiblement aux divinités fabuleuses, parce qu'on est persuadé que
leur puissance et toute l'intelligence qu'elles
montrent leur sont prêtées par le poète : on
n'est nullement inquiet sur la réussite; on sait
qu'ils viendront à bout de leur dessein, et leur
pouvoir diminue en quelque sorte à mesure
que notre confiance augmente. Le cœur et l'esprit ne sont jamais la dupe de ce spectacle; il
est rare, pour ne pas dire impossible, que l'on
sorte de l'Opéra avec ce trouble, cette émotion
et ce désordre enchanteurs que l'on éprouve à
une tragédie ou à une comédie touchante. La
situation où elles nous jettent nous suivroit
long-temps, si les images gaies de nos petites
pièces ne calmoient notre sensibilité et n'es-
suyoient nos larmes.

Je suis, etc.

LETTRE XXIII.

De l'Expression de la figure; inconvénient des Masques.

C'EST, comme vous le savez, Monsieur, sur le visage de l'homme, que les passions s'impriment, que les mouvemens et les affections de l'ame se déploient, et que le calme, l'agitation, le plaisir, la douleur, la crainte et l'espérance, se peignent tour à tour. Cette expression est cent fois plus animée, plus vive et plus précieuse que celle qui résulte du discours le plus véhément, dépouillé de la pantomime du visage de celui qui le débite. Il faut un temps pour articuler sa pensée, il n'en faut point à la physionomie pour la rendre avec énergie : c'est un éclair qui part du cœur, qui brille dans les yeux, et qui, répandant sa lumière sur tous les traits, annonce le bruit des passions, et laisse voir, pour ainsi dire, l'ame à nu. Tous nos mouvemens sont purement automatiques et ne signifient rien, si la face demeure muette en quelque sorte, et si elle

ne les anime et ne les vivifie. La physionomie
est donc la partie de nous-mêmes la plus utile
à l'expression; or, pourquoi l'éclipser au théâtre
par un masque, et préférer l'art grossier à la
belle nature ? Comment le danseur peindra-
t-il, si on le prive des couleurs les plus essentielles ? comment fera-t-il passer dans l'ame
du spectateur les mouvemens qui agitent la
sienne, s'il s'en ôte lui-même les moyens, et
s'il se couvre d'un morceau de carton et d'un
visage postiche, triste et uniforme, froid et
immobile ? Le visage est l'organe de la scène
muette, il est l'interprète fidèle de tous les
mouvemens de la pantomime : en voilà assez
pour bannir les masques de la danse, cet art
d'imitation, dont l'action doit tendre uniquement à tracer, à séduire et à toucher par la
naïveté et la vérité de ses peintures.

Je serois fort embarrassé de démêler l'idée
d'un peintre, et de concevoir le sujet qu'il
auroit voulu jeter sur la toile, si toutes les têtes
de ses figures étoient uniformes comme le sont
celles de l'Opéra (1), et si les traits et les ca-

_____

(1) L'usage des masques à l'Opéra n'a été détruit que
par les efforts multipliés des gens de goût, et sur-tout
par ceux de M. Noverre. (*Note de l'Éditeur.*)

ractères n'en étoient pas variés. Je ne pourrois, dis-je, comprendre ce qui engage tel personnage à lever les bras, tel autre à avoir la main à la garde de son sabre; il me seroit impossible de discerner le sentiment qui fait lever la tête et les bras à celui-ci, et reculer celui-là : je consulterois en vain toutes les physionomies, elles seroient muettes; leurs regards sans feu, sans passion, sans énergie, ne me diroient rien.

Le public s'apercevra-t-il plus facilement de l'idée et du dessein d'un danseur, si sans cesse il lui cache sa physionomie sous un corps étranger, s'il enfouit l'esprit dans la matière, et s'il substitue aux traits variés de la nature ceux d'un plâtre mal dessiné et enluminé de la manière la plus désagréable? Les passions pourront-elles se montrer et percer le voile que l'artiste met entre le spectateur et lui? parviendra-t-il à répandre sur un seul de ces visages artificiels les caractères innombrables de ces passions? lui sera-t-il possible de changer la forme que le moule aura imprimée à son masque? Car un masque, de quelque genre qu'il soit, est froid ou plaisant, sérieux ou comique, triste ou grotesque. Le *Modeleur* ne lui prête qu'un caractère permanent et in-

variable : s'il réussit aisément à bien rendre
les figures hideuses et contrefaites et toutes
celles qui sont purement d'imagination, il n'a
pas le même succès lorsqu'il abandonne *la
charge*, et qu'il cherche à imiter la belle nature. Cesse-t-il de faire grimacer, il devient
froid ; ses moules sont de glace ; ses masques
sont sans caractère et sans vie, il ne peut saisir
les finesses des traits, et toutes les nuances
imperceptibles, qui, *groupant*, pour ainsi
dire, la physionomie, lui prêtent mille formes
différentes. Quel est le *modeleur* qui puisse
entreprendre de rendre les passions dans toutes
leurs dégradations ? Cette variété immense qui
échappe quelquefois à la peinture, et qui est
la pierre de touche du grand peintre, peut-elle
être rendue avec fidélité par un fabricant de
masques ?

Ceux qui aiment les masques, qui y sont
attachés par habitude, et qui croiroient que
l'art dégénéreroit si l'on secouoit le joug des
vieilles rubriques de l'Opéra, diront, pour autoriser leur mauvais goût, qu'il est des caractères au théâtre qui exigent des masques ;
comme les *Furies*, les *Tritons*, les *Vents*,
les *Faunes*, etc. Cette objection est ridicule ;
elle est fondée sur un préjugé aussi facile à

combattre qu'à détruire. Je prouverai premièrement que les masques dont on se sert pour
ces sortes de caractères sont mal modelés,
mal peints, et qu'ils n'ont aucune vraisemblance; secondement, qu'il est aisé de rendre
ces personnages avec vérité sans aucun secours
étranger. J'appuierai ensuite ce sentiment par
des exemples vivans que l'on ne pourra rejeter,
si l'on est enfant de la Nature, si la simplicité
séduit, si le vrai semble préférable à cet art
grossier qui détruit l'illusion, et affoiblit le
plaisir du spectateur.

Les caractères que je viens de vous nommer
sont idéaux et purement d'imagination; ils
ont été créés et enfantés par les poètes; les
peintres leur ont donné ensuite une réalité par
des traits et des attributs différens, qui ont
varié à mesure que les arts se sont perfection-
nés, et que le flambeau du goût a éclairé les
artistes. On ne peint plus, ni on ne danse plus
les *Vents* avec des soufflets à la main, des
moulins à vent sûr la tête, et des habits de
plumes pour caractériser leur légèreté : on ne
peindroit plus le *Monde*, et on ne le danseroit
plus avec une coiffure qui formeroit le mont
Olympe, avec un habit représentant une carte
de géographie; on ne garnira plus son vêtement

d'inscriptions ; on n'écrira plus en gros caractères sur le sein, et du côté du cœur, *Gallia ;* sur
le ventre, *Germania ;* sur une jambe, *Italia ;*
sur une partie moins noble, *Terra Australis
incognita ;* sur un bras, *Hispania ,* etc.

On ne caractérisera plus la Musique avec
un habit rayé à plusieurs portées, et chargé
de croches et de triples croches ; on ne la coif-
fera plus avec les clefs de *G-ré-sol ,* de *C-sol-
ut ,* et de *F-ut-fa.* On ne fera plus enfin danser
le Mensonge avec une jambe de bois, un habit
garni de masques et une lanterne sourde à la
main. Ces allégories grossières ne sont plus de
notre siècle : mais ne pouvant consulter la
Nature à l'égard de ces êtres chimériques, consultons du moins les peintres ; ils représentent
les *Vents ,* les *Furies* et les *Démons* sous des
formes humaines ; les *Faunes* et les *Tritons*
ont la partie supérieure du corps semblable
aux hommes ; la partie inférieure tient du
bouc et du poisson.

Les masques des *Tritons* sont verts et argent ;
ceux des *Démons ,* couleur de feu et argent ;
ceux des *Faunes* d'un brun noirâtre ; ceux
des *Vents* sont bouffis, et dans l'action de
quelqu'un qui fait des efforts pour souffler :
tels sont nos masques. Voyons présentement,

en les comparant avec les chefs-d'œuvre de
la peinture, s'ils ont quelque ressemblance. Je
vois dans les tableaux les plus précieux des
Tritons dont les physionomies ne sont point
vertes; j'aperçois des *Faunes* et des *Satyres*
d'un teint rougeâtre et basané, mais un brun
sombre n'est pas répandu également sur tous
les traits; je cherche des physionomies couleur de feu et argent, mais inutilement. Les
Démons ont un teint rougeâtre qui emprunte
sa couleur de l'élément qu'ils habitent. Je sens
la Nature, et je la vois partout; elle ne se perd
point sous l'épaisseur de la couleur et sous
la pesanteur de la grosse brosse : je distingue
la forme de tous les traits; je les trouve, si vous
voulez, hideux, *chargés :* tout me paroît outré, mais tout me montre l'homme, non comme
il est, mais comme il peut être, sans choquer la
vraisemblance. D'ailleurs, la différence de
l'homme et de ces êtres engendrés du cerveau des poètes n'est-elle pas nécessaire, et
les habitans des élémens ne doivent-ils pas
différer en quelque chose de l'humanité? Les
masques des *Vents* sont ceux qui ressemblent
le mieux aux originaux que les peintres nous
ont donnés; et si l'on a besoin d'un masque au
théâtre, c'est sans doute de celui-là. Deux raisons

me le feroient adopter : premièrement, la difficulté de conferver long-temps cette physionomie boursoufllée : secondement, le peu d'expression de ce genre. Il ne dit rien, il tourne
avec rapidité, il a beaucoup de mouvement et
peu d'action ; c'est un tourbillon de pas sans
goût et souvent estropiés, qui éblouissent sans
satisfaire, qui surprennent sans intéresser ;
ainsi le masque ne dérobe rien. Je trouve,
Monsieur, ce genre si froid et si ennuyeux,
que je consentirai même que le danseur mette
plusieurs masques, s'il imagine pouvoir amuser
par ce moyen ceux qui les aiment. Si l'on en
excepte *Borée* dans le ballet ingénieux des
Fleurs, je ne connois à l'Opéra que des *Vents*
aussi fatigans qu'incommodes.

En supprimant les masques, ne seroit-il pas
possible de déterminer les danseurs à s'ajuster
d'une manière plus pittoresque et plus vraie ?
ne pourroient-ils pas suppléer aux dégradations du lointain, et, par le secours de quelques teintes légères et de quelques coups de
pinceau distribués avec art, donner à leur
physionomie le caractère principal qu'elle doit
avoir ? On ne peut rejeter cette proposition,
sans ignorer ce que la Nature peut produire
lorsqu'elle est aidée et embellie des charmes de

l'art ; on ne peut, dis-je, me condamner, qu'en ignorant totalement l'effet séduisant qui résulte de cet arrangement, et les métamorphoses intéressantes qu'il opère sans éclipser la nature, sans la défigurer, sans affoiblir ses traits, sans la faire grimacer : un exemple étaiera cette vérité ; il lui donnera la force de persuader les gens de goût, et de convaincre une foule d'ignorans incrédules dont le théâtre est infecté.

M. *Garrick*, célèbre comédien anglais, est le modèle que je vais proposer. Il n'en est pas de plus beau, de plus parfait et de plus digne d'admiration ; il a pu être regardé comme le Prothée de nos jours, car il réunissoit tous les genres, et les rendoit avec une perfection et une vérité qui lui attirèrent non seulement les applaudissemens et les suffrages de sa nation, mais qui excitèrent encore l'admiration et les éloges de tous les étrangers. Il étoit si naturel, son expression avoit tant de vérité, ses gestes, sa physionomie et ses regards étoient si éloquens et si persuasifs, qu'il mettoit au fait de la scène ceux mêmes qui n'entendoient point l'anglais. On le suivoit sans peine : il touchoit dans le pathétique ; il faisoit éprouver, dans le tragique, les mouvemens successifs

des passions les plus violentes; et, si j'ose
m'exprimer ainsi, il arrachoit les entrailles du
spectateur, il déchiroit son cœur, il perçoit
son ame, et lui faisoit répandre des larmes de
sang. Dans le comique noble, il séduisoit et il
enchantoit; dans le genre moins élevé, il amu-
soit et s'arrangeoit au théâtre avec tant d'art,
qu'il étoit souvent méconnu des personnes qui
vivoient habituellement avec lui. Vous connoissez la quantité immense des caractères que présente le théâtre anglais; il les jouoit tous avec
la même supériorité; il avoit, pour ainsi dire,
un visage différent pour chaque rôle; il savoit
distribuer à propos, et suivant que les caractères l'exigeoient, quelques coups de pinceau
sur les endroits où la physionomie doit se
grouper et faire tableau : l'âge, la situation,
le caractère, l'emploi et le rang du personnage
qu'il devoit représenter, déterminoient ses
couleurs et ses pinceaux. Ne pensez pas que ce
grand acteur fut bas, trivial et grimacier : fidèle imitateur de la nature, il en sut faire le
plus beau choix ; il la montra toujours dans des
positions heureuses et dans des jours avantageux; il conserva la décence que le théâtre
exige dans les rôles même les moins susceptibles de graces et d'agrémens; il ne fut jamais

au-dessous ni au-dessus du personnage qu'il faisoit ; il saisissoit ce point juste d'imitation, que les comédiens manquent presque toujours : ce tact heureux qui caractérise le grand acteur, et qui le conduit à la vérité, est un talent rare que M. *Garrick* possédoit ; talent d'autant plus estimable, qu'il empêche l'acteur de s'égarer et de se tromper dans les teintes qu'il doit répandre sur ses tableaux : car on prend souvent le froid pour la décence, la monotonie pour le raisonnement, l'air guindé pour l'air noble, la minauderie pour les graces, le poumon pour les entrailles, la multiplicité des gestes pour l'action, l'imbécillité pour la naïveté, la volubilité sans nuances pour le feu, et les contorsions de la physionomie pour l'expression vive de l'ame. Ce n'étoit point tout cela chez M. *Garrick*, il étudioit ses rôles, et plus encore les passions. Fortement attaché à son état, il se renfermoit en lui-même, et se déroboit à tout le monde les jours qu'il jouoit des rôles importans. Son génie l'élevoit au rang du prince qu'il devoit représenter ; il en prenoit les vertus et les foiblesses, il en saisissoit le caractère et les goûts, il se transformoit, ce n'étoit plus *Garrick* à qui l'on parloit, ce n'étoit plus *Garrick* que l'on entendoit : la méta-

morphose une fois faite, le comédien disparoissoit, et le héros se montroit, il ne reprenoit sa
forme naturelle que lorsqu'il avoit rempli les
devoirs de son état. Vous concevez, Monsieur,
qu'il étoit peu libre, que son ame étoit toujours
agitée, que son imagination travailloit sans
cesse, qu'il étoit les trois quarts de sa vie dans
un enthousiasme fatigant, qui altéroit d'autant
plus sa santé, qu'il se tourmentoit et se pénétroit d'une situation triste et malheureuse
vingt-quatre heures avant de la peindre et de
s'en délivrer. Rien de si gai que lui, au contraire, les jours où il devoit représenter un
poète, un artisan, un homme du peuple, un
nouvelliste, un petit maître; car cette espèce
règne aussi en Angleterre sous une autre forme,
à la vérité, que chez nous : le genre différera si
vous le voulez, mais l'expression du ridicule et
de l'impertinence est égale : dans ces sortes de
rôles, dis-je, sa physionomie se déployoit avec
naïveté, son ame y étoit toujours répandue, ses
traits laissoient voir à chaque instant de nouveaux sentimens peints avec la plus grande vérité. On peut, sans partialité, le regarder comme
le Roscius de l'Angleterre, puisqu'il réunissoit
à la diction, au débit, au feu, au naturel, à
l'esprit et à la finesse, cette pantomime et cette

expression rares de la scène muette, qui caractérisent le grand acteur et le parfait comédien.
Je ne dirai plus qu'un mot au sujet de cet acteur distingué; il fera connoître la supériorité de ses talens. Je lui ai vu représenter une
tragédie à laquelle il avoit retouché, car il joignoit au mérite d'exceller dans la comédie celui d'être un des poètes les plus agréables de sa
nation ; je lui ai vu, dis-je, jouer un tyran qui,
effrayé de l'énormité de ses crimes, meurt déchiré de ses remords. Le dernier acte n'étoit
employé qu'aux regrets et à la douleur; l'humanité triomphoit des meurtres et de la barbarie; le tyran, sensible à sa voix, détestoit ses
crimes ; ils devenoient, par gradation, ses juges
et ses bourreaux; la mort, à chaque instant,
s'imprimoit sur son visage; ses yeux s'obscur-
cissoient, sa voix se prêtoit à peine aux efforts
qu'il faisoit pour articuler sa pensée : ses gestes,
sans perdre de leur expression, caractérisoient
les approches du dernier instant; ses jambes se
déroboient sous lui, ses traits s'alongeoient,
son teint pâle et livide portoit l'empreinte de la
douleur et du repentir ; il tomboit enfin. Dans
cet instant, ses crimes se retraçoient à son imagination sous des formes horribles; effrayé des
tableaux hideux que ses forfaits lui présen-

toient, il luttoit contre la mort, la nature sembloit faire un dernier effort. Cette situation faisoit frémir : il grattoit la terre, il creusoit en
quelque façon son tombeau; mais le moment
approchoit, on voyoit réellement la mort : tout
peignoit cet instant qui ramène à l'égalité; il
expiroit enfin : le hoquet de la mort et les mouvemens convulsifs de la physionomie, des bras
et de la poitrine, donnoient le dernier coup à
ce tableau terrible.

Voilà ce que j'ai vu, Monsieur, et ce que
les comédiens devroient voir. En imitant ce
grand acteur, il ne seroit pas difficile d'abolir
les masques, parce qu'alors les physionomies
seroient parlantes et animées, et que l'on pos-
séderoit le talent de les caractériser avec autant d'esprit et d'art que *Garrick* lui-même.

Plusieurs personnes prétendent que les masques servent à deux usages : premièrement à
l'uniformité; secondement à cacher les tics ou
les grimaces produites par les efforts d'un exercice pénible. Il n'est d'abord question que de
savoir si cette uniformité est un bien; pour
moi, je l'envisage tout différemment; je trouve
qu'elle altère la vérité et qu'elle détruit la vraisemblance. La nature est-elle uniforme dans ses
productions? quel est le peuple de la terre à

qui elle a donné une exacte ressemblance? tout
n'est-il pas varié? tout ce qui existe dans
l'univers, n'a-t-il pas des formes, des couleurs
et des teintes diverses? Le même arbre pro-
duit-il deux feuilles semblables, deux fleurs
pareilles, deux fruits égaux? Non, sans doute,
les gradations et les dégradations des productions de la nature sont infinies; leur variété est
immense et incompréhensible. Si l'on trouve
rarement des *Ménechmes*, si l'uniformité des
traits et la conformité de la ressemblance est
admirée dans deux jumeaux, comme un jeu
de la nature, quelle doit être ma surprise lorsque je verrai à l'Opéra douze hommes qui
n'auront, à eux tous, qu'un même visage! et
quel sera mon étonnement lorsque je trouve-
rai dans les Grecs, dans les Romains, dans les
Bergers, dans les Matelots, dans les Jeux,
dans les Ris, dans les Plaisirs, dans les Prêtres, dans les Sacrificateurs enfin, une seule
et même physionomie! quelle absurdité! sur-
tout dans un spectacle, où tout varie, où tout
est en mouvement, où les lieux changent, où
les nations se succèdent, où les vêtemens diffèrent à chaque instant, tandis que les physionomies des danseurs ne sont qu'une. Nulle
diversité dans les traits, nulle expression, nul

caractère : tout languit , et la nature gémit sous
un masque mort et désagréable. Pourquoi laisser aux acteurs et aux chanteurs des chœurs
leurs physionomies , dès qu'on la dérobe à ceux
qui , privés de la parole et de l'usage de la voix,
en auroient encore plus besoin qu'eux ? quel
contre-sens que celui qu'offre le dieu Pan et
une partie des Faunes et des Silvains de sa
suite, avec des visages blancs , tandis que l'autre partie porte des masques bruns ! Les Démons dansans sont couleur de feu , et ceux qui
sont à côté d'eux ont un teint pâle et livide.
Les Dieux marins, les Tritons, les Fleuves,
les Ondins ont la physionomie semblable à la
nôtre lorsqu'ils chantent. Les fait-on danser,
ce sont des visages vert de pré , qui passeroient
à peine dans une mascarade uniquement destinée au déguisement. Voilà cette uniformité
prétendue, absolument détruite. Est-elle nécessaire ? que l'on masque généralement tout le
monde. Cesse-t-elle de l'être ? que l'on brise
les masques : car les raisons qui en interdisent
l'usage aux acteurs, sont les mêmes que celles
qui doivent le proscrire dans la danse. Vous
voyez, Monsieur, que toutes les physionomies
bizarres ne sont faites que pour choquer ceux
qui sont amis du vrai, du simple et du naturel.

Mais passons aux tics; c'est une objection si foible qu'elle ne mériteroit peut-être pas de réponse. Les tics, les contorsions et les grimaces prennent moins naissance de l'habitude, que des efforts violens que l'on fait pour sauter; efforts qui, *contractant* tous les muscles, font grimacer les traits de cent manières différentes, et auxquels je ne peux reconnoître qu'un forçat, et non un danseur et un artiste. Tout danseur qui altère ses traits par des efforts, et dont le visage est sans cesse en convulsion, est un mauvais danseur qui ignore les premiers élémens de son art, qui ne s'attache qu'à la partie grossière de la danse, et qui n'en a jamais senti l'esprit. Un tel homme est né pour aller faire le saut périlleux. Le *tramplain* (1) et la *batoude* doivent être son théâtre, puisqu'il a sacrifié l'imitation, le génie et les charmes de son art à une routine qui l'avilit; puisqu'au lieu de s'attacher à peindre et à sentir, il ne s'est appliqué qu'à la mécanique de son talent; puisqu'enfin sa physionomie ne montre que la peine et la contrainte, lorsqu'elle ne devroit me tracer que l'aisance et la

_____

(1) Planches posées de manière qu'elles ont une grande élasticité; ce qui facilite les sauts périlleux des danseurs de corde.

liberté; un tel homme enfin n'est qu'un maladroit, dont l'exécution pénible est toujours désagréable. Eh! qui peut nous flatter davantage, Monsieur, que la grace qui naît de la facilité? Les difficultés ne sont en droit de plaire que lorsqu'on ne les sent pas, et qu'elles empruntent enfin cet air noble et aisé, qui, dérobant la peine, ne laisse voir que la légèreté. Les danseuses de nos jours ont, proportion gardée, plus d'exécution que les hommes; elles font tout ce qu'il est possible de faire. Je demanderai donc pourquoi les danseuses conservent les graces de leur physionomie, dans les instans les plus violens de leur exécution? Pourquoi les muscles du visage ne se *contractent-ils* pas, lorsque la machine est ébranlée par des secousses violentes et des efforts réitérés? Pourquoi, dis-je, les femmes naturellement moins nerveuses, moins musculeuses, et moins fortes que nous, ont-elles la physionomie tendre et voluptueuse, vive et animée, et toujours expressive, lors même que les ressorts et les muscles qui coopèrent à leurs mouvemens sont dans une contention forcée, et qui contraint la nature? D'où vient enfin ont-elles l'art de dérober la peine, de cacher le travail du corps et les impressions désagréa-

bles, et de substituer à la grimace qui naît des
efforts, la finesse de l'expression la plus délicate et la plus tendre ? C'est qu'elles apportent
une attention particulière à cet exercice ; qu'elles
savent qu'une contorsion enlaidit la figure, et
change le caractère de la physionomie ; c'est
qu'elles sentent que l'ame se déploie sur le visage, qu'elle se peint dans les yeux , qu'elle
anime les traits ; c'est qu'elles sont persuadées
enfin que la physionomie est, ainsi que je l'ai
dit , la partie de nous-mêmes où toute l'expression se rassemble, et qu'elle est le miroir
fidèle de nos sentimens, de nos mouvemens et
de nos affections. Aussi mettent-elles plus d'ame,
plus d'expression et plus d'intérêt dans leur
exécution que les hommes. En apportant le
même soin qu'elles , nous ne serons ni affreux ni désagréables , nous ne contracterons
plus d'habitude vicieuse, nous n'aurons plus de
tics , et nous pourrons nous passer d'un masque qui , dans cette circonstance, aggrave le
mal, sans le détruire. En effet , quel conseil
peut-on donner à un masque ? il seroit toujours
froid et maussade en dépit des bons avis. Que
l'on dépouille la physionomie de ce corps
étranger, que l'on abolisse cet usage qui cache
le jeu de l'ame, et qui l'empêche de se déployer

sur les traits ; alors on jugera le danseur, on
estimera son expression. Celui qui joindra aux
difficultés et aux graces de l'art cette pantomime
vive et animée, et cette expression rare de sentiment, recevra, avec le titre d'excellent danseur,
celui de bon comédien : les éloges l'encourage-
ront ; les avis et les conseils des connoisseurs le
conduiront à la perfection de son art. On lui diroit
alors : « Votre physionomie étoit trop froide dans
» tel endroit ; dans tel autre, vos regards n'é-
» toient pas assez animés ; le sentiment que vous
» aviez à peindre étant foible au-dedans, n'a
» pu se manifester au-dehors avec assez de
» force et d'énergie ; aussi vos gestes et vos
» attitudes se sont-ils ressentis du peu de feu
» que vous avez mis dans l'action. Livrez-vous
» donc davantage une autre fois ; pénétrez-vous
» de la situation que vous avez à rendre, et n'ou-
» bliez jamais que, pour bien peindre, il faut
» sentir, mais sentir vivement. » De tels conseils, Monsieur, rendroient la danse aussi flo-
rissante que la pantomime l'étoit chez les
anciens, et lui donneroient un lustre, qu'elle
n'atteindra jamais, tant que l'habitude prévau-
dra sur le bon goût.

Permettez-moi donc de donner la préférence
aux physionomies vives et animées. Leur va-

riété nous distingue ; elle indique ce que nous sommes, et nous sauve enfin de la confusion générale, qui régneroit dans l'univers, si elles se ressembloient toutes comme à l'Opéra.

Vous m'avez dit plusieurs fois que, pour abolir les masques, il faudroit nécessairement que tous les danseurs eussent une physionomie théâtrale. Je suis de ce sentiment, et je ne fais pas plus de cas d'un visage triste, froid et inanimé, que d'un masque; mais comme il y a trois genres de danse réservés à des tailles et à des physionomies différentes, les danseurs, en s'examinant avec soin, et en se rendant justice, pourront tous se placer avantageusement ; leur objet est égal ; dans quelque genre que ce soit, ils doivent imiter, ils doivent être pantomimes ; il n'est donc question que de faire parler à la danse un langage plus ou moins élevé, suivant la dignité du sujet et l'espèce de genre.

La danse sérieuse et héroïque porte en soi le caractère de la tragédie ; la mixte ou demi-sérieuse, que l'on nomme communément *demi-caractère*, celui de la comédie noble, autrement dit le *haut-comique* ; la danse grotesque emprunte ses traits de la comédie d'un genre comique, gai et plaisant. Les tableaux d'histoire du célèbre *Vanloo* sont l'image de la

danse sérieuse ; ceux du galant *Boucher*, celle
de la danse *demi-caractère* ; ceux enfin de
l'incomparable *Teniers*, celle de la danse comique. Le génie des trois danseurs qui em-
brasseront particulièrement ces genres, doit
être aussi différent que leur taille, leur physionomie, et leur étude. L'un sera noble, l'autre
poli, et le dernier plaisant. Le premier pui-
sera ses sujets dans l'histoire et la fable; le
second dans la pastorale, et le troisième dans
l'état grossier et rustique. Tout homme, s'il
en existe un qui ne puisse donner aucun caractère à son visage, doit quitter le théâtre pour
jamais.

Il n'est pas moins nécessaire que ces trois
genres de danseurs aient de l'esprit, du goût
et de l'imagination, ainsi que trois grands peintres dans des genres opposés. Ils doivent saisir
cet instant de vérité et cette imitation juste qui
place la copie au rang de l'original et montre
l'objet réel dans l'objet imité.

La taille qui convient au sérieux est sans contredit la taille noble et élégante. Ceux qui se
livrent à ce genre ont sans doute plus de difficulté à surmonter et plus d'obstacles à combattre pour arriver à la perfection. C'est avec
peine qu'ils se dessinent agréablement : plus les

parties ont d'étendue, plus il est difficile de les arrondir et de les développer avec grace : tout est séduisant, tout est charmant dans les petits enfans; leurs gestes, leurs attitudes sont pleins de graces; les contours en sont admirables. Si ce charme diminue, si tel enfant cesse de plaire, si ses bras paroissent moins bien dessinés, si la tête n'a plus cet agrément qui séduisoit le spectateur, c'est qu'il grandit, que ses membres, en s'alongeant, perdent de leur gentillesse, et que les beautés réunies dans un petit espace frappent beaucoup plus que lorsqu'elles sont éparses. L'œil aime à voir et n'aime point à chercher.

La taille qui est propre au *demi-caractère* et à la danse voluptueuse est sans contredit la moyenne; elle peut réunir toutes les beautés de la taille élégante. Qu'importe la hauteur, si d'agréables proportions brillent également dans toutes les parties du corps, et rendent cette grace et cette expression sans art qui règnent au village?

La taille du danseur comique exige moins de perfections : plus raccourcie, elle prêtera plus de grace, plus de gentillesse et de naïveté à l'expression.

Les physionomies ainsi que les tailles doivent différer. Une figure noble, de grands traits, un caractère fier, un regard majestueux, voilà le masque du danseur sérieux.

Des traits moins grands, une figure aussi agréable qu'intéressante, un visage composé pour la volupté et la tendresse, forment la physionomie propre au *demi-caractère* et au genre pastoral.

Une physionomie plaisante et toujours animée par l'enjouement et la gaîté, est la seule qui convient aux danseurs comiques. Ils doivent imiter cette simplicité, cette joie franche de la nature en belle humeur.

Il n'est donc question, Monsieur, pour se passer de masque et pour réussir, que de s'étudier soi-même. Consultons souvent notre miroir; c'est un grand maître qui nous dévoilera toujours nos défauts et qui nous indiquera les moyens de les pallier ou de les détruire, lorsque nous nous présenterons à lui dégagés d'amour propre et de toutes les préventions ridicules. Le caractère de la beauté est beaucoup moins nécessaire à la physionomie que celui de l'esprit. Toutes celles qui, sans être régulières, sont animées par le sentiment, plaisent bien plus que celles qui sont belles, sans expression et sans vivacité. Le théâtre d'ailleurs est avantageux à l'acteur; les lumières

donnent ordinairement de la valeur aux traits,
et les physionomies qui sont spirituelles gagnent
toujours à être vues sur la scène. Au reste,
Monsieur, les danseurs qui péchent par la
taille, par la figure et par l'esprit, et qui ont
des défauts visibles et rebutans, doivent renoncer au théâtre, et prendre, comme je l'ai
déjà dit, un métier qui n'exige aucune perfection dans la structure ni dans les traits. Que
tous ceux au contraire qui sont favorisés de la
nature, qui ont un goût vif et décidé pour la
danse, et qui sont comme appelés à la pratique
de cet art, apprennent à se placer et à saisir le
genre qui leur est véritablement propre. Sans
cette précaution, plus de réussite, plus de supériorité. *Molière* n'auroit point eu de succès,
s'il eût voulu aspirer à être *Corneille* ou *Racine*.

Si *Préville* n'a pas pris les rôles de Rois,
c'est que le caractère plaisant et enjoué de sa
figure auroit fait rire au lieu d'en imposer; et
s'il excelle dans son emploi, c'est qu'il a su le
choisir comme celui qui lui convenoit le mieux,
et pour lequel il étoit né. *Lany*, par la même
raison, s'est livré à la danse comique, parce
que ce genre sembloit être fait pour lui, ou plutôt parce qu'il étoit fait pour ce genre : il eût
été déplacé et n'auroit pas été supérieur,

s'il eût adopté celui du célèbre *Dupré*, etc.

Sarrazin enfin n'auroit pas trouvé en lui ce qu'il faut pour jouer les Niais, et tous les rôles de *charges* attachés à cet emploi. L'élévation de son ame, le caractère respectable de sa physionomie, ses organes disposés à rendre le pathétique et à faire verser des larmes, n'auroient pu convenir à des caractères bas, qui exigent aussi peu de talens que de perfection. M. *Vestris*, à son exemple, a laissé le burlesque pour se livrer à la danse noble et au grand sérieux, genre dans lequel il a été le modèle le plus parfait.

Pour élever la danse au degré de sublimité qui lui manque, et qu'elle peut atteindre aisément, il seroit à propos que les maîtres de danse suivissent dans leurs leçons la même conduite que les peintres observent dans celle qu'ils donnent à leurs élèves. Ils commencent par leur faire dessiner l'*ovale*; ils passent ensuite aux parties de la physionomie, et les réunissent enfin pour former une tête, ainsi des autres parties du corps. Lorsque l'élève est parvenu à mettre une figure *ensemble*, le maître lui enseigne la façon de l'animer, en y répandant de la force et du caractère; il lui apprend à connoître les mouvemens de la nature; il lui in-

dique la manière de distribuer avec art ces coups
de crayon qui donnent la vie, et qui impriment
sur la physionomie les passions et les affections
dont l'ame est pénétrée.

Le maître de danse, ainsi que le peintre,
après avoir enseigné à son élève les pas, la manière de les enchaîner les uns avec les autres,
les oppositions des bras, les effacemens du
corps, et les positions de la tête, devroit encore lui montrer à y donner de la valeur et de
l'expression par le secours de la physionomie.
Il ne faudroit, pour y réussir, que lui *régler
des entrées,* dans lesquelles il y auroit plusieurs
passions à rendre. Il ne seroit pas suffisant de
lui faire peindre ces mêmes passions dans toute
leur force ; il faudroit encore qu'il lui ensei-
gnât la succession de leurs mouvemens, leurs
gradations, leurs dégradations, et les différens
effets qu'elles produisent sur les traits. De telles
leçons feroient parler la danse et raisonner le
danseur ; il apprendroit à peindre en apprenant
à danser, et ajouteroit à notre art un mérite
qui le rendroit beaucoup plus estimable.

Mais, dans l'état où sont les choses, une
bonne peinture m'affecte plus qu'un ballet. Ici
je vois de la conduite et du raisonnement, de la
précision dans l'*ensemble,* de la vérité dans le

costume, de la fidélité dans le trait historique, de la vie dans les figures, des caractères frappans et variés dans les têtes, et de l'expression partout; c'est la nature qui m'est offerte par les mains habiles de l'art : mais là, je ne vois que des tableaux aussi mal composés que désagréablement dessinés. Voilà mon sentiment; et si l'on suivoit exactement la route que je viens de tracer, on briseroit les masques, on fouleroit aux pieds l'idole, pour se vouer à la nature, et la danse produiroit des effets si frappans, que l'on seroit forcé de la placer au niveau de la peinture et de la poésie (1).

Si nos maîtres de ballets étoient des auteurs ingénieux, si nos danseurs étoient excellens comédiens, où seroit la difficulté de diviser la danse par emploi, et de suivre l'usage que la comédie s'est imposé ? Les ballets étant des poëmes, ils exigeroient, ainsi que les ouvrages dramatiques, un certain nombre de personnages pour les représenter : dès-lors l'on ne

_____

(1) Depuis la publication de cet ouvrage, j'ai vu disparoître ces masques contre lesquels je me suis si fortement élevé : cette réforme n'est pas un des moindres services que j'ose me flatter d'avoir rendu à mon art; et c'est pour moi la plus belle et la plus digne récompense.

diroit plus, tel danseur excelle dans la *chaconne*, tel autre brille dans la *loure*, telle danseuse est admirable dans les *tambourins;* celle-
ci est unique pour les *passe-pieds,* et celle-là
est supérieure dans les *musettes :* mais on pourroit dire alors (et cet éloge seroit plus flatteur),
tel danseur est inimitable dans les rôles tendres et voluptueux, tel autre est excellent dans
les rôles de tyrans et dans tous ceux qui exigent une action forte, telle danseuse séduit
dans les rôles d'Amoureuses, telle autre est
incomparable dans les rôles de fureur; celle-ci
enfin rend les scènes de dépit avec une vérité
singulière.

Je conçois qu'un tel arrangement ne peut
avoir lieu si les compositeurs se renferment
dans un seul genre, et si les danseurs ne quit-
tent cette fureur de remuer machinalement les
jambes et les bras.

Tel est le caractère de la belle danse, qu'il
faut y substituer le raisonnement à l'imbécillité, l'esprit aux tours de force, l'expression
aux difficultés, les tableaux aux cabrioles, les
graces aux minauderies, le sentiment à la routine des pieds, et les caractères variés de la
physionomie à ces masques insignifians qui n'en
portent aucun.

Il y a plus de deux mille ans, diront les apologistes du masque, que les visages postiches sont en usage ; mais il y a deux mille ans qu'on est dans l'erreur à cet égard : cette erreur, pardonnable aux anciens, ne peut l'être assez chez les modernes.

Les spectacles autrefois étoient autant pour le peuple que pour les gens d'un certain ordre. Pauvres, riches, tout le monde y étoit admis : il falloit donc de vastes enceintes pour contenir un nombre infini de spectateurs qui n'auroient point trouvé le plaisir qu'ils venoient chercher, si l'on n'eût eu recours à des masques énormes, à un ventre, à des mollets postiches et à des cothurnes fort exhaussés.

Mais aujourd'hui que nos salles sont resserrées, qu'elles ont peu d'étendue, que la porte est fermée à quiconque ne paye pas, on n'a pas besoin de suppléer aux gradations du lointain. L'acteur et le danseur doivent paroître sur la scène dans leurs proportions naturelles ; le masque leur devient étranger ; il ne fait que cacher les mouvemens de leur ame ; il est un obstacle aux progrès et à la perfection de leur art.

Cependant, dira-t-on encore, les masques ont été imaginés pour la danse. Qu'est-ce que

cela prouveroit? Mais il n'y a rien de certain
là-dessus, Monsieur, et il y a même plus
d'apparence qu'ils l'ont été pour la tragédie
et la comédie. Pour en être plus sûrs, et
pour nous en convaincre, remontons, s'il est
possible, à leur origine.

Orphée et *Linus*, suivant *Quintilien*, en
parloient dans leurs poésies ; mais à quoi
servoient-ils dans ce temps-là au théâtre ? On
ne le connoissoit pas encore. Thespis qui vint
après eux :

Thespis fut le premier qui, barbouillé de lie,
Promena par les bourgs cette heureuse folie,
Et d'acteurs mal ornés chargeant un tombereau,
Amusa les passans d'un spectacle nouveau.

Eschyle dans les chœurs jeta les personnages,
D'un masque plus honnête habilla les visages,
Sur les airs d'un théâtre en public exhaussé,
Fit paroître l'acteur d'un brodequin chaussé.

Voilà donc des masques ; mais étoient-ils
faits pour les danseurs ? Les auteurs ne s'expliquent point, et ne parlent que des acteurs.
Sophocle et Euripide, après eux, n'introduisirent rien de nouveau ; ils perfectionnè-
rent seulement la tragédie, et ne changèrent
aux masques d'Eschyle que la forme dont ils

avoient besoin pour les différens caractères de leurs pièces.

A peu près dans le même temps parut *Cratès*. A l'exemple d'*Epicharme* et de *Phormis*, poètes siciliens, il donna à la comédie un théâtre plus décent et d'un ordre plus régulier. L'histoire ne dit rien de ce qu'ils firent pour les masques : peut-être mirent-ils une différence entre les masques comiques et les tragiques.

Je consulte encore *Aristophane* et *Ménandre*, mais ils ne m'instruisent de rien. Je vois que ce premier donne *Socrate* en spectacle dans sa pièce des *Nuées*, et qu'il fait sculpter un masque qui, en excitant la risée de la populace, n'offroit sans doute que la charge des traits de ce grand philosophe.

Je passe chez les Romains. *Plaute* et *Térence* ne me parlent point des masques destinés aux *pantomimes*. Je vois dans les anciens manuscrits, sur les pierres gravées, sur les médailles et à la tête des comédies de *Térence*, des masques tout aussi hideux que ceux dont on se servoit à Athènes.

Roscius et *Æsopus* m'éblouissent, mais ce sont des acteurs et non des danseurs. Je tâche en vain de découvrir le temps de l'origine des masques à Rome, recherche inutile. *Diomède* dit bien que ce fut un *Roscius Gallus* qui le premier s'en servit pour cacher un défaut qu'il avoit dans les yeux, mais il ne me dit pas dans quel temps ce *Roscius* vivoit : ce qui n'avoit été employé d'abord que pour dérober une difformité, devint par la suite absolument nécessaire, vu l'immensité des théâtres, et l'on fit, ainsi qu'à Athènes, des masques énormes. Grands yeux de travers, bouche large et béante, lèvres pendantes, pustules au front, joues bouffies ; tels étoient les masques des anciens.

On ajoutoit encore à ces masques une espèce de cornet ou de porte-voix, qui portoit les sons avec fracas aux spectateurs les plus éloignés ; ils furent incrustrés d'airain. On employa ensuite une espèce de marbre que *Pline* nommoit *calcophonos* ou *son d'airain*, parce qu'il rendoit un son semblable à celui de ce métal.

Les anciens avoient encore des masques à deux visages : le profil du côté droit étoit gai ; celui du côté gauche étoit triste et de mauvaise humeur. L'acteur avoit soin, selon l'exigence des cas et la situation où il se trouvoit, de présenter le côté de la physionomie dont le caractère étoit analogue à l'action qu'il avoit à rendre.

On faisoit enfin des masques critiques, on se

donnoit la liberté de jouer les citoyens ; et les sculpteurs, chargés de l'exécution des masques, imitoient la ressemblance de ceux qu'on donnoit en spectacle.

Ces masques énormes étoient sculptés en bois, et d'une pesanteur considérable ; ils enveloppoient toute la tête, et ils avoient pour base les épaules. Je vous laisse à penser, Monsieur, s'il est possible d'imaginer que de pareils fardeaux aient été créés pour la danse ; ajoutez encore l'attirail, le ventre, les mollets, les cuisses postiches et les échasses, et vous verrez qu'il n'est pas probable que cet accoutrement ait été imaginé pour un art, enfant de la liberté, qui craint les entraves d'une mode embarrassante, et qui cesse de se montrer dès qu'il cesse d'être libre.

Ce *costume* étoit si gênant et si incommode, que l'acteur récitant ne faisoit aucun mouvement. La déclamation étoit souvent partagée entre deux personnes; l'un faisoit les gestes, tandis que l'autre déclamoit.

On seroit presque tenté de croire que les anciens n'avoient aucune idée de la danse analogue à celle de nos jours : car, comment concilier notre exécution vive et brillante avec l'attirail lourd des Grecs et des Romains ?

Il est vrai, dit *Lucien*, que les masques des *pantomimes* étoient moins difformes que ceux des acteurs, que leur équipage étoit propre et convenable; mais les masques étoient-ils moins grands? Les danseurs avoient-ils moins besoin de s'enfler et de se grossir? devoient-ils moins ménager le lointain que les acteurs? il y auroit de l'absurdité à le penser : ceux-ci auroient donc été des colosses, et les autres des pygmées.

Voilà, Monsieur, le seul passage qui puisse faire penser que les *pantomimes* se servoient du masque; mais, dans les auteurs anciens, ni dans les auteurs modernes qui ont traité de cette matière, il n'en est aucun qui me convainque que ces figures colossales aient été enfantées pour la danse.

Enfin, Monsieur, la comédie française a secoué cet usage; non par frivolité, mais par raison. On a senti que ces ombres inanimées et imparfaites de la belle nature s'opposoient à la vérité et à la perfection des comédies.

L'Opéra, qui de tous les spectacles est celui qui se rapproche le plus de celui des Grecs, n'a adopté les masques que pour la danse seulement, preuve convaincante que l'on n'a jamais soupçonné cet art de pouvoir parler. Si l'on s'étoit imaginé qu'il pût imiter, on se seroit bien gardé de lui mettre un masque, et de le priver des secours les plus utiles au langage sans parole, et à l'expression vive et animée des mouvemens de l'ame désignés par les signes extérieurs.

Que l'on continue à danser comme on danse; que les ballets ne soient en usage à l'Opéra que pour donner le temps aux acteurs essoufflés de reprendre leur respiration ; qu'ils n'intéressent pas plus que les entr'actes monotones de la comédie, et l'on pourra sans danger conserver l'usage de ces visages mornes auxquels on ne peut préférer une physionomie morte et inanimée. Mais si l'art se perfectionne, si les danseurs s'attachent à peindre et à imiter, il faut alors quitter la gêne, abandonner les masques et en briser les moules : la nature ne peut s'associer à l'art grossier ; ce qui l'éclipse et ce qui la dégrade doit être proscrit par l'artiste éclairé.

Les anciens avoient des bras, et nous avons des jambes. Réunissons, mon cher élève, à la beauté de notre exécution l'expression vive et animée des *pantomimes*. Détruisons les masques; ayons une ame, et nous serons les premiers danseurs de l'univers.

LETTRE XXIV.

De la Composition des corps de Ballets.

L'ÉTENDUE des théâtres doit déterminer le nombre des figurans et des figurantes. La scène étant tantôt plus courte et tantôt plus longue, ce changement de dimension doit être le régulateur du compositeur. Vingt-quatre figurans et huit coryphées forment un corps de danse non seulement suffisant aux théâtres les plus spacieux, mais encore aux dessins presque toujours symétriques des divertissemens attachés à l'Opéra et aux ballets en action. Si l'on ajoute à ce nombre celui des premiers sujets qui reparoissent ordinairement pour terminer la finale du ballet, on concevra qu'il est plus que suffisant à l'exécution de tous les dessins possibles. Je pense qu'un plus grand nombre de danseurs produiroit de la confusion, et entraveroit les idées du compositeur au lieu de les étendre. J'ajouterai que dans certaines circonstances il doit employer toutes ses ressources : par exemple, dans la représentation des

Champs-Élysées, dans celle d'une Bacchanale
antique et dans celle des Enfers, si toutefois il
veut en tracer tous les genres de tourmens, et
les supplices affreux auxquels sont condamnés
les Ixion, les Sisiphe, les Danaïdes, les Ten-
tale, etc. Il duit encore employer tous ses
moyens dans un genre diamétralement opposé
à celui que je viens de citer, telle que l'Entrée
triomphale d'Alexandre dans Babylone, la
Foire du Caire, celle des Lanternes, les Ker-
mès ou Foires Flamandes, dont la suite des
tableaux de *Ténier* lui offre les images variées.

Le corps de ballets de l'Opéra est sans contredit le plus nombreux de tous les théâtres;
les figurans surpassent les figurantes en talens
et en intelligence. Les pas de seize exécutés par
les hommes sur des airs marqués, présentent
un bel ensemble, et sont parfaitement composés; mais cet ensemble et cette précision dis-
paroissent totalement lorsque le ballet, exécuté par les deux sexes, devient général : on
n'y voit ni régularité ni harmonie de mouvemens; les alignemens et les figures transversales
ne sont point observés; point d'exactitude dans
la formation des pas, nul dessin prononcé dans
les attitudes ; la proportion dans le déploiement des jambes et l'élévation des bras est

violée ; la même négligence règne dans les *passes* et dans les groupes. Un ballet bien composé par le maître, et qui devroit présenter de beaux effets, n'offre dans ses détails et dans son ensemble qu'une incorrection désagréable. Est-ce la faute des figurans ? Est-ce celle du compositeur? Avant de résoudre ces deux questions, je dirai qu'un corps de ballets nombreux est l'image d'une compagnie d'infanterie soigneusement exercée à tous les pas, à toutes les figures des évolutions, et aux mouvemens précis du maniement des armes, etc. Ce petit corps de troupes attache l'œil et le séduit par la régularité, la prestesse, l'ensemble, la simplicité et l'accord de ses temps et de ses mouvemens.

Cette comparaison juste me fournit le moyen de résoudre mes deux questions.

L'ordre, l'exactitude et la subordination qui doivent être observés dans tous les états où un chef commande, sont établis dans la troupe militaire et n'existent point dans la troupe dansante de l'Opéra ; d'où il résulte qu'une parfaite exécution est impossible.

Si les mouvemens des troupes sont précis, c'est parce qu'ils sont simples et d'une facile exécution ; si les pas, les figures et les temps de la danse s'exécutent mal, si le tout est privé d'harmonie et ne produit que confusion, c'est parce que le maître de ballets à qui tout est facile, règle trop savamment, et que les temps et les pas étant trop compliqués, trop accélérés et trop difficiles, les figurantes (surtout quelques novices) ne peuvent ni les saisir de l'œil, ni les exécuter avec leurs jambes mal exercées. C'est donc ici que le maître de ballets a tort.

Si un ballet étoit uniquement composé de premiers danseurs et de premières danseuses, l'exécution en seroit parfaite, et le compositeur pourroit alors se livrer à toutes les difficultés qu'offre le mélange des pas et des temps; mais il y a bien de la différence à faire entre les talens des premiers sujets et ceux des figurans, entre l'émulation des uns et l'insouciance des autres.

En supposant que le corps de ballets présente quatre quadrilles de huit personnes chacun; cela fournira quatre lignes transversales. La première, formée par les coryphées, exécutera avec régularité et précision; la seconde sera un peu moins exacte; la troisième sera traînante et inexacte; et la quatrième, vraiment sans talens et sans intelligence, se traînera péniblement, embrouillera tout, gâtera tout.

Pour parvenir à faire des ballets qui offriroient dans leurs parties et dans leur ensemble
des effets dont le public n'a pas encore joui, il
faudroit que la composition du maître se su-
bordonnât à la médiocrité des talens de ceux
qu'il est obligé d'employer; il faudroit qu'il
travaillât pour les plus foibles, et qu'il réglât
les pas à la mesure de leurs facultés et à l'im-
puissance de leurs moyens. Tout alors seroit
fidèlement exécuté, tout marcheroit d'un pas
égal, tout offriroit les tableaux intéressans qui
résultent d'une entente parfaite et d'une exécution régulière.

Je dois ajouter à ce que je viens de dire une
observation d'autant plus juste que l'expérience et le succès en établissent la solidité. La
danse de ceux qui composent le corps de ballet
n'a presque point d'analogie avec celle du premier danseur. Les figurans doivent prononcer
et articuler fortement tous leurs mouvemens;
ils doivent être pour ainsi dire brusqués et
marqués d'un seul trait; les attitudes doivent
être dessinées avec vivacité et énergie; ce n'est
point en miniature que le ballet doit être peint,
c'est à grands traits, avec de forts coups de
pinceau. La perfection, le fini des pas, le moëlleux des temps, les hardiesses dont l'étude et

l'adresse dérobent les difficultés; toutes ces
qualités, dis-je, appartiennent aux premiers
sujets, et ne peuvent être exécutées par ceux
qui n'ont que des talens routiniers.

Une comparaison va étayer d'une manière
solide mes observations et mes principes. Le
jeu mâle, précis et correct, qui règne dans l'exécution de l'orchestre de l'opéra; l'ensemble
parfait, qui résulte de la manière vigoureuse
que cet orchestre emploie pour produire de
grands effets, ne peut être assimilé au jeu brillant et souvent fantastique des violons qui ne
jouent que des sonates et des concertos : il
leur est libre d'orner et d'embellir leur ouvrage, de démancher jusqu'au chevalet, de se
perdre dans des variations, d'entreprendre
toutes les difficultés possibles, et de les vaincre; voilà le grand violon comparé au premier
danseur; mais l'orchestre a son thème écrit,
comme le corps de ballet a le sien dicté. Ils ne
peuvent ni l'un ni l'autre se livrer à l'arbitraire
et à la fantaisie : ils doivent avoir une exécution
mâle et nerveuse, observer toutes les nuances
et le clair-obscur propres à augmenter le charme
de l'exécution, sans toutefois ajouter ou diminuer au noté du compositeur, ni au tracé du
maître de ballets.

Depuis quarante-cinq ans la danse est riche
en temps et en pas ; mais elle a été économe et
n'a point prodigué sa richesse dans l'exécution mécanique du corps de ballet : elle a
senti que ce seroit employer ses moyens en pure
perte. Depuis vingt ou vingt-deux ans on a
renoncé à cette règle établie par la sagesse et
la convenance. A quoi faut-il attribuer ce changement destructeur de l'ordre, de l'ensemble
et de la précision qui doivent régner dans l'exécution du corps de ballet ? uniquement à la
musique, c'est-à-dire, au choix bizarre que
l'on en fait. *Rameau* avoit posé les limites
sages qui convenoient au genre de musique
propre à la danse ; ses chants étoient simples
et nobles : en évitant la monotonie des airs et
des mouvemens auxquels ses prédécesseurs
étoient livrés, il les avoit variés ; et ayant
senti que les jambes ne pouvoient se mouvoir
avec autant de vîtesse que les doigts, et que le
danseur étoit dans l'impossibilité de faire autant de pas que les airs présentent de notes, il
les phrasoit avec goût. *Gossec*, *Floquet*, *Le
Breton* ont suivi la route tracée par *Rameau* ;
ils ont préféré la mélodie chantante aux grands
éclats de l'harmonie, parce qu'ils connoissoient jusqu'à quel degré la danse pouvoit s'é-

tendre. *Gluck*, *Piccini*, *Sacchini* parurent ensuite; et ces beaux génies, lorsqu'ils composèrent pour la danse, se conformèrent aux moyens des danseurs; ils ne firent pour eux ni concertos, ni sonates, ni symphonies.

La danse étoit autrefois d'une exécution noble, sage, heureusement combinée, intéressante par son fini et ses belles proportions; elle offroit successivement à l'œil enchanté des pauses et des repos agréables, où les graces du danseur se déployoient; ce mélange artistement combiné présentoit de beaux contrastes. Ils étoient l'image d'un temps doux et tranquille qui succède à un orage impétueux.

Dupré a établi ces règles et ces principes. *Lany*, dans un genre diamétralement opposé, les a mis en pratique. Mais *Vestris* le père, en les étendant et y mêlant plus de variété, les a embellis. *Dauberval* à surpassé *Lany*; il a ajouté à une exécution savante, de l'esprit, des graces naïves, et une expression vraie que l'école ne donne point, mais que la nature dispense à ses favoris; *Le Picq*, enfin, ce prothée de la danse, réunissoit tous les genres; la facilité, le moëlleux, l'harmonie qu'il mettoit dans tous ses mouvemens lui donnoient un air céleste.

Ces hommes rares avoient porté leur art au dernier degré de perfection ; mais ces précieux modèles ont été oubliés ; moi-même, Monsieur, je ne suis plus aujourd'hui considéré que comme un vieux radoteur incommode ; cependant on prétend m'imiter, mais hélas! de quelle manière !

Pour terminer ma lettre, j'avancerai que la danse actuelle n'offre que des temps sautillés, des pas hachés et un trépignement accéléré, qui déshonore ce bel art et lui ôte sa parure. On me dira que ce genre est neuf, et je répondrai que les principes des arts établis par le goût et embellis par l'imagination sont invariables.

Je suis, etc.

LETTRE XXV.

Des Coriphées.

———

ON doit entendre par coriphées, Monsieur, ceux qui sont à la tête des corps de ballets. Ils en sont l'élite : ils doivent avoir du zèle, de l'intelligence et de l'exactitude. Ce sont eux qui fixent les alignemens, qui indiquent les dessins : leur mérite est d'exécuter avec agilité et précision : ils déterminent les figurans et les figurantes, qui sont derrière eux, à les suivre et à imiter tous leurs mouvemens.

Les coriphées étant les chefs du ballet, sont employés utilement dans les chœurs qui offrent l'image de ceux des Grecs : ils participent à l'action : il faut, à cet effet, qu'ils s'exercent à la pantomime : car, dans cette situation, la danse doit faire place à l'action : il n'est plus question de pas brillans, il faut des gestes expressifs qui remplacent les mouvemens des jambes : ce sont les traits animés de la physionomie qui doivent suppléer au mécanisme des pieds. On emploie encore les coryphées dans les rôles secondaires, qui exigent de la taille, de la figure et du maintien. Les coryphées, lorsqu'ils sont bons, deviennent d'un grand secours au maître de ballets quand il sait s'en servir.

Les arts sont frères; ils s'entr'aident réciproquement et se prêtent de mutuels secours; le chant, dans plusieurs circonstances, en emprunte à la danse; elle peut donc à son tour en demander au chant: j'usai de cette complaisance réciproque; elle assura mon succès, je dois cette nouveauté à une circonstance imprévue.

Gluck avoit introduit quelques chœurs dans *l'Alceste* qu'il donna à Vienne. Le poème de cet opéra étoit écrit en italien. Il n'avoit pu rassembler qu'un petit nombre de chanteurs dans la ville; il eut recours à ceux de la cathédrale, mais ils ne pouvoient agir ni paraître sur le théâtre. *Gluck* les distribua derrière les coulisses. Ces chœurs étoient en action; ils exigeoient du mouvement, des gestes et de l'expression. C'étoit demander l'impossible; comment faire mouvoir des statues? Gluck, vif, impatient, étoit hors de lui-même, jetoit sa perruque à terre, chantoit, faisoit des gestes;

peines inutiles, les statues ont des oreilles et n'entendent point, des yeux, et ne voient rien : j'arrivai et je trouvai cet homme de génie et plein de feu dans le désordre qu'impriment le dépit et la colère ; il me regarde sans me parler : puis rompant le silence, il me dit avec quelques expressions énergiques que je ne rends pas : Delivrez-moi donc, mon ami, de la peine où je suis, donnez par charité du mouvement à ces automates; voilà l'action : servez-leur de modèle, je serai votre interprète : je le priai de ne leur faire chanter que deux vers à la fois ; après avoir passé inutilement deux heures entières et employé tous les moyens d'expression, je dis à *Gluck* qu'il étoit impossible d'employer ces machines, qu'elles gâteroient tout ; et je lui conseillai de renoncer totalement à ces chœurs; mais j'en ai besoin, s'écria-t-il, j'en ai besoin ! je ne puis m'en passer : sa peine m'inspira une idée ; je lui proposai de distribuer les chanteurs et de les placer derrière les coulisses, de telle sorte que le public ne pût les apercevoir, et je promis de les remplacer par l'élite de mon corps de ballets, de lui faire faire tous les gestes propres à l'expression du chant, et de combiner la chose de manière à persuader au public que les ob-

jets qu'il voyoit agir étoient ceux qui chantoient. *Gluch* pensa m'étouffer dans l'excès de
sa joie; il trouva mon projet excellent, et son
exécution produisit l'illusion la plus complète.
Cette heureuse tentative m'engagea à la tourner du côté de mon art et à en faire une seconde dans quelques scènes de mes ballets,
lorsque les circonstances me le permettroient.

Un ou deux exemples prouveront l'utilité
qu'il y auroit à suivre, dans de certains instans, la route que j'ai tracée. Quelques chœurs
cachés et peu nombreux ajouteroient au terrible de l'action et lui donneroient de la force
et de l'énergie. Je ne demande point de vers;
je ne veux que des mots entrecoupés, des cris
de désespoir et de douleur, et des exclamations
propres à rendre plus effrayans les tableaux
déchirans de la scène. Dans l'instant de l'hor-
rible massacre des fils d'Egyptus que les Danaïdes leurs nouvelles épouses immolent par
obéissance aux volontés barbares de Danaüs
leur père, cette action se passe dans la première nuit de leur union et au milieu des ténèbres; si, lorsque le tyran inquiet et farouche
paroît devancé par des esclaves portant des
torches allumées pour le conduire au lieu du
massacre, il entend les cris plaintifs et les accens

douloureux des mourans (articulés par un
chœur caché); si, comblé d'allégresse, il fait
ouvrir les rideaux qui dérobent au public cette
action sanguinaire; s'il frappe du poignard dont
il est armé celles de ses victimes dangereusement blessées et qui implorent vainement sa
clémence, quel effet prodigieux un pareil tableau ne doit-il pas produire ! si ces rideaux
se ferment, et que Danaüs, content de ses
forfaits, fasse éclater le plaisir farouche que
son ame cruelle éprouve; si, à son départ, le
jour paroît, et qu'au lever de l'aurore on en-
tende des cris confus et effrayans poussés par
les remords, le repentir et la douleur (cris
prononcés par un chœur de femmes); que, dans
cet instant, on voie les rideaux s'ouvrir encore,
et les Danaïdes, les cheveux épars, les bras
sanglans et armés de poignards, fuir le lieu
de leurs forfaits; si on les voit poursuivies par
les spectres de leurs époux, par les furies, les
crimes, les remords et la vengeance person-
nifiés; si, tourmentées par tous ces objets, elles
sentent la terre s'ébranler et s'entr'ouvrir sous
leurs pas chancelans; si elles voient paroître
la mort armée de sa faulx et accompagnée
par les parques; si elles frémissent et se pros-
ternent en vain; si enfin la mort, de concert

avec Atropos, tranche le fil de leurs jours, et
qu'elles soient entraînées et précipitées par les
démons dans le fond des enfers, il n'est plus
possible que le spectateur puisse soutenir la
vue de tant de tableaux déchirans, sans en
être vivement ému.

C'est dans l'instant où les Danaïdes sont
précipitées dans les enfers, qu'Hypermnestre
paroît et vole sur les gouffres encore ouverts ;
mais ils se ferment à l'instant, elle se jette à
genoux, elle gratte, pour ainsi dire, la terre,
et voudroit l'entr'ouvrir de nouveau ; ses efforts,
ses larmes et son désespoir sont superflus. Dans
ce moment le farouche *Danaüs* paroît. L'état
où il trouve sa fille lui persuade qu'elle a servi
sa haine, et qu'elle a tranché les jours de son
époux ; il la presse contre son sein et la con-
sole. Hypermnestre dissimule ; elle craint que
la fuite qu'elle a préparée à Lyncée son époux
ne soit découverte. C'est dans cet instant de
crainte, de dissimulation et de frayeur, que
les satellites de Danaüs lui amènent le fugitif.
Il vole dans les bras de son épouse ; il reçoit ses
embrassemens ; mais le cruel *Danaüs*, trompé
dans sa vengeance, ordonne que l'on enchaîne
les deux époux, et qu'on les arrache l'un à
l'autre. Ils luttent avec courage contre les

efforts des satellites, ils se réunissent et se disent les plus tendres adieux. *Danaüs* exprime dans cette scène tous les sentimens que la crainte et la haine lui inspirent. *Lyncée* le menace, l'irrite et brave sa fureur; Danaüs ordonne qu'on les sépare et qu'on les entraîne au supplice.

Cette scène peinte avec. les couleurs fortes et les pinceaux hardis de la tragédie, offroit une situation terrible. L'arrestation et le courage de Lyncée produisoient un grand contraste; les embrassemens de deux époux qui s'adorent, la colère d'un père farouche, craintif et sanguinaire, présentoient de grandes oppositions de caractères, d'intérêts et de sentimens. C'est ainsi, Monsieur, que je terminois le quatrième acte de ce ballet tragique.

Le site du cinquième acte représentoit une place publique, au milieu de laquelle s'élevoit un bûcher; les deux époux, en robes de victimes et couronnés de fleurs, étoient devancés et suivis par des soldats; une foule de peuple s'assembloit dans cette place; mais la résignation d'Hypermnestre et de Lyncée, leur fermeté et leur constance, les embrassemens qu'ils se prodiguoient et les adieux éternels qu'ils se faisoient, subjuguoient le peuple et l'intéressoient en leur faveur. Les soldats, gagnés à l'avance par les amis de Lyncée, se rangeoient du côté de l'innocence.

Le tyran, dévoré d'inquiétudes et d'impatience, vouloit savoir si ses ordres avoient été exécutés. Il paroissoit; et, outré de la lenteur que l'on opposoit à ses volontés, il commandoit qu'on allumât le bûcher. Dans ce moment le peuple se révoltoit et poussoit des cris d'indignation (prononcés par des chœurs cachés); les troupes, par un mouvement spontané, mettoient bas les armes; Danaüs, saisi de frayeur et outré de colère, s'élançoit sur Hypermnestre, l'entraînoit et levoit son poignard pour le lui plonger dans le sein au premier mouvement où l'on tenteroit de venir à son secours. Lyncée, effrayé du danger qui menaçoit son épouse, se jetoit aux genoux du tyran et mêloit ses larmes à ses prières. Le coup étoit suspendu; mais les amis de Lyncée arrivoient furtivement; l'un d'eux arrêtoit le bras de Danaüs et le désarmoit, tandis qu'un autre lui portoit le coup mortel destiné à Hypermnestre. Ce roi chanceloit et tomboit mourant, Lyncée et Hypermnestre se jetoient sur son corps ensanglanté: déjà la mort s'imprimoit sur ses traits : des mouvemens convulsifs annonçoient son dernier

instant; c'est en vain que ses enfans le pres-
soient et le conjuroient de jeter sur eux un
regard de clémence. Danaüs, toujours cruel,
détournoit avec horreur ses yeux de dessus eux;
ou si, par hasard, il les regardoit, c'étoit toujours pour leur reprocher sa mort, leur prouver
qu'il emportoit sa haine, et qu'il expiroit avec
le regret de n'avoir pu éteindre ses crimes dans
leur sang.

C'est par ce dernier tableau, Monsieur, que
je terminois ce sujet véritablement terrible que
la fable m'avoit fourni.

Cette représentation fit une telle impression
sur une partie du peuple, qu'en voyant les Danaïdes, les spectres, la mort et les parques,
elle prit la fuite. Deux poëtes italiens, au service de deux souverains, vinrent me compli-
menter; le cœur ému, et les yeux encore
baignés de larmes, ils me dirent : Vous êtes
aujourd'hui le Sakespéar de votre art ; vous
êtes cruel, et, pour sécher nos pleurs, vous
auriez dû terminer votre ballet par une jolie
contredanse. Ce conseil bizarre, donné par deux
hommes spirituels, mais vivement affectés, me
persuada que je ne pouvois recevoir un éloge
plus flatteur. Je leur dis : Vous venez de voir
l'*Enlèvement de Proserpine* et les *Danaïdes*.

Allez vous délasser à la *Foire du Caire*. Les caractères de ce ballet sont variés; ils vous dédommageront du chagrin que je viens de vous faire éprouver. Je passe à un second exemple.

J'employai au dernier acte de la mort d'*Agamemnon* des chœurs chantans et dérobés aux regards du public. Oreste, prévenu à l'avance du retour de son père à Mycènes, y arrive. Il apprend par Électre l'assassinat affreux qu'Égiste vient de commettre sur leur père. Oreste au désespoir ne respire que vengeance. Il descend dans le tombeau de ses ancêtres à dessein d'orner la tombe d'Agamemnon de branches de cyprès et de laurier, de la couvrir de fleurs, de l'arroser de ses larmes et de faire des libations.

Une pompe funèbre annonce l'arrivée d'Égiste et de Clytemnestre. Cet assassin voulant dérober son crime, emprunte le masque de la douleur et l'accablement du désespoir. Clytemnestre emploie à son tour les moyens que la fausseté fournit aux ames criminelles, tant pour séduire le peuple que pour dissiper ses soupçons. Elle fait un sacrifice aux manes de son époux; l'autel, les trépieds, les victimes, les prêtres et les sacrificateurs annoncent cette lugubre cérémonie. Au signal donné par le grand-prêtre, tout le peuple tombe à genoux, ainsi que

Clytemnestre, Égiste et leur suite : le corps
humblement courbé et les yeux attachés vers
la terre, ils ne sortent de cette attitude respectueuse que pour élever les bras vers le ciel;
mais dans cet instant, le dieu du Tonnerre
lance ses foudres ; les portes du tombeau s'ou-
vrent avec fracas, son intérieur est embrasé.
Oreste, poursuivi par les Euménides et inspiré
par elles, se fraie un chemin à travers les flammes, cherche de l'œil et de la main l'assassin de
son père; il l'aperçoit, vole à lui; et, armé du
fer vengeur des furies, il le lui plonge dans le sein.
Clytemnestre, voulant couvrir de son corps celui de son amant, reçoit les coups que la rage
d'Oreste destinoit à Égiste. C'est dans cet instant que le chœur agissant s'ébranloit, qu'il
frémissoit d'horreur et d'épouvante, et que le
chœur chantant articuloit. Quel horreur ! quel
crime affreux ! ah, dieux ! etc. Oreste, revenu à
lui-même et jouissant d'un instant de calme,
ouvroit les yeux; et, en apercevant une femme
voilée et mourante, secourue par Électre et
entourée par une foule de femmes empressées
à la soutenir, s'approchoit d'elle en chance-
lant, et soulevoit d'une main timide et trem-
blante le voile qui lui déroboit ses traits; il
reconnoissoit sa mère, il reculoit épouvanté de

son crime. Son expression disoit : Ah dieux ! quel crime ! Électre, par son action, lui répondoit : Frère barbare, c'est ma mère ! Et le chœur répétoit : Monstre, c'est ta mère ! tremble, frémis ! O crime épouvantable ! fuyons, abandonnons ces lieux. Cette action, fortifiée par l'orchestre, soutenue par une pantomime animée et vivifiée par les chœurs, produisit le plus grand effet, c'est-à-dire, le plus terrible.

Oreste, livré aux Furies, est en proie à tous les tourmens qu'elles lui font éprouver ; cette scène offre des groupes et des situations dont il résulte les tableaux les plus effrayans. Électre accourt et vole au secours de son frère ; dans cet instant, il tombe sur les marches du tombeau ; Électre se précipite sur son corps mourant, les furies et leur suite (qu'elle est censée ne pas apercevoir) forment le dernier groupe de cette action.

J'entendrai dire à la plupart des maîtres de ballets, si toutefois ils me lisent, que cette action est noire, que la danse ne doit offrir que des images riantes, que les sujets tristes doivent être absolument proscrits, et que l'art n'exige que de la gaîté et de l'enjouement.

Je leur demanderai si le sujet de Médée est bien joyeux, si une femme jalouse et barbare, qui empoisonne sa rivale, brûle son père, poignarde ses propres enfans et embrase le palais de Créon, offre des peintures riantes et agréables ? Cependant ce ballet a eu à Paris et sur tous les théâtres de l'Europe les plus brillans succès.

Le compositeur de ballets et le peintre sont les maîtres de choisir à leur gré tous les grands tableaux que la Nature a soumis à leurs pinceaux ; et tout ce que les livres saints, la poésie, la fable et l'histoire leur offrent d'agréable, de sérieux et de tragique, la peinture, en jouissant du privilège sanctionné par le Génie et approuvé par l'Imagination, a tracé la *peste de St.-Roch*, lé massacre des Innocens, celui de la St.-Barthélemi ; et il n'est pas douteux qu'un jour ses pinceaux hardis ne nous peignent ceux de notre révolution.

Le maître de ballets doit être peintre à son tour, et jouir pleinement du même privilège.

Mais c'est assez parler, c'est assez écrire pour des hommes qui ne m'entendront peut-être pas.

Il faut leur laisser leur routine accoutumée ; il faut qu'ils persistent à peindre en *camayeux*, qu'ils n'abandonnent point les transparens, tristes enseignes de la médiocrité ; qu'ils continuent à copier et à dégrader les productions bizarres *des Boulevards* et celles des artistes estimables qui suivent la route que j'ai tracée. Les arbres les plus précieux, les fleurs les plus éclatantes ont leurs insectes qui les dévorent.

Je m'attache à les détruire lorsqu'ils attaquent les fleurs de mon jardin. Cette culture intéressante fait les délices de l'homme sage ; en examinant leur éclat, leur fraîcheur, leurs couleurs brillantes, et en voyant ensuite la dégradation de leurs formes et la diminution de leur beauté, il retrouve dans cette métamorphose successive l'image de sa naissance, de sa vie et de sa mort.

Je suis, etc.

LETTRE XXVI.

Des Costumes.

———

LE costume, Monsieur, dont je n'ai parlé que superficiellement, me paroît trop essentiel au charme de la scène, pour que je ne revienne pas sur cet objet. Les changemens perpétuels et inconsidérés qu'on s'est permis de faire à des usages établis et consacrés par les siècles, m'autorisent à m'étendre sur les abus qui se sont introduits dans cette partie, changemens bizarres qui ne doivent leur naissance qu'au caprice; or, on sait que le caprice est rarement le modèle du bon goût.

Le mot *costume*, que l'on doit aux Italiens, s'est naturalisé en France; il n'étoit employé jadis que pour la peinture, la sculpture et le théâtre. Les Français lui ont donné la plus grande extension, et il est devenu le mot à la mode. Les tailleurs, les tapissiers, les marchandes de modes, les perruquiers, les couturières et les cordonniers, ne font rien, n'imaginent rien qui ne soit dans le costume. On ne sera pas étonné de la banalité de ce mot, lorsqu'on apprendra qu'il n'y a plus d'ouvriers ni d'artisans en France, et que par un miracle de la folie ils ont été transformés en artistes. Il faut espérer, pour leur gloire, qu'ils auront un jour des académies.

L'Opéra a été regardé long-temps comme l'école du bon goût, le costume y étoit observé, les actrices et les danseuses, sur-tout, s'habilloient avec élégance. Mademoiselle Guimard imitoit les Graces dont elle étoit la favorite, et retraçoit dans sa danse tout ce qu'elles ont de divin ; elle étoit recherchée dans ses vêtemens et ses ajustemens : devenue l'oracle du bon goût, les dames de la cour et de la ville s'empressoient de la consulter. Tout est bien changé, Monsieur, l'Opéra, de modèle qu'il étoit, est devenu la copie des femmes de la ville. La première qui arbora l'étendard de l'indécence est madame T........ ; elle supprima les jupes et les manches de ses vêtemens ; elle proscrivit toutes les étoffes qui n'avoient point de transparence : des gazes légères et des crêpes encore plus légers composoient ses vêtemens, que le soufflé des zéphirs faisoit voltiger à son gré et à celui des amateurs de la belle nature. Cette mise

scandaleuse fut adoptée par toutes les jeunes
femmes ; celles d'un certain âge la critiquoient,
les unes par un sentiment de pudeur, et les
autres par la nécessité de dérober aux regards
des charmes que le temps avoit flétris.

Ce costume s'est malheureusement introduit
à l'Opéra, sur-tout dans les ballets. La scène
brillante de ce spectacle magnifique s'est métamorphosée en scène de scandale et d'im-
pudeur.

Les femmes de la ville changent de forme et
de costume tous les mois ; ne croiroit-on pas
qu'elles sont honteuses d'être Françaises ? Tantôt elles sont Circassiennes et tantôt Egyp-
tiennes : quelques semaines après, elles adoptent le costume des femmes du sérail, et l'abandonnent ensuite pour prendre celui des Lacé-
démoniennes ; par un caprice qui est sans
exemple, elles ont quitté leurs cheveux, ce
magnifique ornement que la nature a placé sur
leur tête pour couronner leur front et servir
de diadême à la beauté. Cette parure simple et
noble a été remplacée pendant quelque temps
par des perruques ridicules. Les femmes, qui
étoient brunes aujourd'hui, étoient blondes le
lendemain ; de cette couleur elles passoient au
châtain, et donnoient quelques jours après la

préférence aux cheveux roux. Ces amas de cheveux étrangers, désagréables et mal peignés, contrastoient horriblement avec les sourcils et les cils des yeux qui restent constamment de la couleur que la nature leur a primordialement imprimée. Ces perruques ont passé de la ville à l'Opéra. Les habitans de Paris ayant adopté ces extravagantes mascarades, sont aujourd'hui Titus, le lendemain Caracalla, et le surlendemain Brutus. Les danseurs de l'Opéra ont pris le costume du jour, et se sont consacrés à toutes les perruques possibles.

Je dois avouer que non seulement elles sont très-commodes pour les danseurs, et qu'elles conviennent beaucoup mieux à l'imitation de la coiffure des Grecs et des Romains, etc., que des cheveux frisés et poudrés.

En l'année 1762, je déclarai la guerre aux énormes perruques de l'Opéra, parce qu'elles étoient ridicules, et qu'elles s'opposoient à la vérité du costume et aux proportions que la tête doit avoir avec le buste ; mais je ne proscrivis pas celles qui pouvoient les établir, car j'en fis un usage constant dans tous les caractères qui exigeoient de la vérité et de la ressemblance.

Il n'y a pas un spectacle en Europe qui

puisse réunir tant de talens divers que l'Opera.
Tous les beaux arts s'empressent à lui prêter
leurs secours et leurs charmes : il est celui des
sens, et sa composition fait le plus grand honneur au génie et à l'imagination brillante des
Français. Ce spectacle seroit sans doute le plus
étonnant et le plus parfait de l'Europe, si toutes
les parties qui le composent étoient soignées
plus scrupuleusement, et si le caprice enfin
cessoit de prévaloir sur le bon goût. Il faut espérer qu'il triomphera un jour de la mode et
de la folie.

Je conviendrai, avec autant de douleur que
de vérité, qu'il ne m'a pas été possible, pendant mon séjour à Paris, de subordonner aucun
premier sujet aux lois sages du costume.

Je ne pus obtenir de bannir l'or et l'argent
dans la représentation du ballet *des Horaces;*
il fallut (par un arrêt de la sottise) que les Horaces fussent chamarrés d'or, et que les Curiaces le fussent d'argent. Camille, cette fière
romaine, étoit aussi élégamment vêtue que
Cléopâtre, lorsqu'elle sortit de sa barque dorée
pour subjuguer le cœur d'Antoine, et que le
peuple la prit pour la mère de l'Amour; mais
une chose incroyable, c'est que je ne pus parvenir à faire mettre des casques aux Horaces

et aux Curiaces, et à faire disparoître leur che-
velure. Ils avoient cinq boucles de cheveux de
chaque côté, poudrées à blanc, un toupet très-
exhaussé, nommé improprement toupet à la
grecque. J'avois beau leur crier qu'ils n'étoient
pas Grecs, et qu'ils ne pouvoient l'être dans la
représentation d'un sujet tiré, pour ainsi dire,
du berceau des Romains. Toutes mes prières et
mes bonnes raisons firent naufrage. Je pourrois
ajouter à ce fait mille autres circonstances aussi
affligeantes pour l'art que pour l'artiste; mais
l'histoire de la sottise ne pouvant intéresser les
gens d'esprit, je reviens au costume comme à
la partie la plus intéressante de la scène. Il est
le portrait fidèle de toutes les nations, et fait le
charme des représentations théâtrales; sans
costume, ▸.   d'illusion, point d'intérêt, plus
de plaisir.

Les lois du costume s'étendent sur toutes les
parties de la scène, sur tous les objets qui s'y
montrent, sur tous les acteurs chargés des
rôles, sur les comparses ou personnages muets
qui doivent l'embellir. L'unité de costume doit
exister avec des gradations et des modifications, non seulement dans le vêtement, mais
encore sur tous les objets animés et inanimés
de la scène.

Si le costume n'est point absolument vrai, il doit être au moins vraisemblable. Se néglige-t-on un peu (et toujours par complaisance) sur celui des principaux acteurs qui doivent être regardés comme les premières figures d'un vaste tableau, il faut au moins que tous les objets qui les entourent, et que toutes les choses qui les environnent, portent le caractère sévère de la nation éloignée que l'auteur a transporté sur la scène. Sans cette précaution l'effet sera nul, le but sera manqué, et la représentation privée de cette vérité qui en impose, ne pourra entraîner le spectateur à l'illusion; elle ne produira pour lui qu'une sensation médiocre.

Le public est l'image des enfans : il en a l'inconstance et la frivolité; perpétuellement curieux, il aime à être transporté vers de nouveaux objets; plus les jouets qu'on lui présente sont étrangers à ses habitudes, plus il les trouve précieux. Nous sommes en général accoutumés à priser ce qui est ancien et ce qui nous vient de loin. Nous aimons à admirer dans une perspective immense tout ce qu'il nous est impossible de distinguer. Plus les objets s'éloignent, plus ils s'agrandissent au miroir de notre imagination; de là bien des succès éphémères, qui réellement n'ont eu d'autre mérite qu'un costume imposant, beaucoup de pompe, et quelques coups de théâtre gigantesques. C'est d'après cette réflexion qu'il faut convenir que nous n'avons plus de *Corneille*, de *Racine*, de *Voltaire* et de *Crébillon*.

On doit entendre par costume tout ce qui peut contribuer, par une imitation fidèle, à procurer à l'œil le plaisir de l'illusion, et transporter le spectateur, par le prestige des beaux arts, dans le climat et chez la nation dont on lui trace la peinture. Les lois du costume ne se bornent point au vêtement. Les décorations étant aux représentations dramatiques ce que la toile est au tableau, elles doivent être préparées à recevoir les personnages que le poète et le maître de ballets y distribuent. Sans cet accord rien n'est ensemble, tout est privé d'harmonie, rien ne s'entr'aide, tout se choque, se détruit, et tout, pour ainsi dire, devient antipathique.

On peut encore entendre par costume, le caractère, les mœurs, les usages, les lois, la religion, les goûts et le génie d'une nation quelconque; ses habitudes, ses armes, ses vêtemens, ses bâtimens, ses plantes, ses jar-

dins, ses animaux, les productions de ses arts
et de son industrie, etc.

Les accessoires, soit d'utilité, soit d'ornement, embellissent les tableaux de la scène ;
mais la forme variée de ces accessoires doit
être étudiée. Les vases, les coffrets, les ba-
nières, les étendards, les instrumens, les pa-
vois, les brancards, les chars, les armes, les
cassolettes, les trépieds, etc., exigent que
tout ait des formes qui s'éloignent absolument
de celles que nous donnent nos manufactures
et nos artistes ingénieux.

Quel est le théâtre qui puisse se vanter
d'avoir rempli une seule fois les obligations
que le costume impose ? J'ai si constamment vu
le contraire, que je me persuade qu'il n'y a qu'un
prince, ami des arts, et protecteur des talens,
ou le théâtre des arts, qui puisse offrir ce
grand et vaste cadre qui réuniroit à la fois
tous les genres de beautés.

Une grande représentation théâtrale exige
le concours de plusieurs arts ; mais, par une
fatalité trop commune, chaque artiste adopte
un goût et une manière *de faire*, qui dégé-
nère en habitude. Est-ce là l'opération du génie,
de cet esprit créateur, qui doit enfanter tant
d'objets divers ? Le peintre en architecture

théâtrale se cramponnera aux règles ; il ne voudra pas sortir des ordres adoptés par l'art. Si la scène est chez les Péruviens, et qu'il doive tracer le temple du Soleil, il choisira à coup sûr l'ordre Corinthien. Voilà le spectateur chez lui par l'ineptie de l'artiste ; et l'homme de goût qui vouloit être transporté à deux mille lieues de Paris, est tout étonné de se trouver dans l'église de Ste.-Geneviève. Est-il question d'une forêt antique et éloignée, plantée par la main des siècles, le peintre paysagiste ne portera ses regards que sur les objets qui l'entourent : il choisira dans son porte-feuille les études qu'il aura faites, et il nous conduira tout droit à une des forêts les moins éloignées de son domicile. Veut-il nous montrer les magnifiques jardins du sérail préparés pour une fête que sa hautesse donne à ses sultanes, nous y reconnoîtrons nos arbres, nos plantes, nos fleurs, nos fruits, notre symétrie, et nous serons surpris de ne voir dans cette composition que le jardin des Tuileries ou ceux de Trianon. Le dessinateur des habits s'abandonne à une complaisance impardonnable ; il sacrifie la vérité du costume aux fantaisies des acteurs, aux caprices des danseurs et des danseuses ; et, loin de trouver dans le vêtement le costume d'une nation éloignée, on ne voit que la bigarrure et l'extravagance d'une grande mascarade.

Le musicien qui ne veut connoître d'autre genre et d'autre costume que le sien, s'abandonne à ses modulations favorites, à la tournure uniforme de son harmonie et aux chants familiers de sa mélodie. Son génie ne le transportera pas à mille lieues de son clavecin, et il composera, en resserrant son imagination dans son cabinet, une musique très-bonne, suivant les règles de son art; mais elle péchera contre celles du goût et de la convenance; elle ne sera ni caractéristique ni imitative.

Le maître de ballets, souvent bien plus accoutumé à parler aux jambes qu'à l'esprit, plus habitué aux mouvemens des pieds qu'à ceux des passions, fera agir et danser dans le même sens et de la même manière tous les peuples de la terre. La danse française sera donc celle de toutes les nations : elle ne présentera dans son exécution aucun signe caractéristique, et n'offrira aucun genre distinct. Cependant les vêtemens varieront de formes, de caractères et de couleurs, et la danse restera toujours la même. Cette monotonie de mouvemens, d'attitudes et des pas, offrira les mêmes effets. Cependant, on ne parviendra à faire tracer à la danse des caractères variés qu'en imitant. C'est à l'imagination du maître de ballets à se transporter chez les peuples différens de nous. S'il ne peut nous montrer le vrai, il nous montrera au moins le vraisemblable.

Il me reste maintenant à vous dire, Monsieur, quelques mots sur les convenances ; car elles sont, pour ainsi dire, filles du goût et du costume.

J'entends par convenances l'accord et l'harmonie que toutes les parties d'un ballet doivent avoir partiellement pour former un tout sage et un ensemble bien entendu. C'est cette convenance (trop négligée), qui assigne à chaque acteur la portion d'intérêt qu'il doit prendre à l'action, et celle de la passion qui le meut selon son âge, son emploi ou sa dignité. C'est cette convenance qui doit être la boussole du maître de ballets, le guider dans le choix de la scène ou des décorations, des bâtimens, des jardins et des accessoires. Ce seroit manquer aux règles du goût et des convenances que de vêtir Apollon avec des fourrures, de semer de fleurs l'habit d'Hercule. Ce seroit un autre contre-sens qui blesseroit encore les convenances que de prêter à Vénus, dans les accès de sa jalousie, les teintes fortes et les couleurs vigoureuses qui doivent exprimer celle de Médée trahie par Jason, ou d'Armide aban-donnée par Renaud.

Ce seroit manquer à la convenance et aux lois du costume, de confondre les temps et les lieux par des anachronismes. La convenance est aux arts imitateurs ce que l'honnêteté et la bienséance sont à la société : que l'on brise ces liens, tout est dissous.

Il est extravagant de confondre le costume adopté par la peinture avec celui qui est propre au théâtre.

Dans la peinture, les objets une fois placés n'ont que le mouvement de l'instant que le peintre a choisi; le *nu* qui favorise cet art et qui est étudié partiellement dans ce que la na-ture présente de plus parfait, ne peut être adopté par le théâtre, toutes les draperies de peintre enchaînent et lient les objets; mais les draperies jetées avec art, groupées avec intel-ligence, n'ont qu'un mouvement instantané. La danse au contraire doit présenter à chaque instant de nouveaux dessins, de nouveaux groupes et de nouveaux tableaux. Il est donc un art ou un pressentiment heureux, qui ap-prend à juger des effets par l'assortiment des

couleurs ; de telle sorte que cinq principaux
personnages obligés de changer de place, et
de former successivement divers tableaux,
doivent être vêtus de manière à n'offrir que
des groupes qui se lient par le choix et l'entente des couleurs. Si ces couleurs sont mal
choisies, elles contractent une sorte d'antipa-
thie ; elles se heurtent, se choquent et se détruisent ; le *nu* ne doit donc être employé au
théâtre qu'avec l'économie du goût et de la
décence.

Les captifs d'Hercule et d'Agamemnon peuvent être pieds nus, c'est-à-dire avec des bas
doigtés ; mais ce costume scrupuleux deviendroit trop sévère et même dégoûtant s'il étoit
régulièrement observé et pour Hercule et pour
Agamemnon. D'ailleurs, la danse étant l'art
des mouvemens, doit être débarrassée de toutes
les entraves qui s'opposeroient à son exécution.

J'avouerai avec peine qu'on a franchi aujourd'hui la ligne qui met une barrière entre le
vrai et le faux, entre la décence et l'indécence ;
entre le bon goût et l'extravagance. Nos danseuses ont adopté le costume des Lacédémo-
niennes ; elles sont presque nues ; une gaze
légère leur sert de jupes, et les pirouettes sans

1.   25

fin soulèvent ces voiles légers et découvrent toutes les formes que la pudeur et l'honnêteté eurent toujours le soin de dérober. Le vêtement des hommes est tout aussi indécent ; une espèce de petit jupon ne couvre que la moitié de la cuisse ; les jambes, les bras et le corps, imitent le *nu* ; s'ils n'étoient pas vêtus élégamment, il me sembleroit voir des garçons boulangers et des brasseurs livrés à leurs travaux grossiers. Dans un autre moment je parlerai de la danse telle qu'elle existe aujourd'hui. On verra qu'elle s'accorde à merveille avec l'accoutrement ridicule et fantastique du danseur. Le goût et le génie ont éteint leurs flambeaux. Les graces ne sont plus conduites par la décence. Il faut espérer que la raison reprendra un jour ses droits, et que honteux de nous être rendus tributaires de la folie, nous renoncerons à son empire, et que les arts fatigués du bruit de ses grelots, préféront enfin l'oreille aux accens de la vérité et aux sages leçons de la nature.

En comparant le costume actuel avec celui des Romains, nous toucherons aux deux extrêmes. Le résultat de mes observations vous prouvera que chaque siècle a eu ses ridicules, et que les goûts les plus bizarres se sont introduits furtivement, à des époques mêmes où les sciences, les talens et les arts avoient atteint le plus haut degré de splendeur et de perfection. Il faut laisser aller le monde, et se convaincre que le mal se place toujours à côté du bien, et 'que la folie s'assied souvent entre la sagesse et la raison.

Je suis, etc.

LETTRE XXVII.

De l'accord du Geste avec la Pensée et les Mouvemens de l'Ame.

———

J'ai dit, Monsieur, que la danse étoit trop composée, et le mouvement symétrique des bras trop uniforme, pour que les tableaux pussent avoir de la variété, de l'expression et du naturel : il faudroit donc, si nous voulons rapprocher notre art de la vérité, donner moins d'attention aux jambes, et plus de soins aux bras ; abandonner les cabrioles pour l'intérêt des gestes ; faire moins de pas difficiles, et jouer davantage de la physionomie ; ne pas mettre tant de force dans l'exécution, mais y mêler plus d'esprit ; s'écarter avec graces des règles étroites de l'école, pour suivre les impressions de la nature, et donner à la danse l'ame et l'action qu'elle doit avoir pour intéresser. Je n'entends point au reste par le mot *d'action*, celle qui ne consiste qu'à se remuer, à se donner de la peine, à faire des efforts et à se tourmenter comme un forcené, pour sauter, ou pour montrer une ame que l'on n'a pas.

L'*action* en matière de danse est l'art de faire passer, par l'expression vraie de nos mouvemens, de nos gestes et de la physionomie, nos sentimens et nos passions dans l'ame des spectateurs. L'*action* n'est donc autre chose que la *pantomime*. Tout doit peindre, tout doit parler chez le danseur ; chaque geste, chaque attitude, chaque port de bras doit avoir une expression différente. La vraie *pantomime* suit la nature dans toutes ses nuances : s'en écarte-t-elle un instant, elle fatigue, elle révolte. Que les danseurs qui commencent ne confondent pas cette *pantomime* noble dont je parle, avec cette expression basse et triviale que les bouffons d'Italie ont apportée en France, et que le mauvais goût semble avoir adoptée.

Je crois, Monsieur, que l'art du geste est resserré dans des bornes trop étroites pour produire de grands effets. La seule action du bras droit que l'on porte en avant pour décrire un quart de cercle, pendant que le bras gauche qui étoit dans cette position rétrograde par la même route pour s'étendre de nouveau, et former l'opposition avec la jambe, n'est pas

suffisante pour exprimer des passions : tant
qu'on ne variera pas davantage les mouvemens
des bras, ils n'auront jamais la force d'émouvoir ni d'affecter. Les anciens étoient nos maîtres à cet égard, ils connoissoient mieux que
nous l'art du geste; et c'est dans cette partie
seule de la danse, qu'ils l'emportoient sur les
modernes. Je leur accorde avec plaisir ce qui
nous manque, et ce que nous posséderons lorsqu'il plaira aux danseurs de secouer des règles
qui s'opposent à la beauté et à l'esprit de leur
art.

Le port de bras devant être aussi varié que
les différens sentimens que la danse peut exprimer ; les règles reçues deviennent presque
inutiles, il faudroit les enfreindre et s'en écarter à chaque instant, ou s'opposer, en les
suivant exactement, aux mouvemens de l'ame,
qui ne peuvent se limiter par un nombre déterminé de gestes.

Les passions varient et se divisent à l'infini :
il faudroit donc autant de préceptes qu'il y a
chez elles de modifications. Où est le maître
qui voulût entreprendre un tel ouvrage !

Le geste est un trait qui part de l'ame ; il
doit faire un prompt effet et toucher au but,
lorsqu'il est vrai.

Instruits des principes fondamentaux de notre art, suivons les mouvemens de notre ame; elle ne peut nous trahir lorsqu'elle sent vivement; et si dans ces instans elle entraîne le bras à tel ou tel geste, il est toujours aussi juste que correctement dessiné, et son effet est sûr. Les passions sont les ressorts qui font jouer la machine; quels que soient les mouvemens qui en résultent, ils ne peuvent manquer d'être expressifs. Il faut conclure d'après cela que les préceptes stériles de l'école doivent disparoître dans la danse en action, pour faire place au sentiment de la nature.

Rien n'est si difficile à ménager que ce qu'on appelle bonne grace, c'est au goût à l'employer, et c'est un défaut de courir après elle, et d'en répandre également partout. Peu de prétentions à en montrer, une négligence bien entendue à la dérober quelquefois ne la rendent que plus piquante, et lui prêtent un nouvel attrait. Le goût en est le distributeur, c'est lui qui donne aux graces de la valeur, et qui les rend aimables; marchent-elles sans lui, elles perdent leur nom, leurs charmes et leur effet; ce n'est plus que de la minauderie dont la fadeur devient insupportable.

Il n'appartient pas à tout le monde d'avoir

du goût; la nature seule le donne; l'éducation
le raffine et le perfectionne : toutes les règles
que l'on établiroit pour en donner seroient inutiles. Il est né avec nous, ou il ne l'est pas;
s'il l'est, il se manifestera de lui-même; s'il ne
l'est pas, le danseur sera toujours médiocre.

Il en est de même des mouvemens des bras;
la bonne grace est à ces derniers ce que le
goût est à la bonne grace : on ne peut réussir
dans l'*action pantomime*, sans être également
servi par la nature; lorsqu'elle nous donne les
premières leçons, les progrès sont toujours
rapides.

Concluons que l'action de la danse est trop
restreinte, que l'agrément et l'esprit ne peuvent se communiquer également à tous les
êtres, que le goût et les graces ne se donnent
point. En vain cherche-t-on à en prêter à ceux
qui ne sont point nés pour en avoir, c'est semer son grain sur un terrein stérile.

Les Romains avoient cependant des écoles
où l'on enseignoit l'art de la *saltation*, ou, si
vous voulez, celui du geste et de la bonne
grace; mais les maîtres étoient-ils contens de
leurs écoliers; *Roscius* ne le fut que d'un seul,
que la nature sans doute avoit servi; encore y
trouvoit-il toujours quelque chose à reprendre.

Que les maîtres de ballets se persuadent que j'entends par gestes les mouvemens expressifs des bras, soutenus par les caractères frappans et variés de la physionomie. Les bras d'un danseur auront beau parler, si son visage ne joue point, si l'altération que les passions impriment sur les traits n'est pas sensible, si ses yeux ne déclament point et ne décèlent pas la situation de son cœur, son expression dès-lors est fausse, son jeu est machinal, et l'effet qui en résulte péche par le désagrément et par le défaut de vérité et de vraisemblance.

Je ne puis mieux le comparer qu'à ce que l'on voit dans les bals masqués, où il y a des jeux publics, mais principalement à Venise, pendant le carnaval. Figurez-vous, autour d'une table immense, quantité de joueurs portant tous des masques plus ou moins grotesques, mais en général tous rians. En ne regardant que les physionomies, tous les joueurs ont l'air content et satisfait, on diroit que tous gagnent; mais que vos regards se fixent sur leurs bras, leurs attitudes et leurs gestes, vous voyez d'un côté l'attention immobile de l'incertitude, de la crainte ou de l'espérance; de l'autre, le mouvement impétueux de la fureur et du dépit; là, une bouche qui sourit et un poing fermé qui menace le ciel; ici, vous entendez sortir d'une bouche qui semble rire aux éclats, des imprécations terribles : enfin cette opposition de la figure avec le geste produit un effet étonnant, plus facile à concevoir qu'à décrire. Tel est le danseur dont la figure ne dit rien, tandis que ses gestes ou ses pas expriment le sentiment vif dont il est agité.

On ne peut se distinguer au théâtre que lorsqu'on est aidé par la nature; c'étoit le sentiment de *Roscius*. Selon lui, dit *Quintilien*, l'art du *pantomime* consiste dans la bonne grace et dans l'expression naïve des affections de l'ame; elle est au-dessus des règles et ne se peut enseigner; la nature seule la donne.

Pour hâter les progrès de notre art et le rapprocher de la vérité, il faut faire un sacrifice de tous les pas trop compliqués; ce que l'on perdra du côté des jambes se retrouvera du côté des bras : plus les pas seront simples, et plus il sera facile de leur associer de l'expression et des graces. Le goût fuit toujours les difficultés, il ne se trouve jamais avec elles : que les artistes les réservent pour l'étude, mais qu'ils apprennent à les bannir de l'exécution; elles ne plaisent point au public; elles ne font même qu'un plaisir médiocre à ceux qui en

sentent le prix. Je regarde les difficultés mul-
tipliées de la musique et de la danse comme
un jargon qui leur est absolument étranger :
leurs voix doivent être touchantes, c'est toujours au cœur qu'elles doivent parler ; le langage qui leur est propre est celui du sentiment ; il séduit universellement , parce qu'il
est entendu universellement de toutes les nations.

Tel *violon* est admirable, me dira-t-on ; cela
se peut, mais il ne me fait aucun plaisir, il ne
me flatte point, il ne me cause aucune sensation. C'est qu'il a un langage, me répondra
l'amateur que vous n'entendez point ; c'est une
conversation qui n'est pas à la portée de tout
le monde, continuera-t-il, mais elle est sublime
pour quiconque peut la comprendre et la sentir ;
et ses sons sont autant de sentimens qui sédui-
sent et qui affectent lorsque l'on conçoit son
langage.

Tant pis pour ce grand *violon*, lui dirai-je,
si son mérite ne se borne uniquement qu'à
plaire au petit nombre. Les arts sont de tous
les pays ; qu'ils empruntent la voix qui leur est
propre, ils n'auront pas besoin d'interprètes,
et ils affecteront également et le connoissseur et
l'ignorant : leur effet ne se borne-t-il au con-

traire qu'à frapper les yeux sans toucher le cœur, sans remuer les passions, sans ébranler l'ame, ils cessent dès-lors d'être aimables et de plaire : la voix de la nature et l'expression fidelle du sentiment porteront toujours l'émotion dans les ames les moins sensibles ; le plaisir est un tribut que le cœur ne peut refuser aux choses qui le flattent et qui l'intéressent.

Les danseurs italiens ont pris depuis quelque temps le contre-pied des musiciens. Ne pouvant occuper agréablement la vue, et n'ayant pu hériter de la gentillesse de *Fossan*, ils font beaucoup de bruit avec les pieds en marquant toutes les notes ; de sorte qu'on voit jouer avec admiration les *violons* de cette nation, et qu'on écoute danser avec plaisir leurs *pantomimes*. Ce n'est point là le but que les beaux arts se proposent ; ils doivent peindre, ils doivent imiter, mais avec des moyens naturels, simples, ingénieux. Le goût n'est pas dans les difficultés ; il tient de la nature ses agrémens.

Tant que l'on sacrifiera le goût aux difficultés, que l'on ne raisonnera pas, que l'on fera consister la danse en tours de force, en voltige, l'on fera un métier vil d'un art agréable : la danse, loin de faire des progrès, dégénérera, et rentrera dans l'obscurité, et j'ose dire dans le mépris où elle étoit il n'y a pas un siècle.

Ce ne seroit pas m'entendre que de penser que je cherche à abolir les mouvemens ordinaires des bras, tous les pas difficiles et brillans, et toutes les positions élégantes de la danse. Je demande plus de variété et d'expression dans les bras ; je voudrois les voir parler avec plus d'énergie : ils peignent le sentiment et la volupté, mais ce n'est pas assez ; il faut encore qu'ils peignent la fureur, la jalousie, le dépit, l'inconstance, la douleur, la vengeance, l'ironie, toutes les passions de l'homme ; et que, d'accord avec les yeux, la physionomie et les gestes, ils me fassent entendre le sentiment de la Nature. Je veux encore que les pas soient placés avec autant d'esprit que d'art, et qu'ils répondent à l'action et aux mouvemens de l'ame du danseur ; j'exige que dans une expression vive on ne forme point de pas lents ; que dans une scène grave on n'en fasse point de légers ; que dans les mouvemens de dépit on sache éviter tous ceux qui, ayant de la légèreté, trouveroient place dans un moment d'inconstance ; je voudrois enfin que l'on cessât, pour ainsi dire, d'en faire dans les instans de désespoir et d'accablement : c'est au visage seul à

peindre; c'est aux yeux à parler; les bras
mêmes doivent être immobiles; et le danseur,
dans ces sortes de scènes, ne sera jamais aussi
excellent que lorsqu'il ne dansera pas, ou que
sa danse n'aura pas l'air d'en être une. C'est là
où l'art et l'imagination du maître de ballets
doivent agir. Toutes mes vues, toutes mes idées
ne tendent uniquement qu'au bien et à l'avan-
cement des jeunes danseurs et des maîtres de
ballets : qu'ils pèsent mes idées, qu'ils se fassent un genre neuf; ils verront alors que tout
ce que j'avance peut se mettre en pratique et
réunir tous les suffrages.

Quant aux positions, tout le monde sait
qu'il y en a cinq; on prétend même qu'il y en
a dix, divisées assez singulièrement en bonnes
et en mauvaises, en fausses ou en vraies. Le
compte n'y fait rien, et je ne le contesterai
pas; je dirai simplement que ces positions sont
bonnes à savoir, et meilleures encore à oublier,
et qu'il est de l'art du grand danseur de s'en
écarter agréablement. Au reste, toutes celles
où le corps est ferme et bien dessiné sont excellentes : je n'en connois de mauvaises que
lorsque le corps est mal *groupé*, qu'il chan-
celle, et que les jambes ne peuvent le soutenir.

La plus grande partie de ceux qui se livrent au théâtre croient qu'il ne faut avoir que des jambes pour être danseur, de la mémoire pour être comédien, et de la voix pour être chanteur. En partant d'un principe aussi faux, les uns ne s'appliquent qu'à remuer les jambes, les autres qu'à faire des efforts de mémoire, et les derniers qu'à pousser des cris ou des sons; ils s'étonnent, après plusieurs années d'un travail pénible, d'être jugés détestables; mais il n'est pas possible de réussir dans un art sans en étudier les principes, sans en connoître l'esprit, et sans en sentir les effets. Un bon ingénieur ne s'emparera pas des ouvrages les plus foibles d'une place, s'ils sont commandés par des hauteurs capables de les défendre et de l'en déloger : l'unique moyen d'assurer sa conquête est de se rendre maître des principaux ouvrages et de les emporter, parce que ceux qui leur sont inférieurs ne feront plus alors qu'une foible résistance, ou se rendront d'eux-mêmes. Il en est des arts comme des places, et des artistes comme des ingénieurs; il ne s'agit pas d'effleurer, il faut approfondir; ce n'est pas assez que de connoître les difficultés, il faut les combattre et les vaincre. Ne s'attache-t-on qu'aux petites parties, ne saisit-on que la superficie des choses, on languit dans la médiocrité et dans l'obscurité.

Je ferai d'un homme ordinaire un danseur comme il y en a mille, pourvu qu'il soit passablement bien fait ; je lui enseignerai à remuer les bras et les jambes, et à tourner la tête; je lui donnerai de la fermeté, du brillant et de la vîtesse ; mais je ne pourrai le douer de ce feu, de cet esprit, de ces graces et de cette expression de sentiment qui est l'ame de la vraie *pantomime :* la nature fut toujours au-dessus de l'art; il n'appartient qu'à elle de faire des miracles.

Le défaut de lumières et de goût qui règne parmi la plupart des danseurs, prend sa source de la mauvaise éducation qu'ils reçoivent ordinairement. Ils se livrent au théâtre, moins pour s'y distinguer que pour secouer le joug de la dépendance ; moins pour se dérober à une profession plus tranquille que pour jouir des plaisirs qu'ils croient rencontrer à chaque instant dans celle qu'ils embrassent : ils ne voient dans ce premier moment d'enthousiasme que les roses du talent qu'ils veulent acquérir. Ils apprennent la danse avec fureur, leur goût se ralentit à mesure que les difficultés se font sentir et qu'elles se multiplient; ils ne saisissent que

la partie grossière de l'art, ils sautent plus ou
moins haut, ils s'attachent à former machinalement une multitude de pas; et, semblables à
ces enfans qui disent beaucoup de mots sans
idées et sans suite, ils font beaucoup de pas
sans motifs, sans goût et sans graces.

Ce mélange innombrable de pas enchaînés
plus ou moins mal, cette exécution difficile,
ces mouvemens compliqués ôtent, pour ainsi
dire, la parole à la danse; plus de simplicité,
de douceur et de moëlleux dans les mouvemens,
procureroit au danseur la facilité de peindre et
d'exprimer; il pourroit se partager entre le
mécanisme des pas et les mouvemens qui sont
propres à rendre les passions; la danse, alors
délivrée des petites choses, pourroit se livrer
aux plus grandes. Il est constant que l'essouf-
flement qui résulte d'un travail si pénible ôte
les moyens au danseur, que les entrechats et les
cabrioles altèrent le caractère de la belle danse,
et qu'il est moralement impossible de mettre
de l'ame, de la vérité et de l'expression dans
les mouvemens, lorsque le corps est sans cesse
ébranlé par des secousses violentes et réitérées,
et que l'esprit n'est exactement occupé qu'à le
préserver des accidens et des chutes qui le me-
nacent à chaque instant.

On ne doit pas s'étonner de trouver plus d'intelligence et de facilité à rendre le sentiment parmi les comédiens que parmi les danseurs. La plupart des premiers reçoivent plus communément plus d'éducation que les derniers; leur état d'ailleurs les porte à un genre d'étude propre à donner, avec l'usage du monde et le ton de la bonne compagnie, l'envie de s'instruire et d'étendre leurs connoissances au-delà des bornes du théâtre; ils s'attachent à la littérature, ils connoissent les poètes, les historiens, et plusieurs d'entre eux ont prouvé par leurs ouvrages qu'ils joignoient au talent de bien dire celui de composer agréablement. Si toutes ces connoissances ne sont pas exactement analogues à leurs professions, elles ne laissent pas de contribuer à la perfection à laquelle ils parviennent. De deux acteurs également servis par la nature, celui qui sera le plus éclairé sera sans contredit celui qui mettra le plus d'esprit et de légèreté dans son jeu.

Les danseurs devroient s'attacher, ainsi que les comédiens, à peindre et à sentir, puisqu'ils ont le même objet à remplir. S'ils ne sont vivement affectés de leurs rôles, s'ils n'en saisissent le caractère avec vérité, ils ne peuvent se flatter de réussir et de plaire : ils doivent également enchaîner le public par la force de l'illusion, et lui faire éprouver tous les mouvemens dont ils sont animés. Cette vérité, cet enthousiasme qui caractérise le grand acteur, et qui est l'ame des beaux arts, est, si j'ose m'exprimer ainsi, l'image du coup électrique; c'est un feu qui se communique avec rapidité, qui embrase en un instant l'imagination des spectateurs, qui ébranle leur ame, et qui ouvre leur cœur à la sensibilité.

Le cri de la nature et les mouvemens vrais de l'action *pantomime* doivent également toucher : le premier attaque le cœur par l'ouïe, le dernier par la vue ; ils feront l'un et l'autre une impression aussi forte, si cependant les images de la *pantomime* sont aussi vives, aussi frappantes et aussi animées que celles du discours.

Il n'est pas possible d'imprimer cet intérêt en récitant machinalement de beaux vers, et en faisant tout simplement de beaux pas ; il faut que l'ame, la physionomie, le geste et les attitudes parlent toutes à-la-fois, et qu'elles parlent avec autant d'énergie que de vérité. Le spectateur se mettra-t-il à la place de l'acteur, si celui-ci ne se met à celle du héros qu'il représente? Peut-il espérer d'attendrir et de faire verser des larmes, s'il n'en répand lui-même?

sa situation touchera-t-elle s'il ne la rend touchante, et s'il n'en est vivement affecté ?

Vous me direz peut-être que les comédiens
ont sur les danseurs l'avantage de la parole, la
force et l'énergie du discours. Mais ces derniers n'ont-ils pas les gestes, les attitudes, les
pas et la musique que l'on doit regarder comme
l'organe et l'interprète des mouvemens successifs du danseur ?

Pour que notre art parvienne à ce degré de
sublimité que je demande et que je lui sou-
haite, il est indispensablement nécessaire que
les danseurs partagent leurs temps et leur
étude entre l'esprit et le corps, et que tous les
deux soient ensemble l'objet de leur application ; mais on donne malheureusement tout au
dernier, et l'on refuse tout à l'autre. La tête
conduit rarement les jambes ; et, comme l'esprit et le goût ne résident pas dans les pieds,
on s'égare souvent ; l'homme intelligent disparoît, il n'en reste qu'une machine mal combinée, livrée à la stérile admiration des sots, et
au juste mépris des connoisseurs.

Etudions donc, Monsieur, cessons de ressembler à ces marionnettes, dont les mouvemens dirigés par des fils grossiers n'amusent et
ne font illusion qu'au peuple. Si notre ame dé-

termine le jeu et l'action de nos ressorts, dès-lors les pieds, les jambes, le corps, la physionomie et les yeux seront mus dans des sens justes, et les effets résultans de cette harmonie et de cette intelligence intéresseront également le cœur et l'esprit.

Je suis, etc.

LETTRE XXVIII.

De la Conformation du Danseur.

Il est rare, Monsieur, pour ne pas dire impossible, de trouver des hommes exactement
bien faits; et, par cette raison, il est très-com-
mun de rencontrer une foule de danseurs construits désagréablement, et dans lesquels on
aperçoit des défauts de conformation que
toutes les ressources de l'art ont peine à déguiser. Seroit - ce par une fatalité attachée
à la nature humaine, que nous nous éloi-
gnons toujours de ce qui nous convient,
et que nous nous proposons si communément de courir une carrière dans laquelle
nous ne pouvons ni marcher ni nous soutenir?
C'est cet aveuglement, c'est cette ignorance
dans laquelle nous sommes de nous-mêmes,
qui produit la foule immense de mauvais poètes,
de peintres médiocres, de plats comédiens, de
musiciens bruyans, de danseurs et de baladins
détestables, que sais-je? Monsieur, d'hommes

insupportables dans tous les genres. Ces mêmes hommes placés où ils devroient être, auroient été utiles; mais, hors du lieu et du rang, qui leur étoient assignés, leur véritable talent est enfoui, et celui d'être à l'envi plus ridicules les uns que les autres lui est substitué.

La première considération à laquelle on doive s'attacher lorsqu'on se destine à la danse, dans un âge du moins où l'on est capable de réfléchir, est celle de sa construction. Ou les vices naturels qu'on observe en soi sont tels que rien ne peut y remédier; en ce cas, il faut perdre sur-le-champ et totalement de vue le dessein que l'on avoit formé de concourir aux plaisirs des autres; ou ces vices peuvent être réformés par une application, par une étude constante et par les conseils et les avis d'un maître instruit et éclairé; et dès-lors il importe essentiellement de ne négliger aucuns des efforts qui peuvent remédier à des imperfections dont on triomphera, si l'on prévient le temps où les parties ont acquis leur dernier degré de force et de consistance, où la nature a pris son pli, et où le défaut à vaincre s'est fortifié par une habitude trop longue et trop invétérée, pour pouvoir être détruit.

Malheureusement il est peu de danseurs

capables de ce retour sur eux–mêmes. Les
uns aveuglés par l'amour propre, imaginent
être sans défauts; les autres ferment pour ainsi
dire les yeux sur ceux que l'examen le plus
léger leur feroit découvrir : or, dès qu'ils ignorent ce que tout homme qui a quelques lumières
est en droit de leur reprocher, il n'est pas
étonnant qu'ils manquent leur but. L'arrangement disproportionné des parties s'oppose
sans cesse en eux au jeu des ressorts, et à
l'harmonie qui devroit former un *ensemble* :
plus de liaison dans les pas; plus de moëlleux
dans les mouvemens ; plus d'élégance dans les
attitudes et dans les oppositions ; plus de proportions dans les *déploiemens*, et par conséquent
plus de fermeté ni d'*aplomb*. Voilà, Monsieur,
où se réduit l'exécution des danseurs qui s'a-
veuglent sur leur conformation, et qui craignent
de s'envisager eux-mêmes dans le moment de
leur étude et de leurs exercices. Nous pouvons,
sans les offenser, et en leur rendant la justice
qui leur est due, les nommer mauvais danseurs.

Vraisemblablement, si les bons maîtres
étoient plus communs, les élèves ne seroient
pas si rares ; mais les maîtres qui sont en état
d'enseigner ne donnent point de leçons, et

ceux qui en devroient prendre ont toujours
la fureur d'en donner aux autres. Que dirons-
nous de leur négligence et de l'uniformité avec
lesquelles ils enseignent? La vérité n'est qu'une,
s'écriera-t-on, j'en conviens; mais n'est-il qu'une
manière de la démontrer et de la faire passer
aux écoliers auxquels on s'attache, et ne doit-
on pas nécessairement les conduire au même
but par des chemins différens? J'avoue que,
pour y parvenir, il faut une sagacité réelle;
car, sans réflexion et sans étude, il n'est pas
possible d'appliquer les principes selon les
genres divers de conformation, et les degrés
différens d'aptitude : on ne peut saisir d'un
coup d'œil ce qui convient à l'un, ce qui ne
sauroit convenir à l'autre, et l'on ne varie point
enfin ses leçons à proportion des diversités que
la nature ou que l'habitude, souvent plus rebelle
que la nature même, nous offre et nous présente.

C'est donc essentiellement au maître que le
soin de placer chaque élève dans le genre qui
lui est propre, est réservé. Il ne s'agit pas à
cet effet de posséder seulement les connoissances les plus exactes de l'art; il faut encore
se défendre soigneusement de ce vain orgueil
qui persuade à chacun que sa manière d'exécuter est l'unique, et la seule qui puisse plaire;

car un maître qui se propose toujours comme un modèle de perfection, et qui ne s'attache à faire de ses écoliers qu'une copie dont il est le bon ou mauvais original, ne réussira à en former de passables que lorsqu'il en rencontrera qui seront doués des mêmes dispositions que lui, et qui auront la même taille, la même conformation et la même intelligence, enfin la même aptitude.

Parmi les défauts de construction, j'en remarque communément deux principaux; l'un est d'être *jarreté*, et l'autre d'être *arqué*. Ces deux vices de conformation sont presque généraux, et ne diffèrent que du plus au moins : aussi voyons-nous très-peu de danseurs qui en soient exempts.

Nous disons qu'un homme est *jarreté*, lorsque ses hanches sont étroites et en dedans, ses cuisses rapprochées l'une de l'autre, ses genoux gros et si serrés qu'ils se touchent et se collent étroitement, quoique ses pieds soient distans l'un de l'autre; ce qui forme à peu près la figure d'un triangle depuis les genoux jusqu'aux pieds. J'observe encore un volume énorme dans la partie intérieure de ses chevilles, une forte élévation dans le coude - pied; et le tendon d'*Achille* est non seulement en lui grêle et mince, mais il est fort éloigné de l'articulation.

Le danseur *arqué* est celui en qui on remarque le défaut contraire. Ce défaut règne également depuis la hanche jusqu'aux pieds; car ces parties décrivent une ligne qui donne en quelque sorte la figure d'un arc : en effet, les hanches sont évasées, les cuisses et les genoux sont ouverts, de manière que le jour qui doit se rencontrer naturellement entre quelques-unes de ces portions des extrémités inférieures lorsqu'elles sont jointes, perce dans la totalité et paroît beaucoup plus considérable qu'il ne devroit l'être. Les personnes ainsi construites ont d'ailleurs le pied long et plat, la cheville extérieure saillante, et le tendon d'*Achille* gros et rapproché de l'articulation. Ces deux défauts diamétralement opposés l'un à l'autre, prouvent, avec plus de force que tous les discours, que les leçons qui conviennent au premier seroient nuisibles au second, et que l'étude de deux danseurs aussi différens par la taille et par la forme ne peut être la même. Celui qui est *jarreté* doit s'appliquer continuellement à éloigner les parties trop resserrées. Le premier moyen pour y réussir est de tourner les cuisses en dehors, et de les

mouvoir dans ce sens, en profitant de la liberté
du mouvement de rotation du *fémur*, dans
la *cavité cotyloïde* des os des hanches. Aidés
par cet exercice, les genoux suivront la même
direction, et rentreront, pour ainsi dire, dans
leur place. La *rotule*, qui semble destinée
à limiter le *rejet* du genou trop en arrière de
l'articulation, tombera perpendiculairement
sur la pointe du pied; et la cuisse et la jambe
ne sortant plus de la ligne, en décriront alors
une droite qui assurera la fermeté et la stabilité du tronc.

Le second remède à employer, est de conserver une flexion continuelle dans l'articulation des genoux, et de paroître extrêmement
tendu sans l'être en effet : c'est là, Monsieur,
l'ouvrage du temps et de l'habitude : lorsqu'elle
est fortement contractée, il est comme impossible de reprendre sa position naturelle et
vicieuse, sans des efforts qui causent dans ces
parties un engourdissement et une douleur
insupportables. J'ai connu des danseurs qui ont
trouvé l'art de dérober ce défaut à tel point
qu'on ne s'en seroit jamais aperçu, si l'entrechat droit et les temps trop forts ne les
avoient décelés. En voici la raison : la contraction des muscles dans les efforts du saut roidit

les articulations et force chaque partie à rentrer dans sa place et à revenir dans sa forme naturelle : les genoux ainsi forcés se portent donc en dedans, ils reprennent leur volume ; ce volume met un obstacle aux battemens de l'entrechat : plus ces parties se joignent, plus celles qui leur sont inférieures l'éloignent ; les jambes ne pouvant ni *battre* ni *croiser*, restent comme immobiles au moment de l'action des genoux qui roulent désagréablement l'un sur l'autre ; et l'entrechat n'étant ni *coupé*, ni *battu*, ni *croisé* par le pas, ne sauroit avoir la vîtesse et le brillant qui en font le mérite. Rien n'est si difficile, à mon sens, que de masquer ces défauts, surtout dans les instans d'une exécution forte, où toute la machine est ébranlée, où elle reçoit des secousses violentes et réitérées, et où elle se livre à des mouvemens contraires et à des efforts continuels et variés. Si l'art peut alors l'emporter sur la nature, de quels éloges le danseur ne se rend-il pas digne ?

Celui qui sera ainsi construit renoncera aux entrechats, aux cabrioles et à tous temps durs et compliqués, avec d'autant plus de raison qu'il sera infailliblement foible ; car ses hanches étant étroites, ou, pour parler le

langage des anatomistes, les os du *bassin*
étant en lui moins évasés, ils fournissent
moins de jeu aux muscles qui s'y attachent,
et dont dépendent en partie les mouvemens
du tronc; mouvemens et inflexions beaucoup
plus aisés, lorsque ces mêmes os ont beaucoup
plus de largeur, parce qu'alors les muscles
aboutissent ou partent d'un point plus éloigné
du centre de gravité. Quoi qu'il en soit, la
danse noble, et *terre à terre*, est la seule qui
convienne à de pareils danseurs. Au reste,
Monsieur, ce que les danseurs *jarretés* perdent du côté de la force, ils semblent le regagner du côté de l'adresse. J'ai remarqué
qu'ils étoient moëlleux, brillans dans les choses
les plus simples, aisés dans les difficultés qui
ne demandent point d'efforts propres à leur
exécution, et que leur *percussion* est toujours
opérée avec grace, parce qu'ils se servent, et
qu'ils profitent et des pointes et des ressorts
qui font mouvoir le coude-pied. Voilà des
qualités qui les dédommagent de la force qu'ils
n'ont pas; et, en matière de danse, je préfé-
rerai toujours l'adresse à la force.

Ceux qui sont *arqués* ne doivent s'attacher
qu'à rapprocher les parties trop distantes,
pour diminuer le vide qui se rencontre prin-

cipalement entre les genoux : ils n'ont pas
moins besoin que les autres de l'exercice qui
meut les cuisses en dehors, et il leur est même
moins facile de déguiser leurs défauts. Communément ils sont forts et vigoureux; ils ont
par conséquent moins de souplesse dans les
muscles, et leurs articulations jouent avec
moins d'aisance. On comprend au surplus que
si ce vice de conformation venoit de la difformité des os, tout travail seroit inutile, et les
efforts de l'art impuissans. J'ai dit que les danseurs *jarretés* doivent conserver une petite
flexion dans l'exécution : ceux-ci, par la raison
contraire, doivent être exactement tendus, et
croiser leurs temps bien plus étroitement, afin
que la réunion des parties puissent diminuer
le jour ou l'intervalle qui les sépare naturellement. Ils sont nerveux, vifs et brillans dans
les choses qui tiennent plus de la force que
de l'adresse ; nerveux et légers, attendu la
direction de leurs *faisceaux musculeux*, et
vu la consistance et la résistance de leurs *li-*
gamens articulaires ; vifs, parce qu'ils *croi-*
sent plus du bas que du haut; et qu'ayant,
par cette raison, peu de chemin à faire pour
battre, ils les *passent* avec plus de vîtesse;
brillans, parce que le jour perce entre les par-

ties qui se *croisent* et se *décroisent*. Ce jour
est exactement, Monsieur, le *clair-obscur* de
la danse ; car, si les temps de l'entrechat ne
sont ni *coupés* ni *battus*, et qu'ils soient
au contraire *frottés* et *roulés* l'un sur l'autre,
il n'y aura point de clair qui fasse valoir les
ombres, et les jambes trop réunies n'offriront
qu'une *masse* indistincte et sans effet (1). Ils
ont peu d'adresse, parce qu'ils comptent trop
sur leurs forces, et que cette même force
s'oppose en eux à la souplesse et à l'aisance.
Leur vigueur les abandonne-t-elle un instant,
ils sont gauches ; ils ignorent l'art de dérober
leur situation par des temps simples qui,
n'exigeant aucune force, donnent toujours le
temps d'en reprendre de nouvelles ; ils ont de
plus très-peu d'élasticité, et *percutent* rarement de la pointe.

Je crois en découvrir la véritable raison,
lorsque je considère la forme longue et plate

---

(1) Les observations de ce genre ne peuvent être
faites que par des artistes qui cherchent à découvrir la
cause de chaque effet dans leur art. Jouir sans remonter
aux causes de ces jouissances, c'est assez pour la plupart des hommes ; mais analyser les jouissances, est le
fait de l'artiste observateur ; et cette analyse contribue
à l'accroissement de son art.

de leurs pieds. Je compare cette partie à un *levier* de la seconde espèce, c'est-à-dire à un *levier*, dans lequel le poids est entre l'*appui* et la puissance, tandis que l'*appui* et la *puissance* sont à ses extrémités. Ici le point fixe ou l'*appui* se trouve à l'extrémité du pied; la résistance ou le poids du corps porte sur le coude-pied; et la puissance qui élève et soutient ce poids, est appliquée au talon par le moyen du *tendon d'Achille* : or, comme le *levier* est plus grand dans un pied long et plat, le poids du corps est plus éloigné du *point d'appui*, et plus près de la puissance; donc la pesanteur du corps doit augmenter, et la force du *tendon d'Achille* diminuer en proportion égale. Je dis donc que cette pesanteur n'étant pas dans une proportion aussi exacte chez les danseurs *arqués*, qu'elle l'est chez les danseurs *jarretés* qui ont extraordinairement le coude-pied élevé et fort, ces premiers ont nécessairement moins de facilité à se hausser sur l'extrémité des pointes.

J'ai observé encore, Monsieur, que les défauts qui se rencontrent depuis les hanches jusqu'aux pieds, se font sentir depuis l'épaule jusqu'à la main : le plus souvent l'épaule suit la conformation des hanches; le coude, celle

du genou; le poignet, celle du pied. Une légère
attention vous convaincra de cette vérité, et
vous verrez qu'en général les défauts de conformation provenant de l'arrangement vicieux
de quelques articulations, s'étendent à toutes.
Ce principe posé, l'artiste doit suggérer, relativement au bras, des mouvemens différens à
ses élèves. Ce soin est très-important. Les
bras courts n'exigent que des mouvemens proportionnés à leur longueur; les bras longs ne
peuvent perdre de leur étendue que par les
rondeurs qu'on leur donne. L'art consiste à
tirer parti de ces imperfections, et je connois
des danseurs qui, par le moyen des *effacemens*
du corps, dérobent habilement la longueur
de leurs bras; ils en font *fuir* une partie dans
l'ombre.

J'ai dit que les danseurs *jarretés* étoient
foibles; ils sont minces et déliés : les danseurs
arqués, plus vigoureux, sont gros et nerveux.
On pense assez communément qu'un homme
gros et trapu doit être lourd. Ce principe est
vrai, quant au poids réel du corps, mais il est
faux en ce qui concerne la danse; car la légèreté ne naît que de la force des muscles. Tout
homme qui n'en sera aidé que foiblement, *tombera* toujours avec pesanteur. La raison en

est simple. Les parties foibles ne pouvant résister dans l'instant de la chute aux plus fortes,
c'est-à-dire au poids du corps, qui acquiert,
à proportion de la hauteur dont il *tombe*, un
nouveau degré de pesanteur, cèdent et fléchis-
sent; et c'est dans ce moment de relâchement
et de flexion que le bruit de la chute se fait
entendre, bruit qui diminue considérablement,
et qui peut même être insensible, quand le
corps peut se maintenir dans une ligne exactement perpendiculaire, et lorsque les muscles
et les ressorts ont la force de s'opposer à la
force même, et de résister avec vigueur au
choc qui pourroit les faire succomber.

La nature n'a pas exempté le beau sexe des
imperfections dont je vous ai parlé; mais l'art
et les jupes sont heureusement venus au secours
de nos danseuses. Elles cachent une multitude
de défauts, et l'œil curieux des critiques ne
monte pas assez haut pour décider. La plupart
d'entre elles dansent les genoux ouverts comme
si elles étoient naturellement *arquées*. Grace
à cette mauvaise habitude et aux jupes; elles
paroissent plus brillantes que les hommes, parce
que, comme je l'ai dit, ne *battant* que du bas
de la jambe, elles *passent* leur temps avec
plus de vitesse que nous, qui, ne dérobant

rien au spectateur, sommes obligés de les *battre*
tendus , et de les faire partir primordialement
de la hanche ; et vous comprenez qu'il faut
plus de temps pour remuer un tout qu'une
partie. Quant au brillant qu'elles ont, la vivacité y contribue, mais cependant bien moins
que les jupes qui, en dérobant la longueur des
parties, fixent plus attentivement les regards,
et les frappent davantage ; tout le feu des *battemens* étant, pour ainsi dire, réuni dans un
point, paroît plus vif et plus brillant; l'œil
l'embrasse tout entier ; il est moins partagé
et moins distrait à proportion du peu d'espace
qu'il a à parcourir.

D'ailleurs, Monsieur, une jolie physionomie,
de beaux yeux, une taille élégante et des bras
voluptueux, sont des écueils inévitables contre
lesquels la critique va se briser, et des titres
puissans à l'indulgence du spectateur, dont
l'imagination substitue au plaisir qu'il n'a pas,
celui qu'il pourroit avoir hors de la scène.

Je suis, etc.

LETTRE XXIX.

Suite du même Sujet.

———

Rien n'est si nécessaire, Monsieur, que le
tour de la cuisse en dehors, pour bien danser;
et rien n'est si naturel aux hommes que la
position contraire ; nous naissons avec elle :
il est inutile, pour vous convaincre de cette
vérité, de vous citer pour exemples les Levan-
tins, les Africains et tous les peuples qui
dansent, ou plutôt qui sautent et qui se meu-
vent sans principes. Considérez seulement les
enfans; jetez les yeux sur les habitans de la
campagne, et vous verrez que tous ont les
pieds en dedans. La situation contraire est donc
de pure convention ; et une preuve non équivoque que ce défaut n'est qu'imaginaire, c'est
qu'un peintre pécheroit autant contre la nature que contre les règles de son art, s'il plaçoit son modèle les pieds tournés comme ceux
d'un danseur. Vous voyez donc, Monsieur, que
pour danser avec élégance, marcher avec grace

et se présenter avec noblesse, il faut absolument renverser l'ordre des choses, et contraindre les parties par une application aussi
longue que pénible, à prendre une toute autre
situation que celle qu'elles ont primordialement
reçue.

On ne peut parvenir à opérer ce changement
d'une nécessité absolue dans notre art, qu'en
entreprenant de le produire dès le temps de
l'enfance ; c'est le seul moment de réussir,
parce qu'alors toutes les parties sont souples,
et qu'elles se prêtent facilement à la direction
qu'on veut leur donner.

Un jardinier habile ne s'aviseroit sûrement
pas de mettre un vieux arbre de *plein-vent*
en espalier ; ses branches trop dures n'obéi-
roient pas, et se briseroient plutôt que de céder à la contrainte qu'on voudroit leur imposer.
Qu'il prenne un jeune arbrisseau, il parviendra
facilement à lui donner telle forme qu'il voudra ;
ses branches tendres se plieront, se placeront
à son gré ; le temps, en fortifiant ses rameaux,
fortifiera la pente que la main du maître aura
dirigée, et chacun d'eux s'assujétira pour toujours à l'impression et à la direction que l'art
lui aura prescrites.

Vous voyez, Monsieur, que voilà la nature

changée; mais cette opération une fois faite , il n'est plus permis à l'art de faire un second miracle , en rendant à l'arbre sa première forme. La nature, dans certaines parties, ne se prête à des changemens qu'autant qu'elle est foible encore. Le temps lui a-t-il donné des forces, elle résiste, elle est indomptable.

Concluons de là que les parens sont, ou du moins devroient être les premiers maîtres de leurs enfans. Combien de défectuosités ne rencontrons-nous point chez eux, lorsqu'on nous les confie ? C'est , dira-t-on, la faute des nourrices ; raisons foibles, excuse frivole, qui , loin de justifier la négligence des pères et des mères, ne servent qu'à les condamner. En supposant que les enfans aient été mal emmaillotés, c'est un motif de plus pour exciter leur attention, puisqu'il est certain que deux ou trois ans de négligence de la part des nourrices, ne peuvent prévaloir sur huit ou neuf années de soins de la leur.

Mais revenons à la position en dedans. Un danseur *en dedans* est un danseur maladroit et désagréable. L'attitude contraire donne de l'aisance et du brillant ; elle répand des graces dans les pas, dans les positions et dans les attitudes.

On réussit difficilement à se mettre en *de-hors*, parce qu'on ignore souvent les vrais moyens qu'il faut employer pour y parvenir. La plupart des jeunes gens qui se livrent à la danse, se persuadent qu'ils parviendront à se tourner, en forçant uniquement leurs pieds à se placer en *dehors*. Je sais que cette partie peut se prêter à cette direction par sa souplesse, et la mobilité de son articulation avec la jambe; mais cette méthode est d'autant plus fausse qu'elle déplace les chevilles, et qu'elle n'opère rien sur les genoux ni sur les cuisses.

Il est encore impossible de jeter les premières de ces parties en *dehors*, sans le secours des secondes; les genoux en effet n'ont que deux mouvemens, celui de flexion, et celui d'extension; l'un détermine la jambe en arrière, et l'autre la détermine en avant : or, ils ne pourroient se porter en *dehors* d'eux-mêmes; et tout dépend essentiellement de la cuisse, puisque c'est elle qui commande souverainement aux parties qu'elle domine et qui lui sont inférieures, elle les tourne conséquemment au mouvement de rotation dont elle est douée; et dans quelque sens qu'elle se meuve, le genou, la jambe et le pied sont forcés à la suivre.

Je ne vous parlerai point d'une machine

que l'on nomme *tourne-hanche*, machine mal
imaginée, et mal combinée, qui, loin d'opérer efficacement, estropie ceux qui s'en servent, en imprimant dans la ceinture un défaut
beaucoup plus désagréable que celui qu'on veut
détruire.

Les moyens les plus simples et les plus naturels sont toujours ceux que la raison et le
bon sens doivent adopter lorsqu'ils sont suffi-
sans; il ne faut donc, pour se mettre en dehors,
qu'un exercice modéré, mais continuel. Celui
des ronds ou tours de jambes en dedans ou en
dehors, et des grands *battemens tendus* partant de la hanche, est l'unique et le seul à
préférer.

Insensiblement il donne du jeu, du ressort,
et de la souplesse, au lieu que la boîte ne sol-
licite qu'à des mouvemens qui se ressentent
plutôt de la contrainte que de la liberté qui
doit les faire naître.

En gênant les doigts de quiconque joue d'un
instrument, parviendra-t-on à lui donner un
jeu vif et une cadence brillante ? Non, sans
doute; ce n'est que l'usage libre de la main et
des jointures, qui peut lui procurer cette vitesse, ce brillant et cette précision qui sont
l'ame de l'exécution. Comment donc un dan-

seur réussira-t-il à avoir toutes ces perfections s'il passe la moitié de sa vie dans des entraves? Oui, Monsieur, l'usage de cette machine est pernicieux. Ce n'est point par la violence que l'on corrige un défaut inné; c'est l'ouvrage du temps, de l'étude et de l'application.

Il est encore des personnes qui commencent trop tard, et qui prennent la danse dans l'âge où l'on doit songer à la quitter. Vous comprenez que, dans cette circonstance, les machines n'opèrent pas plus efficacement que le travail.

J'ai connu des hommes qui se donnoient une question d'autant plus douloureuse, que tout en eux étant formé, ils étoient privés de cette souplesse qui se perd avec la jeunesse. Un défaut de trente-cinq ans est un vieux défaut; il n'est plus temps de le détruire, ni de le pallier.

Ceux qui naissent de l'habitude sont en grand nombre. Je vois tous les enfans occupés en quelque sorte à déranger et à défigurer leur construction; les uns se déplacent les chevilles par l'habitude qu'ils contractent de n'être que sur une jambe, et de jouer, pour ainsi dire, avec l'autre, en portant continuellement le pied sur lequel le corps n'est point appuyé, dans une position désagréable et forcée, mais qui ne les fatigue point, parce que la foiblesse de

leurs ligamens et de leurs muscles se prête à
toutes sortes de mouvemens ; d'autres faussent
leurs genoux par les attitudes qu'ils adoptent
de préférence à celles qui leur sont naturelles.
Celui-ci, par une suite de l'habitude qu'il prend
de se tenir de travers et d'avancer une épaule,
se déplace une *omoplate ;* celui-là enfin, répé-
tant à chaque instant un mouvement dans une
situation contrainte, jette son corps d'un seul
côté, et parvient à avoir une hanche plus grosse
que l'autre.

Je ne finirois point, si je vous parlois de tous
les inconvéniens qui tirent leur source d'un
mauvais maintien. Tous ces défauts, mortifians pour ceux qui les ont contractés, ne peuvent s'effacer que dans leur commencement.
L'habitude qui naît de l'enfance se fortifie dans
la jeunesse, s'enracine dans l'âge viril ; elle est
indestructible dans la vieillesse.

Les danseurs devroient, Monsieur, suivre
le même régime que les athlètes, et user des
mêmes précautions dont ils se servoient, lorsqu'ils alloient lutter et combattre ; cette attention les préserveroit des accidens qui leur arrivent journellement ; accidens aussi nouveaux
sur le théâtre que les cabrioles, et qui se sont
multipliés à mesure que l'on a voulu outrer la

nature, et la contraindre à des actions le plus
souvent au-dessus de ses forces. Si notre art
exige, avec les qualités de l'esprit, la force et
l'agilité du corps, quels soins ne devrions-nous
pas apporter pour nous former un tempéra-
ment vigoureux ! Pour être bon danseur, il faut
être sobre. Les chevaux anglais (qu'on me permette la comparaison), destinés aux courses rapides, auroient-ils cette vîtesse et cette agilité
qui les distinguent, et qui leur fait donner la
préférence sur les autres chevaux, s'ils étoient
moins bien soignés? Tout ce qu'ils mangent est
pesé avec la plus grande exactitude; tout ce
qu'ils boivent est scrupuleusement mesuré; le
temps de leur exercice est fixé, ainsi que
celui de leur repos. Si ces précautions opèrent
efficacement sur des animaux robustes, combien une vie sage et réglée n'influeroit-elle pas
sur des êtres naturellement foibles, mais appelés à un exercice violent et pénible, qui exige
la complexion la plus forte et la plus robuste?

La rupture du *tendon d'Achille* et de la
jambe, le déboîtement du pied, en un mot la
luxation des parties quelconques, sont communément occasionnées dans un danseur par trois
choses, 1° par les inégalités du théâtre, par
une trape mal assurée, par la rencontre de

quelques corps gras qui, se trouvant sous son
pied, occasionnent souvent sa chute ; 2° par
un exercice trop violent et trop immodéré, qui,
joint à des excès d'un autre genre, affoiblissent
et relâchent les parties : dès-lors il y a peu de
souplesse ; les ressorts n'ont qu'un jeu forcé ;
tout est dans une sorte de dessèchement.
Cette rigidité dans les muscles, cette privation
des sucs et cet épuisement, conduisent insensiblement aux accidens les plus funestes ; 3° par
la maladresse et par les mauvaises habitudes
que l'on contracte dans l'exercice ; par les positions défectueuses des pieds qui, ne se pré-
sentant point directement vers la terre, lorsque le corps retombe, tournent, ploient et
succombent sous le poids qu'ils reçoivent.

La plante du pied est la vraie base sur laquelle porte toute notre machine. Un sculpteur
courroit risque de perdre son ouvrage, s'il ne
l'étayoit que sur un corps rond et mouvant ; la
chute de sa statue seroit inévitable ; elle se
romproit et se briseroit infailliblement. Le danseur, par la même raison, doit se servir de tous
les doigts de ses pieds, comme d'autant de branches, dont l'*écartement* sur le sol augmentant
l'espace de son appui, affermit et maintient son
corps dans l'équilibre juste et convenable ; s'il

néglige de les étendre, s'il ne *mord* en quelque
façon la planche pour se cramponner et se
tenir ferme, il s'ensuivra une foule d'accidens ;
le pied perdra sa forme naturelle, il s'arrondira
et vacillera sans cesse et de côté, du petit doigt
au pouce, et du pouce au petit doigt : cette
espèce de *roulis*, occasionné par la forme con-
vexe, que l'extrémité du pied prend dans cette
position, s'oppose à toute stabilité ; les chevilles chancèlent et se déplacent ; et vous sentez,
Monsieur, que, dans le temps où la masse tombera d'une certaine hauteur, et ne trouvera
pas dans sa base un point fixe capable de la
recevoir et de terminer sa chute, toutes les articulations seront blessées de ce choc et de cet
ébranlement ; et l'instant où le danseur tentera
de chercher une position ferme et où il fera
les plus violens efforts pour se dérober au
danger, sera toujours celui où il succom-
bera, au risque d'une entorse, ou de la rupture de la jambe ou du tendon. Le passage
subit du relâchement à une forte tension, et
de la flexion à une extension violente, est donc
l'occasion d'une foule d'accidens qui seroient
sans doute moins fréquens, si l'on se prêtoit,
pour ainsi dire, à la chute, et si les parties
foibles ne tentoient pas de résister contre un

poids, qu'elles ne peuvent ni soutenir ni vaincre ; et l'on ne sauroit trop se précautionner contre les fausses positions, puisque les suites en sont funestes.

Les chutes occasionnées par les inégalités du théâtre, et autres choses semblables, ne sauroient être attribuées à notre maladresse. Quant à celles qui proviennent de notre foiblesse et de notre abattement après un excès de travail, et ensuite d'un genre de vie qui nous conduit à l'épuisement, elles ne peuvent être prévenues que par un changement de conduite, et par une exécution proportionnée aux forces qui nous restent. L'ambition de cabrioler est une ambition folle qui ne mène à rien.

Il est un auteur qui s'est trompé grossièrement en faisant insérer dans un livre qui fera toujours autant d'honneur à notre nation qu'au siècle qui l'a vu naître, que la flexion des genoux et leur extension étoient ce qui élevoit le corps. Ce principe est totalement faux ; et vous serez convaincu de l'impossibilité physique de l'effet annoncé par ce système anti-naturel, si vous pliez les genoux et si vous les étendez ensuite. Que l'on fasse ces divers mouvemens soit avec célérité, soit avec lenteur, soit avec douceur, soit avec force, les pieds ne quitteront

point terre : cette flexion et cette extension ne
peuvent élever le corps, si les parties essentielles à la *réaction* ne jouent pas de concert.
Il auroit été plus sage de dire que l'action de
sauter dépend des ressorts du coude-pied, des
muscles de cette partie, et du jeu du *tendon*
d'*Achille*, s'ils opèrent une percussion ; car on
parviendroit en *percutant* à une légère élévation sans le secours de la flexion, et par conséquent de la détente des genoux.

Ce seroit encore une autre erreur que de se
persuader qu'un homme fort et vigoureux doit
s'élever davantage qu'un homme foible et délié :
l'expérience nous prouve tous les jours le contraire. Nous voyons d'une part des danseurs
qui *coupent* leurs temps avec force, qui les
battent avec autant de vigueur que de fermeté,
et qui ne parviennent cependant qu'à une élévation perpendiculaire fort médiocre, car l'é-
lévation oblique ou de côté doit être distinguée.
Elle est, si j'ose le dire, feinte et ne dépend
entièrement que de l'adresse. D'un autre côté,
nous avons des hommes foibles dont l'exécution est moins nerveuse, plus propre que forte,
plus adroite que vigoureuse, et qui s'élèvent
prodigieusement. C'est donc, Monsieur, à la
forme du pied, à sa conformation, à la lon-

gueur du tendon, à son élasticité, que l'on doit
primitivement l'élévation du corps ; les genoux,
les reins et les bras coopèrent unanimement
et de concert à cette action. Plus la *pression*
est forte, plus la *réaction* est grande, et par
conséquent plus le saut a d'élévation. La flexion
des genoux et leur extension participent aux
mouvemens du coude-pied et du *tendon d'A-
chille*, que l'on doit regarder comme les ressorts les plus essentiels. Les muscles du tronc
se prêtent à cette opération et maintiennent le
corps dans une ligne perpendiculaire, tandis
que les bras qui ont concouru imperceptible-
ment à l'effort mutuel de toutes les parties,
servent, pour ainsi dire, d'ailes et de contre-
poids à la machine. Considérez, Monsieur,
tous les animaux qui ont le tendon mince et
alongé, les cerfs, les chevreuils, les moutons,
les chats, les singes, etc., et vous verrez que
ces animaux ont une vîtesse et une facilité à
s'élever, que les animaux différemment construits ne peuvent avoir.

On peut assez communément croire que les
jambes *battent* les temps de l'entrechat lorsque
le corps retombe. Je conviens que l'œil qui n'a
pas le temps d'examiner nous trompe souvent ;
mais la raison et la réflexion nous dévoilent

ensuite ce que la vitesse ne lui permet point
d'analyser. Cette erreur naît de la précipitation
avec laquelle le corps descend : quoi qu'il en
soit, l'entrechat est fait lorsque le corps est parvenu à son degré d'élévation ; les jambes, dans
l'instant imperceptible qu'il emploie à retom-
ber, ne sont attentives qu'à recevoir le choc et
l'ébranlement que la pesanteur de la masse leur
prépare; leur immobilité est absolument nécessaire; s'il n'y avoit pas un intervalle entre
les *battemens* et la chute, comment le danseur
retomberoit-il ? et dans quelle position ses
pieds se trouveroient-ils ? En admettant la possibilité de battre en descendant, on retranche
l'intervalle nécessaire à la préparation de la
retombée : or, il est certain que si les pieds
rencontroient la terre dans le moment que les
jambes battent encore, ils ne seroient pas dans
une direction propre à recevoir le corps , ils
succomberoient sous le poids qui les écraseroit
et ne pourroient se soustraire à l'entorse ou au
déboîtement.

Il est néanmoins beaucoup de danseurs qui
s'imaginent faire l'entrechat en descendant; et
conséquemment bien des danseurs errent et se
trompent. Je ne dis pas qu'il soit moralement
impossible de faire faire un mouvement aux

jambes par un effort violent de la hanche ; mais un mouvement de cette espèce ne peut être regardé comme un temps de l'entrechat ou de la danse ; je m'en suis convaincu par moi-même, et ce n'est que d'après des expériences réitérées que je hasarde de combattre une idée à laquelle on ne seroit point attaché, si la plus grande partie des danseurs ne s'appliquoit uniquement qu'à étudier des yeux.

Je suis monté en effet, et plusieurs fois, sur une planche dont les extrémités étoient élevées de terre : lorsque je m'apercevois du coup que l'on alloit donner à la planche pour la dérober de dessous mes pieds, la crainte alors m'engageoit à faire un mouvement qui, en esquivant la chute, m'élevoit un peu au-dessus de la planche, et me faisoit parcourir une ligne oblique au lieu d'une ligne droite. Cette action, en rompant la chute, donnoit à mes jambes la facilité de se mouvoir, parce que je m'étois élevé au-dessus de la planche, et qu'un demi-pouce d'élévation, lorsqu'on a de la vitesse, suffit pour battre l'entrechat.

Mais si, sans être prévenu, on cassoit ou on déroboit la planche, alors je tombois perpendiculairement ; mon corps s'affaissoit sur les parties inférieures ; mes jambes étoient immobiles; et mes pieds tendant directement vers la terre, étoient sans mouvement, mais dans une position propre à recevoir et à soutenir la masse.

Si l'on admet de la force dans l'instant que le corps tombe, et que l'on croie qu'il lui soit possible d'opérer une seconde fois sans un nouvel effort et un nouveau point d'appui, contre lequel les pieds puissent lutter par une *pression* plus ou moins forte, je demanderai pourquoi le même pouvoir n'existe pas dans un homme qui s'élance pour sauter un fossé, pourquoi il ne peut passer le but qu'il a fixé, pourquoi, dis-je, il ne peut changer en l'air la combinaison qu'il a faite de la distance et de la force qu'il lui falloit pour la franchir; pourquoi enfin celui qui a combiné maladroitement, et qui se voit prêt à tomber dans l'eau, pour n'avoir pas sauté deux pouces plus loin, ne peut réitérer l'effort, et porter son corps, par une seconde secousse, au-delà du fossé? S'il y a de l'impossibilité à faire ce mouvement, combien y en aura-t-il plus à en faire un autre qui exige de la grace, de l'aisance et de la tranquillité.

Tout danseur qui fait l'entrechat, sait à combien de temps il le *passera*, l'imagination

devance toujours les jambes : on ne peut le
battre à huit, si l'intention n'étoit que de le
passer à six; sans cette précaution, il y auroit
autant de chutes que de pas.

Je soutiens donc que le corps ne peut opérer
deux fois en l'air, lorsque les ressorts de la machine ont joué, et que leur effet est déterminé.

Deux défauts s'opposent encore aux progrès
de notre art; premièrement, les disproportions
qui règnent communément dans les pas; secondement, le peu de fermeté des reins.

Les disproportions dans les pas prennent
leur source de l'imitation et du peu de raisonnement des danseurs. Les *déploiemens* de la
jambe et les *temps ouverts* convenoient sans
doute à *Dupré;* l'élégance de sa taille et la
longueur de ses membres s'associoient à merveille aux *temps développés* et aux pas hardis
de sa danse; mais ce qui lui alloit ne peut être
propre aux danseurs d'une taille médiocre;
cependant tous vouloient l'imiter, les jambes
les plus courtes s'efforçoient de parcourir les
mêmes espaces et les mêmes cercles que celles
de ce célèbre danseur; dès-lors plus de fermeté, les hanches n'étoient jamais à leur place,
le corps vacilloit sans cesse, et l'exécution étoit
ridicule.

L'étendue et la longueur des parties doivent
déterminer les contours et les *déploiemens;*
sans cette précaution, plus *d'ensemble,* plus
d'harmonie, plus de tranquillité et plus de
graces ; les parties sans cesse désunies et toujours distantes jetteront le corps dans des positions fausses et désagréables, et la danse dénuée,
de ses justes proportions, ressemblera à l'action de ces *pantins;* dont les mouvemens ouverts et disloqués n'offrent que la *charge* grossière des mouvemens harmonieux que les bons
danseurs doivent avoir.

Le contraire est un défaut qui n'est pas
moins désagréable. Des pas serrés, des temps
maigres et rétrécis, une exécution enfin trop
petite, choquent également le bon goût. Ce sont
donc, je le répète, la taille et la conformation
du danseur qui doivent fixer et déterminer
l'étendue de ses mouvemens, et les proportions
que ses pas et ses attitudes doivent avoir pour
être dessinés correctement et d'une manière
brillante.

On ne peut être excellent danseur sans être
ferme sur ses reins, eût-on même toutes les
qualités essentielles à la perfection de cet art.
Cette force est sans contredit un don de la nature. N'est-elle pas cultivée par les soins d'un

maître habile? elle cesse dès-lors d'être utile.
Nous voyons journellement des danseurs forts
et vigoureux qui n'ont ni *aplomb*, ni fermeté,
et dont l'exécution est déhanchée. Nous en ren-
controns d'autres, au contraire, qui, n'étant
point nés avec cette force, sont pour ainsi dire
assis solidement sur leurs hanches, qui ont la
ceinture assurée et les reins fermes. L'art,
chez eux, a suppléé à la nature, parce qu'ils
ont eu le bonheur de rencontrer d'excellens
maîtres qui leur ont démontré que, lorsqu'on
abandonne les reins, il est impossible de se
soutenir dans une ligne droite et perpendiculaire ; que l'on se dessine de mauvais goût, que
la vacillation et l'instabilité de cette partie s'opposent à l'*aplomb* et à la fermeté, qu'ils impriment un défaut désagréable dans la ceinture, que l'affaissement du corps ôte aux parties inférieures la liberté dont elles ont besoin
pour se mouvoir avec aisance, que le corps,
dans cette situation, est comme indéterminé
dans ses positions, qu'il entraîne souvent les
jambes, qu'il perd à chaque instant le centre
de gravité, et qu'il ne retrouve enfin son équilibre qu'après des efforts et des contorsions
qui ne peuvent s'associer aux mouvemens gracieux et harmonieux de la danse.

Voilà, Monsieur, le tableau fidèle de l'exécution des danseurs qui n'ont point de reins,
ou qui ne s'appliquent point à faire un bon
usage de ceux qu'ils ont. Il faut, pour bien
danser, que le corps soit ferme et tranquille,
qu'il soit immobile et inébranlable dans le
temps des mouvemens des jambes. Se prête-t-il
au contraire à l'action des pieds, il fait autant
de grimaces et de contorsions qu'il exécutera
de pas différens ; l'exécution dès-lors est dénuée
de repos, *d'ensemble*, d'harmonie, de précision, de fermeté, *d'aplomb* et d'équilibre ;
enfin elle est privée des graces et de la noblesse,
qui sont les qualités sans lesquelles la danse ne
peut plaire.

Quantité de danseurs s'imaginent qu'il n'est
question que de plier les genoux très-bas pour
être *liant* et *moëlleux* ; mais ils se trompent à
coup sûr, car la flexion trop outrée donne de la
sécheresse à la danse. On peut être très-dur et
saccader tous les mouvemens, en pliant bas, et
comme en ne pliant pas. La raison en est simple,
naturelle et évidente, lorsque l'on considère que
les temps et les mouvemens du danseur sont exactement subordonnés aux temps et aux mouvemens de la musique. En partant de ce principe, il n'est pas douteux que, fléchissant les

genoux plus bas qu'il ne le faut relativement
à l'air sur lequel l'on danse, la mesure alors
traîne, languit et se perd. Pour regagner le
temps que la flexion lente et outrée à fait
perdre, et pour le rattraper, il faut que l'extension soit prompte ; et c'est ce passage subit
et soudain de la flexion à l'extension, qui
donne à l'exécution une sécheresse et une du-
reté tout aussi choquante et aussi désagréable
que celle qui résulte de la roideur.

Le *moëlleux* dépend en partie de la flexion
proportionnée des genoux, mais ce mouvement n'est pas suffisant ; il faut encore que les
coude-pieds fassent ressort, et que les reins
servent, pour ainsi dire, de contre-poids à la
machine, pour que ces ressorts baissent et
haussent avec douceur. C'est cette harmonie
rare dans tous les mouvemens, qui a mérité
au célèbre *Dupré* le titre de *dieu de la danse.*
En effet, cet excellent danseur avoit moins l'air
d'un homme que d'une divinité : le *liant,* le
moëlleux et la douceur qui régnoient dans
tous ses mouvemens, la correspondance intime
qui se rencontroit dans le jeu de ses articulations, offroient un *ensemble* admirable ; *ensem-*
ble qui résulte de la belle conformation, de
l'arrangement juste, de la proportion bien

combinée des parties, et qui, dépendant bien moins de l'étude et du raisonnement que de la nature, ne peut s'acquérir que lorsque l'on est servi par elle.

Si les danseurs, même les plus médiocres, sont en possession d'une grande quantité de pas (mal cousus à la vérité, et liés la plupart à contre-sens et de mauvais goût), il est moins commun de rencontrer chez eux cette précision d'oreille; avantage rare, mais inné, qui caractérise la danse, qui donne de l'esprit et de la valeur aux pas, et qui répand sur tous les mouvemens un sel qui les anime, et qui les vivifie.

Il y a des oreilles fausses et insensibles aux mouvemens les plus simples et les plus saillans; il y en a de moins dures qui sentent la mesure, mais qui ne peuvent en saisir les finesses; il y en a d'autres enfin qui se prêtent naturellement et avec facilité aux mouvemens des airs les moins sensibles. Mademoiselle *Camargo*, et M. *Lanny* jouissoient de ce tact précieux et de cette précision exacte qui prêtent à la danse un esprit, une vivacité et une gaîté que l'on ne rencontre point chez les danseurs qui ont moins de sensibilité et de finesse dans cet organe. Il est cependant constant que la ma-

nière de prendre les temps, en contribuant à
la vîtesse, ajoute en quelque sorte à la délicatesse de l'oreille ; je veux dire que tel danseur
peut avoir un très-beau tact et ne le pas rendre sensible aux spectateurs, s'il ne possède
l'art de se servir avec aisance des ressorts qui
font mouvoir le coude-pied. La maladresse
s'oppose donc à la justesse ; et tel pas qui auroit
été saillant, et qui auroit produit son effet,
s'il eût été pris avec promptitude et à l'extrémité de la mesure, paroît froid et inanimé,
si toutes les parties opèrent à la fois. Il faut
plus de temps pour mouvoir toute la machine,
qu'il n'en faut pour en mouvoir une partie.
La flexion et l'extension du coude - pied est
bien plus prompte et bien plus subite que la
flexion et l'extension générale de toutes les
articulations. Ce principe posé, la précision
manque à celui qui, ayant de l'oreille, ne sait
pas prendre ses temps avec vîtesse. L'élasticité
du coude-pied, et le jeu plus ou moins actif
des ressorts, ajoutent à la sensibilité naturelle
de l'organe, et prêtent à la danse de la valeur
et du brillant. Ce charme, qui naît de l'harmonie des mouvemens de la musique et des
mouvemens du danseur, enchaîne ceux même
qui ont l'oreille la plus ingrate et la moins

susceptible des impressions de la musique.

Il est des pays où les habitans jouissent généralement de ce tact inné qui seroit rare en
France, si nous ne comptions au nombre de
nos provinces la Provence, le Languedoc et
l'Alsace.

Le Palatinat, le Wurtemberg, la Saxe, le
Brandebourg, l'Autriche et la Bohême fournissent aux orchestres des princes allemands
une quantité d'excellens musiciens et de grands
compositeurs. Les peuples de la Germanie
naissent avec un goût vif et déterminé pour
la musique; ils portent en eux le germe de
l'harmonie; et il est on ne peut pas plus commun d'entendre dans les rues et dans les bou-
tiques d'artisans des concerts pleins de justesse
et de précision. Chacun chante sa partie et
compte ses temps avec exactitude. Ces concerts,
dictés par la simple nature et exécutés par les
gens les plus vils, ont un *ensemble* que nous
avons de la peine à faire saisir à nos musiciens
français, malgré le bâton de mesure et les contorsions de celui qui en est armé. Cet instrument, ou, pour mieux dire, cette espèce de
férule décèle l'école, et retrace la foiblesse et
l'enfance dans laquelle notre musique étoit
plongée il y a soixante ans. Les étrangers, ac-

coutumés. à entendre des orchestres bien plus
nombreux que les nôtres, bien plus variés en
instrumens, et infiniment plus riches en musique savante et difficultueuse, ne peuvent s'ac-
coutumer à ce bâton, sceptre de l'ignorance
qui fut inventé pour conduire des talens nais-
sans. Ce hochet de la musique au berceau
paroît inutile dans l'adolescence de cet art.
L'orchestre de l'Opéra est, sans contredit, le
centre et la réunion de musiciens habiles; il
n'est plus nécessaire de les avertir comme autrefois qu'il y a des dièses à la clef. Je crois
donc, Monsieur, que cet instrument, sans doute
utile dans des temps d'ignorance, ne l'est plus
dans un siècle où les beaux arts tendent à la perfection. Le bruit désagréable et dissonnant qu'il
produit, lorsque le préfet de la musique entre
dans l'enthousiasme, et qu'il brise le pupitre,
distrait l'oreille du spectateur, coupe l'harmonie, altère le chant des airs et s'oppose à
toute impression.

Ce goût naturel et inné pour la musique
entraîne après lui celui de la danse. Ces deux
arts sont frères et se tiennent par la main;
les accens tendres et harmonieux de l'un exci-
tent les mouvemens agréables et expressifs de
l'autre; leurs effets réunis offrent aux yeux et

aux oreilles des tableaux animés ; ces sens portent au cœur les images intéressantes qui les ont affectés; le cœur les communique à l'ame, et le plaisir qui résulte de l'harmonie et de l'intelligence de ces deux arts, enchaîne le spectateur et lui fait éprouver ce que la volupté a de plus séduisant.

La danse est variée à l'infini dans toutes les provinces de la Germanie. La manière de danser qui règne dans un village est presque étrangère dans le hameau voisin. Les airs mêmes destinés à leurs réjouissances ont un caractère et un mouvement différens, quoiqu'ils portent tous celui de la gaîté; leur danse est séduisante, parce qu'elle tient tout de la nature; leurs mouvemens ne respirent que la joie et le plaisir; et la précision avec laquelle ils exécutent, donne un agrément particulier à leurs attitudes, à leurs pas et à leurs gestes. Est-il question de sauter, cent personnes autour d'un chêne ou d'un pilier prennent leurs temps dans le même instant, s'élèvent avec la même justesse et retombent avec la même exactitude. Faut-il marquer la mesure par un coup de pied, tous sont d'accord pour le frapper ensemble. Enlèvent-ils leurs femmes, on les voit toutes en l'air à des hauteurs égales, et ils ne les laissent tomber que sur la note sensible de la mesure.

Le *contre-point* qui, sans contredit, est la pierre de touche de l'oreille la plus délicate, est pour eux ce qu'il y a de moins difficile ; aussi la danse est-elle animée, et la finesse de leur organe jette-t-elle dans la manière de se mouvoir une gaîté et une variété que l'on ne trouve point dans nos contredanses françaises.

Un danseur sans oreille est l'image d'un fou qui parle sans cesse, qui dit tout au hasard, qui n'observe point de suite dans la conversation, et qui n'articule que des mots mal cousus et dénués de sens commun. La parole ne lui sert qu'à indiquer aux gens sensés sa folie et son extravagance. Le danseur sans oreille, ainsi que le fou, fait des pas mal combinés, s'égare à chaque instant dans son exécution, court sans cesse après la mesure et ne l'attrape jamais. Il ne sent rien ; tout est faux chez lui ; sa danse n'a ni raisonnement ni expression ; et la musique qui devroit diriger ses mouvemens, fixer ses pas et déterminer ses temps, ne sert qu'à déceler son insuffisance et ses imperfections.

L'étude de la musique peut, comme je vous l'ai déjà dit, remédier à ce défaut, et donner à l'organe moins d'insensibilité et plus de justesse.

Je ne vous ferai pas, Monsieur, une longue
description de tous les enchaînemens de pas
dont la danse est en possession. Ce détail seroit
immense ; il est inutile d'ailleurs de m'étendre
sur le mécanisme de mon art ; cette partie est
portée à un si haut degré de perfection, qu'il
seroit ridicule de vouloir donner de nouveaux
préceptes aux artistes ; une pareille dissertation
ne pourroit manquer d'être froide et de vous
déplaire ; c'est aux yeux et non aux oreilles
que les pieds et les jambes doivent parler.

Je me contenterai donc de dire que ces enchaînemens sont innombrables, que chaque
danseur a sa manière particulière d'allier et de
varier ses temps. Il en est de la danse comme
de la musique, et des danseurs comme des musiciens : notre art n'est pas plus riche en pas
fondamentaux que la musique l'est en notes ;
mais nous avons des octaves, des rondes, des
blanches, des noires, des croches, des dou-
ble-croches et des triple-croches, des temps
à compter, et une mesure à suivre ; ce mélange
d'un petit nombre de pas, et d'une petite
quantité de notes offre une multitude d'enchaînemens et de traits variés : le goût et le génie
trouvent toujours une source de nouveautés en
arrangeant et en retournant cette petite por-

tion de notes et de pas de mille sens et de mille manières différentes ; ce sont donc ces pas lents et soutenus, ces pas vifs, précipités, et ces temps plus ou moins ouverts, qui forment cette diversité continuelle.

Je suis, etc.

LETTRE XXX.

De la Chorégraphie.

La *Chorégraphie* (1) dont vous voulez que
je vous entretienne, mon cher élève, est l'art
d'écrire la danse à l'aide de différens signes,
comme on écrit la musique à l'aide de figures
ou de caractères désignés par la dénomination
des notes, avec cette différence qu'un bon musicien lira deux cents mesures dans un ins-

---

(1) *Thoinet-Arbeau*, chanoine de Langres, s'est distingué le premier par un traité qu'il donna en 1588, et
qu'il a intitulé *Orchésographie ;* il écrivoit au-dessous
de chaque note de l'air les mouvemens et les pas de
danses qui lui paroissoient convenables. *Beauchamps*
donna ensuite une forme nouvelle à la chorégraphie,
et perfectionna l'ébauche ingénieuse de *Thoinet-Arbeau ;* il trouva le moyen d'écrire les pas par des signes
auxquels il attacha une signification et une valeur différentes, et il fut déclaré l'inventeur de cet art par un
arrêt du Parlement. *Feuillet* s'y attacha fortement, et
nous a laissé quelques ouvrages sur cette matière.

tant, et qu'un excellent *chorégraphe* ne dé-
chiffrera pas deux cents mesures de danse en
deux heures. Ces signes représentatifs se con-
çoivent aisément, on les apprend vîte, on les
oublie de même. Ce genre d'écriture particulier à notre art, et que les anciens ont peut-
être ignoré, pouvoit être nécessaire dans les
premiers momens où la danse a été asservie à
des principes. Les maîtres s'envoyoient réciproquement de petites contredanses et des morceaux brillans et difficiles, tels que le *Menuet
d'Anjou*, la *Bretagne*, la *Mariée*, le *Passe-
pied*, sans compter encore les *Folies d'Espagne*, la *Pavonne*, la *Courante*, la *Bourrée
d'Achille* et l'*Allemande*. On traçoit les chemins ou la figure de ces danses, les pas étoient
ensuite indiqués sur ces chemins par des traits et
des signes démonstratifs et de convention; la cadence où la mesure étoit marquée par de petites barres posées transversalement, qui divi-
soient les pas et fixoient les temps; l'air sur
lequel ces pas étoient composés, se notoit au-
dessus de la page, de sorte que huit mesures
de *Chorégraphie* équivaloient à huit mesures
de musique. Moyennant cet arrangement, on
parvenoit à épeler la danse, pourvu que l'on
eût la précaution de ne jamais changer la posi-

tion du livre, et de le tenir toujours dans le
même sens. Voilà, mon cher élève, ce qu'étoit
jadis la *Chorégraphie*. La danse étoit simple
et peu composée, la manière de l'écrire étoit
par conséquent facile, et l'on apprenoit à la lire
fort aisément; mais aujourd'hui les pas sont
compliqués, ils sont doublés et triplés, leur
mélange est immense; il est donc très-difficile
de les mettre par écrit, et encore plus difficile
de les déchiffrer; cet art, au reste, est très-
imparfait, il n'indique exactement que l'action
des pieds; et s'il nous désigne les mouvemens
des bras, il n'ordonne ni les positions, ni les
contours qu'ils doivent avoir; il ne nous montre
encore ni les attitudes du corps, ni ses *effacemens*, ni les *oppositions* de la tête, ni les situations différentes, nobles et aisées, nécessaires
dans cette partie, et je le regarde comme un
art inutile, puisqu'il ne peut rien pour la perfection du nôtre. Je demanderois à ceux qui
se font gloire d'être inviolablement attachés à
la *Chorégraphie*, et que peut-être je scanda-
lise, à quoi cette science leur a servi? quel
lustre a-t-elle donné à leurs talens? quel ver-
nis a-t-elle répandu sur leur réputation? Ils me
répondront, s'ils sont sincères, que cet art n'a
pu les élever au-dessus de ce qu'ils étoient, mais

qu'ils ont en revanche tout ce qui a été fait de
beau en matière de danse depuis cinquante ans.
« Conservez, leur dirai-je, ce recueil précieux;
» votre cabinet renferme tout ce que les *Du-*
» *pré,* les *Camargo,* les *Lany,* et peut-être
» même les *Blondi,* ont imaginé d'enchaîne-
» mens et de temps substils, hardis ou ingé-
» nieux, et cette collection est sans doute très-
» belle; mais je vois avec regret que toutes ces
» richesses réunies n'ont pu vous sauver de
» l'indigence dans laquelle vous êtes des biens
» que vous auriez tirés de votre propre fonds.
» Entassez, tant qu'il vous plaira, ces foibles
» monumens de la gloire de nos danseurs cé-
» lèbres; je n'y vois et l'on n'y verra que le
» premier trait ou la première pensée de leurs
» talens, je n'y distinguerai que des beautés
» éparses, sans *ensemble,* sans *coloris;* les
» grands traits en seront effacés; les propor-
» tions, les contours agréables ne frapperont
» point mes yeux; j'apercevrai seulement des
» vestiges et des traces d'une action dans les
» pieds, que n'accompagneront ni les attitudes
» du corps, ni les positions des bras, ni l'expres-
» sion des têtes; en un mot, vous ne m'offrirez
» qu'une toile sur laquelle vous aurez conservé
» quelques traits épars de différens maîtres. »

J'ai appris, mon cher élève, la *Chorégraphie*, et je l'ai oubliée; si je la croyois utile à
mes progrès, je l'apprendrois de nouveau. Les
meilleurs danseurs et les maîtres de ballets les
plus célèbres la dédaignent, parce qu'elle n'est
pour eux d'aucun secours réel. Elle pourroit
cependant acquérir un degré d'utilité, et je me
propose de vous entretenir, après vous avoir
fait part d'un projet né de quelques réflexions
sur l'académie de danse, dont l'établissement
n'a eu vraisemblablement d'autre objet que
celui de parer à la décadence de notre art, et
d'en hâter les progrès.

La danse et les ballets prendroient sans
doute une nouvelle vie, si des usages établis
par un esprit de crainte et de jalousie ne fer-
moient en quelque sorte le chemin de la gloire
à tous ceux qui pourroient se montrer avec
quelque avantage sur le théâtre de la capitale,
et convaincre par la nouveauté de leur genre,
que le génie est de tous les pays, et qu'il croît
et s'élève en province avec autant de facilité
que partout ailleurs.

Ne croyez pas, mon cher élève, que je
veuille déprimer les danseurs que la faveur, ou,
si vous voulez, une étoile propice et favorable
a conduits à une place à laquelle de vrais talens

les appeloient. L'amour de mon art, et non l'amour de moi-même, est le seul qui m'anime; et je me persuade que, sans blesser quelqu'un, il m'est permis de souhaiter à la danse les prérogatives dont jouit la comédie. Or, les comédiens de province n'ont-ils pas la liberté de débuter à Paris, et d'y jouer trois rôles différens et à leur choix? Oui, sans doute, me dira-t-on; mais ils ne sont pas toujours reçus. Eh! qu'importe à celui qui réussit et qui plaît généralement d'être reçu ou de ne pas l'être? Tout acteur qui triomphe par ses talens de la cabale comique, et qui s'attire sans bassesse les suffrages unanimes d'un public éclairé, doit être plus que dédommagé de la privation d'une place qu'il doit moins regretter lorsqu'il sait qu'il la mérite légitimement.

La peinture n'auroit certainement pas produit tant d'hommes illustres dans tous les genres, sans cette émulation qui règne dans son académie. C'est là, Monsieur, que le vrai mérite peut se montrer sans crainte; il place chacun dans le rang qui lui convient; et la faveur fut toujours plus foible à la galerie du Louvre, qu'un beau pinceau qui la force au silence.

Si les ballets sont des tableaux vivans, s'ils

doivent réunir tous les charmes de la peinture,
pourquoi n'est-il pas permis à nos maîtres d'exposer sur le théâtre de l'Opéra trois morceaux
de ce genre, l'un tiré de l'histoire, l'autre de
la fable, et le dernier de leur propre imagination? Si ces maîtres réussissoient, on les
recevroit membres de l'académie, ou on les
agrégeroit à cette société. De cette marque de
distinction et de cet arrangement naîtroit à
coup sûr l'émulation (aliment précieux des
arts); et la danse encouragée par cette récompense, quelque chimérique qu'elle puisse être,
se placeroit d'un vol rapide à côté des autres.
Cette académie, devenant d'ailleurs plus nombreuse, se distingueroit peut-être davantage;
les efforts des provinciaux exciteroient les
siens ; les danseurs qui y seroient agrégés, ser-
viroient d'aiguillon à ses principaux membres ;
la vie tranquille de la province faciliteroit à
ceux qui y sont répandus les moyens de
penser, de réfléchir et d'écrire sur leur art ;
ils adresseroient à la société des mémoires souvent instructifs ; l'académie, à son tour, seroit
forcée d'y répondre ; et ce commerce littéraire,
en répandant sur nous un jour nouveau, nous
tireroit peu à peu de notre langueur et de
notre obscurité. Les jeunes gens qui se livrent

à la danse machinalement et sans principes, s'instruiroient encore infailliblement; ils apprendroient à connoître les difficultés, ils s'efforceroient de les surmonter; et la vue des routes sûres les empêcheroit de se perdre et de s'égarer.

On a prétendu, mon cher élève, que notre académie étoit le séjour du silence, et le tombeau des talens de ceux qui la composent. On s'est plaint de n'en voir sortir aucun écrit ni bon, ni mauvais, ni médiocre, ni satisfaisant, ni ennuyeux; on lui reproche de s'être entièrement écartée de sa première institution, de ne s'assembler que rarement, ou par hasard, de ne s'occuper en aucune manière des progrès de l'art qui en est l'objet, ni du soin d'instruire les danseurs et de former des élèves. Le moyen que je propose feroit inévitablement taire la calomnie ou la médisance, et rendroit à cette société la considération et le nom que plusieurs personnes lui refusent peut-être injustement. J'ajouterai que ses succès, si elle se déterminoit à prendre des disciples, seroient infiniment plus assurés; elle ôteroit du moins à une multitude de maîtres avides d'une réputation qu'ils n'ont pas méritée, la ressource de s'attribuer les progrès des élèves, et la liberté d'en rejeter les défauts sur ceux dont ils ont reçu les premières leçons.

Que de mémoires excellens ! que d'observations neuves ! et combien de traités instructifs sortiroient de la société, si l'émulation des membres étoit aiguillonnée et réveillée par les travaux qui leur seroient offerts !

Il eût été à souhaiter, mon cher élève, que les académiciens et le corps même de l'académie eussent fourni à l'Encyclopédie tous les articles qui concernent l'art de la danse. Cet objet eût été mieux rempli par des artistes éclairés que par M. *de Cahusac*. La partie historique appartenoit à ce dernier ; mais la partie mécanique devoit, ce me semble, appartenir de droit aux danseurs. Ils auroient éclairé le public et les danseurs ; et en illustrant l'art, ils se seroient illustrés eux-mêmes. Les productions ingénieuses que la danse enfante si souvent à Paris, et dont ils auroient pu donner au moins quelques exemples, auroient été consacrées dans des planches différentes de ces tables chorégraphiques, qui, comme je l'ai dit, n'apprennent rien, ou n'apprennent que très-peu de choses. Je suppose, en effet, que l'académie eût associé à ses travaux deux habiles hommes *Boucher* et M. *Cochin ;* qu'un aca-

démicien chorégraphe eût été chargé du soin
de tracer les chemins et de dessiner les pas ;
que celui qui étoit en état d'écrire avec plus
de netteté, eût expliqué tout ce que le plan
géométral n'auroit pu présenter distinctement ;
qu'il eût rendu compte des effets que chaque
tableau mouvant auroit produits, et de celui
qui résultoit de telle ou telle situation ; qu'enfin
il eût analysé les pas, leurs enchaînemens successifs ; qu'il eût parlé des positions du corps,
des attitudes, et qu'il n'eût rien omis de ce qui
peut expliquer et faire entendre le jeu muet,
l'expression pantomime, et les sentimens variés
de l'ame par les caractères variés de la physionomie ; alors *Boucher,* d'une main habile,
eût dessiné tous les *groupes* et toutes les situations vraiment intéressantes ; et M. *Cochin,*
d'un burin hardi, auroit multiplié les esquisses
de Boucher. Avouez, mon cher élève, qu'avec
le secours de ces deux hommes célèbres, nos
académiciens feroient aisément passer à la postérité le mérite des maîtres de ballets et des
danseurs habiles dont le nom est à peine conservé parmi nous, et qui ne nous laissent,
après qu'ils ont abandonné le théâtre, qu'un
souvenir confus des talens qui nous forçoient
à les admirer. La *Chorégraphie* deviendroit

alors intéressante. Plan géométral, plan d'élévation, description fidèle de ces plans, tout se
présenteroit à l'œil, tout instruiroit des attitudes du corps, de l'expression des têtes, des
contours des bras, de la position des jambes,
de l'élégance du vêtement, de la vérité du *costume*; en un mot, un tel ouvrage, soutenu du
crayon et du burin de ces deux illustres artistes,
seroit une source où l'on pourroit puiser; et
je le regarderois comme les archives de tout ce
que notre art peut offrir de lumineux, d'intéressant et de beau.

Quel projet, me direz-vous! quelle dépense
immense! quel livre volumineux! Il me sera facile de vous répondre. 1°. Je ne propose pas
deux mercenaires, mais deux artistes qui trai-
teront l'académie avec ce désintéressement qui
est la marque et la preuve des vrais talens.
2°. Je ne leur destine que des choses absolument dignes d'eux et de leurs soins, c'est-à-dire,
des choses excellentes, pleines de feu et de
génie, de ces morceaux rares, exactement neufs
et qui inspirent par eux-mêmes. Ainsi voilà
les dépenses épargnées, et sûrement des planches en très-petit nombre. Plus sensible que
qui que ce soit à la gloire d'une académie, alors
véritablement utile, que ne puis-je, mon cher

élève, voir déjà ce projet mis à exécution!

Voilà, mon cher élève, ce qui me paroît devoir être substitué à la *Chorégraphie* de nos jours, à cet art aujourd'hui si compliqué, que les yeux et l'esprit s'y perdent; car ce qui n'étoit que le rudiment de la danse, en est devenu insensiblement le grimoire. La perfection même que l'on a voulu donner aux signes qui désignent les pas et les mouvemens, n'a servi qu'à les embrouiller et les rendre indéchiffrables; plus la danse l'embellira, plus les caractères se multiplieront, et plus cette science sera inintelligible. Jugez-en, je vous prie, par l'article *Chorégraphie* inséré dans l'Encyclopédie; vous regarderez sûrement cet art comme l'algèbre des danseurs, et je crains fort que les planches ne répandent pas un jour plus clair sur les endroits obscurs de cette dissertation.

Je conviens, me répliquerez-vous peut-être, que le fameux *Blondi* lui-même interdisoit cette étude à ses élèves; mais avouez du moins que la *Chorégraphie* est nécessaire aux maîtres de ballets. Non, c'est une erreur que de penser qu'un bon maître de ballets puisse tracer et composer son ouvrage au coin de son feu. Ceux qui travaillent ainsi, ne parviendront jamais qu'à des combinaisons misérables. Ce n'est pas

la plume à la main que l'on fait marcher les
figurans. Le théâtre est le parnasse des compositeurs ingénieux; c'est là que, sans chercher, ils rencontrent une multitude de choses
neuves; tout s'y lie, tout y est plein d'ame,
tout y est dessiné avec des traits de feu. Un
tableau, ou une situation, le conduit naturellement à un autre ; les figures s'enchaînent avec
autant d'aisance que de grace; l'effet général se
fait sentir sur-le-champ : car telle figure élégante sur le papier, cesse de l'être à l'exécution;
telle autre qui le sera pour le spectateur, qui la
verra en *vue d'oiseau*, ne le sera point pour
les premières loges et le parterre. C'est donc
pour les places les moins élevées que l'on doit
principalement travailler, puisque telle forme,
tel *groupe*, et tel tableau, dont l'effet est sensible pour le parterre, ne peut manquer de
l'être, dans quelque endroit de la salle que l'on
se place. Vous observez, dans les ballets, des
marches, des *contre-marches*, des *repos*, des
retraites, des *évolutions*, des *groupes*, ou des
pelotons. Or, si le maître n'a pas le talent de
faire mouvoir la grande machine dans des sens
justes; s'il ne démêle, au premier coup-d'œil,
les inconvéniens qui peuvent résulter de telle
opération; s'il n'a l'art de profiter du ter-

rain ; s'il ne proportionne pas les manoeuvres à l'étendue plus ou moins vaste et plus
ou moins limitée du théâtre; si ses dispositions
sont mal conçues; si les mouvemens qu'il veut
imprimer sont faux ou impossibles; si les marches sont ou trop vives ou trop lentes, ou mal
dirigées; si la mesure et l'ensemble ne règnent
pas; que sais-je? Si l'instant est mal choisi, on
n'aperçoit que confusion, qu'embarras, que
tumulte; tout se heurte; il n'y a et il ne peut
y avoir ni netteté, ni accord, ni exactitude, ni
précision; et les huées et les sifflets sont la
juste récompense d'un travail aussi monstrueux
et aussi mal entendu. La conduite et la marche
d'un grand ballet bien dessiné exige des connoissances, de l'esprit, du goût, de la finesse,
un tact sûr, une prévoyance sage et un coup-
d'œil infaillible; et toutes ces qualités ne s'acquièrent pas en déchiffrant, ou en écrivant la
danse *chorégraphiquement*; le moment seul
détermine la composition; l'habileté consiste
à le saisir et à en profiter heureusement.

Il est cependant de prétendus maîtres qui
composent leurs ballets après avoir mutilé ceux
des autres, à l'aide du cahier et de certains
signes qu'ils adoptent, et qui forment pour eux
une *Chorégraphie* particulière (car la façon

de dessiner les chemins est toujours la même et ne varie que par les couleurs); mais rien de plus insipide et de plus languissant qu'un ouvrage médité sur le papier; il se ressent toujours de la contention et de la peine. Il seroit plaisant de voir un maître de ballets de l'Opéra, un *in-folio* à la main, se casser la tête pour remettre les ballets *des Indes galantes,* ou de quelqu'autre opéra chargé de danses. Que de chemins différens ne faudroit-il pas écrire pour un ballet nombreux! ajoutez ensuite sur vingt-quatre chemins, tantôt réguliers, tantôt irréguliers, tous les pas compliqués à faire; et vous aurez, si vous le voulez, un écrit très-savant, mais chargé d'une si grande abondance, et d'un mélange si informe de lignes, de traits, de signes et de caractères, que vos yeux en seront offusqués, et que toutes les lumières que vous espériez d'en tirer, seront, pour ainsi dire, absorbées par le noir dont sera tissu ce répertoire. Ne croyez pas, au surplus, qu'un maître de ballets, après avoir composé ceux d'un opéra à la satisfaction du public, soit obligé nécessairement d'en conserver l'idée précise, pour les remettre cinq ou six ans après. S'il dédaigne un pareil secours, il ne les composera de nouveau qu'avec plus de goût; il réparera même

les fautes qui pouvoient y régner (car le souvenir de nos fautes est celui qui s'efface le moins);
et s'il prend le crayon, ce ne sera que pour jeter sur le papier le dessin géométral des formes
principales et des figures les plus saillantes; il
négligera sûrement de tracer toutes les routes
diverses qui conduisoient à ces formes, et qui
enchaînoient ces figures; et il ne perdra pas
son temps à écrire les pas, ni les attitudes diverses, qui embellissoient ces tableaux. Oui,
mon cher élève, la *Chorégraphie* amortit l'imagination; elle affoiblit, elle éteint le goût du
compositeur qui en fait usage; il est lourd et
froid, il est incapable d'invention; de créateur
qu'il étoit, ou qu'il auroit été, il devient, ou il
n'est plus qu'un plagiaire; il ne produit rien de
neuf, et tout son mérite se borne à défigurer les
productions des autres. Tel est l'effet de l'engourdissement et de l'espèce de léthargie dans
lesquels cette méthode jette l'esprit, que j'ai
vu plusieurs maîtres de ballets obligés de quitter leur répétition, parce qu'ils avoient égaré
leur cahier, et qu'ils ne pouvoient faire mouvoir leurs figurans, sans avoir sous les yeux
le mémorial de ce que les autres avoient composé. Je le répète, mon cher élève, et je le
soutiens; rien de plus pernicieux qu'une

I.   30

méthode qui rétrécit nos idées, ou qui ne nous en permet aucunes, à moins qu'on ne sache se garantir du danger que l'on court en s'y livrant. Du feu, du goût, de l'imagination, des connoissances, voilà ce qui est préférable à la *Chorégraphie*; voilà ce qui suggère une multitude de pas, de figures, de tableaux et d'attitudes nouvelles; voilà les sources inépuisables de cette variété immense qui distingue le véritable artiste du *Chorégraphe*.

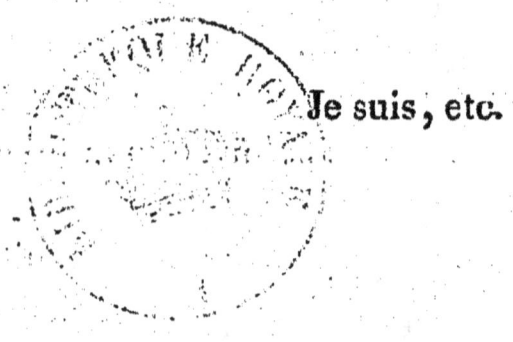

Je suis, etc.

FIN DU PREMIER VOLUME.

TABLE

DU PREMIER VOLUME.

~~~~~~~

F I N.

www.ingramcontent.com/pod-product-compliance
Lightning Source LLC
Chambersburg PA
CBHW051345220526
45469CB00001B/121